少女ヒーロー読本

早見慎司
Shinji Hayami

原書房

少女ヒーロー読本

CONTENTS

第三章 科学と魔術の間に

はじめに

1　ネタバレなどについて（最初にお読み下さい）

本書は、少女が戦闘する、実写映像を論考しています。具体的に言うと、一九七五年の『本陣殺人事件』（劇場版）から、『スケバン刑事』『エコエコアザラク』、最新は二〇一〇年の『Q10』などの作品です。詳しくは、それぞれの項の見出しをご覧下さい。

こういう本の場合、ネタバレがあるかどうか、が問題だと思うのですが、本書では、必要な際は、結末や重要なストーリーの一部を、紹介しました。

その最大の理由は、紹介する元になっている映像作品の多くが、すでに見られないことにあります。原田知世の『時をかける少女』は、さすがに見られない日は簡単には来ない、と思いますが、すでにブルーレイ版が出てしまっているので*、新しく見られるか、保証はできません。石橋けいの『ATHENAアテナ』などは、VHSの中古ソフトが二話収録の一巻が一万円近くで六巻、という法外な価格になっているケースもありました。いくら、『この続きはソ

* ブルーレイ版――すでに、それ以上の画質の〈4k Scanning Blu-ray版〉まで出ている。

フトでお楽しみ下さい』と言っても、見られないのが現状です。それを文章で伝えよう、と考えました。

もうひとつの理由は、本書は単なる映像紹介に終わらず、当該作品の内容と、正面から向かい合うものだからです。『災難は去った。しかし……』といった紹介文では、「しかし」の後、何が起こったのかは分かりません。そこへ、筆者なりの斬り込みをしていきたいのです。そして、知られざる作品についても、無責任な煽りではなく、何がどうしてどうなった結果、どういう作品になったか、までを書き切りたいのです。

ですので、一部を除き、敢えて、ネタバレありにいたします。

各項の冒頭には可能な限り注意を入れていきますが、ネタバレを読みたくない方は、真《まこと》に申しわけないのですが、気になる作品だけをチェックする、などで納得していただけないでしょうか。

真に身勝手な話だ、とは思いますが、よろしくお願いいたします。

2　少女ヒーロー映像とは

少女ヒーロー映像、とは不思議な言葉ですが、筆者の造語です。

八〇年代を中心として、少女が闘う映像作品が、数多く生み出されました。

その闘いぶりは、「美少女」という愛玩物を超え、その多数が性の匂いを感じさせないことから、「少女」、また、ヒロインと言うより直截に「ヒーロー」と呼ぶべきものだ、と考えています。

少女ヒーロー作品の発祥は、七〇年代後半の、日本映画のジャンル化に始まっているのではないか、というのが私の持論ですが、本書では、ジャンル化の顕著な『犬神家の一族』、それを生んだ『本陣殺人事件』に端を発し、八〇年代の『不良少女とよばれて』『スケバン刑事』などを分析、さらに佐伯日菜子の『エコエコアザラク』に代表される異能ものから、一〇年の『Q10』までを、可能な限り、紹介していきます。

お読みになるに当たっては、先の項にも書きましたが、ネタバレがあることにご注意下さい。また、触れた作品についての評価は、あくまで個人的なものですし、見る人によって違うものだ、ということもご理解いただきたい、と思います。

また、少女戦闘ものにはアニメと、いわゆる特撮ものが欠かせませんが（実際、『スケバン刑事』から『美少女戦士セーラームーン』までを網羅した、『美少女ヒーロー戦記』（光栄）、という本もあります）、それをやり始めると、あまりにも膨大になってしまいますし（『リボンの騎士』から始めざるを得ないでしょう）、本書の内容とアニメとの関連はかなり薄いので、割愛することをお許し下さい。

ともかく話を始めることにいたしましょう。それは一九七五年、青森県青森市に始まります。

第一章　ヒーロー以前

いったい人が語ってくれるそういう話に、語り手が感じているほども面白い事件はほとんどないといってよかった。
（横溝正史『本陣殺人事件』）

少女ヒーローに目醒める前は、私も普通に可愛い女の子が好きだった。それが「少女ヒーロー」という観念に到るまでには、七〇年代半ばから八〇年代にかけての、娯楽映像作品が大きく影響している。まずは、その流れを追ってみたい。

1-1　『本陣殺人事件』と一柳鈴子

（この節では、横溝正史の探偵小説『本陣殺人事件』と、その映画版の結末に触れています）

七〇年代の横溝正史ブームは、まだ覚えている人も少なくないかもしれない。『本陣殺人事件』を始めとする横溝正史の作品は、実は、その多数がモダンなものである。昭和二一年に発表された『本陣』は、第一回の探偵作家クラブ賞*を受賞しているが、その理由は、江戸川乱歩を中心とした戦前のミステリは怪奇幻想色が強かったのに対し、純粋な物理トリックによる密室殺人という、合理性を持った本格長編をうち立てたからだ。

ただ、七〇年代のブームは、そういう認識ではなかった。ミステリそのものが社会派*に偏り、味けのない現実に飽きていた人びとが、現実離れしたおどろおどろしい世界と謎とに惹かれたのではないかと思う。ちょうど『エクソシスト』（日本公開・七四年）でオカルトブームが起こった頃でもあった。

その証拠に、角川文庫に収録された横溝作品の第一巻は、一番怪奇色の強い『八つ墓村』である。最初は白い背に地味なイラストだったのだが、その後、杉本一文の、子どもが見たら泣き出すようなカバー絵に変わった。何が当たるのか、角川春樹は知っていたのだろう。

しかし、当時はまだ、普通に可愛い女の子が好きだった私は、少女のカバーイラストにつられて、まず『本陣』を読み、そして、はまった。

このイラストの子が、一柳鈴子である。横溝正史の疎開先、岡山をモデルにした地方の、旧家・一柳家の末娘だ。一七歳という設定で、小説ではこのように表現されている。

探偵作家クラブ賞――現在の、日本推理作家協会賞。

社会派――松本清張に代表される、ミステリの中でも謎解きをあまり重視せず、その犯罪の社会的な意味を問う作風。『砂の器』などの映画を始め、しばしばテレビでも、映像化されている。市原悦子の『家政婦は見た』も松本清張原作。

「この娘はたいへん気の毒な娘さんで、（中略）虚弱で腺病質*だった。知能もだいぶ遅れていたが、（中略）ある方面では、たとえば琴を弾くことなどにかけては、天才的ともいうべきところがあり、またおりおり非常に鋭いひらめきを見せる事もあるが、概してする事なす事が、七つ八つの子供よりまだ幼いところがあった。」（角川文庫版より）

このアンバランスさが、少女像の重要な要素のひとつだ、と私は考えている。横溝正史も、この少女を、戦後の社会変動の中で没落していく旧家の象徴として、余すところなく描いている。原作でも、一柳家で起こる惨劇は、鈴子の死で終わるのだ*。

「私（作者）はふと目を転じて、鈴子が愛猫を埋めたという、屋敷の隅を眺めたが、するとそこには、ひがん花とよばれる、あの曼珠沙華の赤黒い花が、いちめんに咲いているのであった。ちょうど可憐な鈴子の血をなすったように。……」

私は、横溝ファンの有志と、『本陣』を書いた当時の横溝正史の疎開先・岡山県吉備郡真備町（現在倉敷市に編入）へ行ったことがあるが、確かに彼岸花がたくさん咲いていた。ただ、原作に描かれているのとは違う明るい赤で、辺りの景色もあっけらかんと明るかった。なるほど、小説とは演出である。

腺病質――体格が悪く，貧血や湿疹などを起こしやすい病弱な小児の状態。また，一般に体質虚弱で神経質なさまにいう（スーパー大辞林より）。

鈴子の死――事件が起きるのは昭和一二年、鈴子が死ぬのはまだ戦時中だが、原作は戦後へと続いている。

『本陣殺人事件』は、七五年に、脚本・監督／高林陽一で、映画会社ＡＴＧ＊で映画化された。

後に角川商法と呼ばれる映画と小説とのタイアップは、この頃から始まっていたようで、近所の書店にも、映画と小説を併記した大きなポスターが貼り出されていた。ただ、ＡＴＧというのは、低予算の代わりに、大手の興業ルートでは実現しにくい良心的な映画作りをする会社だった。詳しいことは知らないのだが、日本映画の二本立ての二本目（当時は、少なくとも地方では、映画は二本立てがほとんどだった）の『裏』に当たる映画が、俗にＢ級と呼ばれたのだが（諸説あり）、それで予算がほぼ一億円（七〇年代の東宝において）。ＡＴＧの映画は、一〇〇〇万円レベルで、後に実際、一千万映画、というものも作られた。

それがどうして角川と……ということにもなるだろうが、この頃はまだ、映像における横溝正史ブームは始まっていなかったし（横溝正史の本自体は、すでに一〇〇万部単位で売れていた＊）、映画でミステリ（当時の言葉では「推理小説」）と言えば先に触れた社会派が主流で、謎解きがメインの本格＊を映画化するのは、かなりマニアックな行為だったのだ。ちなみに角川書店は、宣伝協力費として五〇万（五〇〇〇万ではない）を拠出している。

ＡＴＧ——正式名、アート・シアター・ギルド

横溝正史の本——よく誤解されるが、映画『犬神家の一族』の公開以前に、横溝の文庫は売り上げ一〇〇〇万部を超えていた。

本格——ミステリにおける「本格」とは、「本格的な」ということではなく、最初に大きな謎があって、論理的な推理が為され、論理的に解決する作風、作品を言う専門用語。対義語は変格。

横溝作品は、戦後たびたび映画化されているが、例えばトレンチコートにピストルを構えた二枚目（片岡千恵蔵や高倉健）だったりして、原作の雰囲気に近い金田一は、この『本陣』が初めてだった。ただし、予算の関係もあって、舞台を現代にとったため、金田一の服装は、ジーンズの上下の、ヒッピースタイルである。横溝正史は金田一役の中尾彬を、「さわやかだね」*と形容している。確かに当時の中尾彬はやせていたし、好青年だった。それ以前の金田一耕助と比べると、初めて雰囲気の似た金田一だった、と言える。

現在では横溝正史研究も進み、私は片岡千恵蔵の金田一耕助映画に重要な意義を見出しているのだが、七〇年代では、そうした客観的な視点に導いてくれるものはなかったのだった。

この映画は、ATG作品でも「あまりの観客にドアがしまらないくらい」*ヒットした。これが角川春樹に、角川映画の第一弾を『犬神家の一族』にさせた一因なのではないかと思われる。『キネマ旬報』によれば、角川映画の第一作は、赤江瀑原作の『オイディプスの刃』になる予定で、フランスでのロケーションが終わっていた、と言う*。

もっとも、小林信彦の『おかしな男　渥美清』（新潮社）によれば、角川春樹は、当初、自分で映画を作る気はなく、松竹に『八つ墓村』を託した。しかし、『八つ墓村』の脚本が大幅に遅れ、同時開催の文庫フェアに間に合わないので、松

さわやかだね――『横溝正史読本』（角川書店）でのインタビューによる。インタビュアーは、ミステリ雑誌の編集長でもあった、作家・小林信彦。

ドアがしまらないくらい――横溝正史のエッセイ『真説　金田一耕助』（角川文庫）より。

『オイディプスの刃』――　赤江瀑原作の、耽美的な小説。フランスロケの件は、『キネマ旬報』に出てくる。予定されていた監督は、後に角川映画で『野獣死すべし』を撮る、村川透。

竹に苦情を言ったところ、「本屋に日程を合わせせられるか」とあしらわれたため、自ら映画を作ることになった、ともある。当時の映画会社と出版社との関係が見てとれる。

さて、『本陣』に戻るが、映画は、夏の陽の中を歩く金田一耕助から始まる。事件が終わってしばらくした後、再び一柳家を訪ねよう、というところだ。そこへ、葬列がやって来る。掲げられたのは、鈴子の写真。そう、この映画は、鈴子から始まり、鈴子で終わるのだった。

実を言うと、『本陣』の機械トリックは、私には原作を読んでも簡単に頭に浮かばないほど複雑で、映像化されると必ずその絵解きがあるのだが、あまりうまい説明は見られない。ドラマのない説明の映像というのは、どうも扱いにくい所がある。そのせいか『本陣』が映像化される際には、どうしても鈴子の比重が高くなっている、と私には見えた。

この映画の鈴子を演じたのは、高沢順子。もともと、ややエキセントリックな印象のある人なのだが、映画の中でも、背が高いせいもあって、言動の子どもっぽさとのアンバランスさが強調されていた。可憐というより、奇異な感じではあった。

ただ、私がこの映画を観たのは、大学に入って東京へ出てきてからである。青森でも公開されたはずだが、七四年、私は中一で、親に連れられずに映画を観に行ける、ちょうどぎりぎりの境のところにあった。私が映像で鈴子を初めて見たのは、『犬神家』のヒットに乗って、毎日放送が一時間枠で作った、『横溝正史シリーズ』が最初だった。

1-2　その後の『本陣殺人事件』

（テレビ版『本陣殺人事件』（西崎緑出演、牛原千恵出演）の結末に触れています）

映画での好評を受けて、横溝作品は毎日放送*で七七年〜七八年にテレビ化された。

このテレビ『横溝正史シリーズ』は出来がよく、『獄門島』などは、市川崑＝石坂浩二の映画版よりいいと言われるほどだ（後述）。スタッフ・キャストも豪華で、『本陣』の監督は蔵原惟繕*だった。

作品自体には、当時の私はそんなに乗れなかった。『横溝正史シリーズ』は、原作の長さに応じて話数を調節しており、『本陣』は三回という短さだったのだが（『悪魔の手毬唄』は六回）、それでもドラマが足りないため、原作にはない、鈴子の兄・一柳三郎（荻島真一）と母・鈴子（淡島千景）との近親愛的な要素を付け加えている。それがたぶん気に入らなかったのだろう。原作原理主

毎日放送――東京などではTBS系列。

蔵原惟繕――『キタキツネ物語』『青春の門』などの大作を撮った監督。特に八三年の『南極物語』は、五九億円の邦画配収一位に輝き、この記録は九七年の『もののけ姫』まで破られなかった。

義というやつだ。若さとは、ときに硬直した形で現われる。

しかし、鈴子を演じた西崎みどり*（現・緑）は、よかった。『必殺』ファンならその美貌はご存じだろうが、何しろ日舞の家の出で、着物がよく似合う、日本人形のような鈴子だった。一家の主、賢蔵の婚礼の晩、鈴子が琴を弾いている所が初登場なのだが、突然琴を放り出し、「タマはかわいそう」……と脈絡もなく死んだ猫の話を始める。確かに原作に書かれた鈴子のイメージだった。ここでも鈴子は、そのエキセントリックな面が強調されている。

ところが、これが最上の鈴子ではないのだ。

八〇年代に二時間サスペンスのブームが来て、『横溝正史シリーズ』と同じ毎日放送、同じ古谷一行の金田一で、二時間シリーズが始まる。その第一弾が『本陣』（八三年）なのである。

不思議なことにこの作品、脚本が、前のシリーズと同じ安倍徹郎*だった。そのため同じような脚色で、台詞も同じようなものが出てくる。ただ二時間枠に凝縮したせいか、印象は前よりずっと良かった。しかも作品はますます鈴子を描くようになっていた。余談だが、この二時間版で三郎を演じた本田博太郎は、後に片岡鶴太郎版『本陣』で、その兄・賢蔵を演じた。

今回の鈴子は、牛原千恵*。頭もおかっぱではなく、あまり美少女でもない。だが、そのはかなさや愛らしさが演出されると、これこそ鈴子だ、と思えてく

西崎みどり――『宇宙戦艦ヤマト』の西崎義展プロデューサーの親戚で、日舞・西崎流の新宗家。

安倍徹郎――『必殺』シリーズなど、時代劇でもよく知られる脚本家。

牛原千恵――父が映画監督の牛原陽一、祖父が同じく映画監督の牛原虚彦という、映画一家の出。主に八〇年代に、活躍した。

るから、映像はおもしろい（監督は時代劇の多い井上昭）。「少女」とは、たとえ美少女の役どころであっても、顔が美少女である必要はないのだ。

西崎みどり版の『本陣』は、水車の表わす因果の輪廻のイメージに収束するのだが、この『本陣』は、鈴子で終わっている。原作にもない、美しいラストシーンだ。

一柳家での連続殺人は、解決した。しかしそれによって、家は滅びようとしている。空しさを感じつつ、金田一と久保銀造（下條正巳）が去ろうとすると、晩秋の夕暮れ、門の前に鈴子がしゃがんで、無心にお手玉をしている。金田一を見上げて、「おじさん、どこへ行くの？」「帰るんだよ、おうちに」「また来てね」「ああ、また来るよ」。だが金田一の言葉は真実ではない。家は滅びるのだし、たとえ今度来たとしても鈴子はもう生きてはいないのだから。

間があって、鈴子は手にしたお手玉を、「あげる」、と差し出す。「ありがとう」、と受け取り、行こうとする金田一。だが鈴子は、何を感じてかそのマント*の裾にすがりつく。そこで金田一は、堪えかねて鈴子をぎゅっと抱きしめるのである。鈴子は無表情だが、頬に涙が一筋、流れる。

田舎の駅のホームで銀造が呟く。「鈴ちゃん、あんなに強く抱きしめられたことはなかったんだろうなあ……」。ハッとする金田一。「琴の音、聞こえましたね」「琴？　あれは風の音だよ」「風ですか……」。一巻の終わり。

＊マント——正確には二重回しと呼ばれる和装。

ほとんど、主役の扱いではないか。

二時間の枠の中で、たっぷりと間を取った余韻のあるシーンを、牛原千恵も、そして古谷一行も、堂々と演じている。

ちなみに『本陣』は、先の通り、その後、片岡鶴太郎が金田一耕助のフジテレビ版でも映像化されている。鈴子は、小田茜。しかし台詞などからして驕慢に近く、可憐というより、ただのわがままな娘になっているのである。脚本は耽美的な作家でもある岸田理生*なのだが、どうしたことだろう。横溝作品の映像で、気になっていることのひとつである。

『本陣』は結果的に少女を描いた映像となった。少女ヒーローの源流は角川映画にある、というのが私の考えだが、その第一作『犬神家の一族』を生んだのが『本陣』であり、それが実は少女映画、しかもジャンル映画だったことは、後々まで邦画界に影響を及ぼすのだった。

2-1　角川映画の誕生

角川映画が第一作『犬神家の一族』を公開したのは、一九七六年のことだった。

私は中学生で、青森市に住んでいた。ちょうど反抗期にさしかかり、いちば

岸田理生――寺山修司に見出された劇作家。映像の脚本では、『1999年の夏休み』などがある。

ん世の中に反発したい頭でっかちな年頃だった。街は暗く、日本映画も暗かった。私は住んでいる土地を嫌悪し、日本映画をも嫌悪する、洋画オンリーの映画ファンだった。

青森市があまり暗い暗いと書くと里帰りできなくなってしまうので、弁明しておく。これ、人が暗いとか、社会として暗いとかいう意味ではない。問題は、もっと天文学的な暗さなのだ。

手許の『理科年表』によれば、青森市の、一年間の曇りの日は一八一日、東京が一三八日。快晴は、青森一五日、東京三七日(倍以上だ！)。おまけに青森は、冬の間は月に六〇時間以下しか太陽が出ない。つまり、ほんとうに景色が暗いのだ。青空を満喫できるのは、夏から秋の、ごく短い期間なのである。

だから、せめて映画の中だけでも、青空が見たかったのだ。

私にとって、映画は、現実からいっときでも離れられる楽園である。そこには青空がなければならなかったし、また、日常的な景色なんか誰が金を払って観るかい、という気分だった。

洋画には、それがあった。明るい、異境の風景。洋画の映像、イコール、ファンタジイだった。少なくとも私には。『真夜中のカーボーイ』*ですら、憧れるほどだった。

それなのに、邦画ときたら……。

*『真夜中のカーボーイ』——六九年のアメリカ映画。大都会の荒波にもまれて、挫折していくふたりの青年(ジョン・ヴォイト、ダスティン・ホフマン)を描いた陰鬱な映画。六九年の公開だが、私はリバイバル上映で観た。

洋画ファンならではの偏見もあった。邦画は貧乏くさくて画面が汚くて話が暗い、とか。ついでに劇場も、「いかがなものか」だった*。技術的、予算的な問題もあったのかもしれない。けれど、時期が悪かったのも大きい、と言えるのだ。七〇年代半ばは、日本の娯楽映画がどん底にあった時代なのである。

クレージーキャッツや若大将といった若者向きの映画が陰をひそめ、特撮は昭和ゴジラシリーズが終わる。最終作『メカゴジラの逆襲』（七五年三月）で、海を去っていくゴジラの後ろ姿が忘れられない。アニメは東映まんが祭りの名作物のみ（というと語弊があるが）。各社のヒット映画と言えば、東宝は『日本沈没』などの大作と山口百恵＝三浦友和、東映は『トラック野郎』と実録やくざ路線、松竹は社会派の巨匠・松本清張原作の『砂の器』などのやはり力んだ大作、そして『男はつらいよ』。私はそのどれにも興味がなかった。

で、また当時愛読していた『キネマ旬報』（以下『キネ旬』と略記）で高く評価される邦画と言えば、社会や人生の暗い部分を、真摯に追求した映画ばかりだった。試みに七五年の『キネ旬』ベストテンを見てみると、洋画には『ザッツ・エンタテインメント*』や『フロント・ページ*』『ジョーズ*』が入っているのに対して、邦画はと言えば、かろうじて『新幹線大爆破*』があるぐらいで、あとは『田園に死す*』『仁義の墓場』『同胞』『実録阿部定』……タイトルからして、

劇場が「いかがなものか」――私が、親の禁止が解けて、初めてひとりで映画（『新幹線大爆破』）を観に行った際、東映の男子トイレにはコンドームの自販機があった。後でその使い途を知って、私は嫌悪した。

『ザッツ・エンタテインメント』――MGMのミュージカル名シーンを編集した、まさに娯楽の王者。PARTⅢまで作られた。

『フロントページ』――庶民派の代表、ビリー・ワイルダーによる機知にとんだ喜劇。

『ジョーズ』――スティーブン・スピルバーグの出世作。巨大なサメと闘う男たちの映画。

夢も希望もない。

　ただし『田園に死す』は、後に仕事の都合でビデオを買って見たら、えらく面白かった。だがそれは邦画の見かたも分かり、好みの幅も広がったからだ。当時は、青森の暗部を撮った映画、という認識しかなく、観ず嫌いだった。この前後、青森に関する映画で有名だったのは、『田園に死す』と、『竹山ひとり旅』『津軽じょんがら節』、そして何より『八甲田山』。近所の山に冬に登って遭難する*なんて話を、一般の映画館*が七館しかない青森市で、四館も占拠して延々と上映したのだ。あまつさえ、青森市内の映画館では、『八甲田山』の予告に、『青森県民の皆様には、全員ご覧いただきます』という趣旨のテロップが入ったのである。いやがらせとさえ思った。

　話せばきりがないが、そういう、邦画への偏見に凝り固まった私が、なぜ『犬神家の一族』を観に行ったのか。横溝正史ファンだったのももちろんだが、ポスターやチラシの洗練され具合いがあったと思う。当時は町なかに映画のポスターがよく貼ってあったし、洋画を観に行っても邦画のチラシが置いてあった。そこから「この映画、何か違うぞ」と感じとったのだろう。

　ヒロインが島田陽子*だったのも大きかったはずだ。テレビでもおなじみの、清純派ナンバーワン女優で、少女ではない二三歳だが、清楚な感じがたまらなかった。

『新幹線大爆破』――アメリカ映画『スピード』に影響を与えたとされる（遠回しな表現）、新幹線を「人質」に取った犯罪映画。当時としてはクレバーな作品。主演・高倉健。

『田園に死す』――寺山修司の郷里・青森の片田舎を舞台にした幻想的な作品。

近所の山に登って――まあ、それが戦争の狂気ということなのかもしれないが、夢も希望もない、しかもご近所の映画である。少なくとも、ファンタジイのかけらもない。

一般の映画館――他にポルノの上映館が二館あった。

島田陽子――この映画のために、松竹から招かれた、超清純派（当時）女優。どれほど人気があったかというと、ブームが去った後でも、『島田陽子に逢いたい』（一〇年）という映画が作られたほどだ。

そんなこんなで、私は『犬神家の一族』を観た。当時の感想は……。

「日本映画でも、こんなのが撮れるんじゃないの」

生意気をお許しいただきたい。何しろ中学生の感想だから。

お話のほうも、久里子亭（アガサ・クリスティのもじり）という筆名で市川崑が脚本を共作しているので（他に長田紀生、日高真也）、本格味を前面に出し、陰惨になりそうな話をユーモアで和らげつつ知的に展開するのだが、とにかく、映像がめちゃめちゃかっこ良かった。中間色をきれいに出した色調、画面構成の引き締まり方、照明の明るさ。邦画娯楽作品というとどうしてもパノラマ的になることが多いが、撮影の長谷川清はかっちりとしたレイアウトで、隙のない映像を見せていた。ちなみにこの人は、後に角川映画で深作欣二監督の『魔界転生』を撮る。同じ深作監督の『柳生一族の陰謀』（撮影・中島徹）と見比べてみると、両者の違いがはっきりする。どちらにも同じ、柳生の里が襲われるシーンがあるのだ。中島徹が悪い、という話ではない。味の違いの問題である。

また市川崑はまだ若かったので（といっても当時六一歳だが）、カット割りが速かった。必要最小限のことを見せてすぐ次へ進むテンポのよさ。コマをぱっぱっと抜いてみたり、ソラリゼーション*のような効果を使ってみたり、技術的にも面白い。役者の芝居もわざとらしくない。台詞が軽妙。いま見ても、洒落

ソラリゼーション——白黒反転を中心とする、ちょっとシュールな映像効果。液晶画面に温度を映し出した感じ、と言えば分かっていただけるだろうか。

た映画だという印象は変わらない。邦画って進歩してないんじゃないか、と思うぐらいだ。長いこと色あせたフィルムからのビデオ化だったのだが、最近出たブルーレイでは、当時の色調が再現されているので、そのモダンさが分かるだろう。*

肝腎なことを忘れていた。大野雄二*の音楽である。

邦画話題作の音楽と言えば、佐藤勝*や芥川也寸志*に代表される、オーケストラで日本調のメロディ、と相場が決まっていたが、この映画の音楽は、その後フュージョン*と呼ばれる、時代の最先端を行くものだった。しかも『キネ旬』によれば、大作『砂の器』*の倍の予算をかけて、ＬＰ*が音楽として独立しても売れるように作ったそうだ。逆に言うと、それまで邦画のサントラ盤というものが、まずなかったのだ。

『犬神家の一族』は、興収一三億を稼ぎ出し、その年の興行成績二位になった。*若い映画ファン、私のような洋画ファンをも、邦画館へ足を運ばせたのである。そして重要なのは、これが本格ミステリ映画だった、ということだった。文芸大作ではない、今で言うジャンル映画を、当てたわけだ。ジャンル映画には『日本沈没』*という先駆けもあったけれど、あれはあまりＳＦっぽくない、どちらかというと一般映画の印象だった（公開当時の、私には）。

そして、加えておかなければならない数字だが、『日本沈没』の配収は

『犬神家の一族』のブルーレイ――『犬神家の一族』には、ざっと分けて二系統のＤＶＤソフトが存在し、色調が大きく違うのだが、私の記憶では、このブルーレイが一番、公開当時の色調に近いと思う。ただしブルーレイには、傷つきやすいというリスクがある。

大野雄二――もちろん、『ルパン三世』（第二、第三シリーズ）の音楽が有名。

佐藤勝――代表作が挙げられないほど、多くの日本映画で活躍した。いま聴き直してみると、当時の印象よりは現代的と言える。『ブルークリスマス』『皇帝のいない八月』など。

芥川也寸志――現代音楽（創作のクラシック）でも先陣を切っていたが、映画では情感あふれるオーケストラ音楽で親しまれた。『八甲田山』『砂の器』など。

一六・四億（最終的には二〇億）、『砂の器』は七・〇億。『犬神家の一族』の一三・〇億と比べて欲しい。大作を作れば当たるかどうか、分かると思う。

2-2 『人間の証明』

世間の評価がどうあれ、『犬神家の一族』で「角川映画は面白いらしいぞ」、と思った私は、次の『人間の証明』にも期待した。テレビで流れたCMが、またかっこいい。大野雄二作曲、歌・ジョー山中のバラードに乗って、麦わら帽子がひらひらと谷底へ落ちて行く映像に、「母さん、僕のあの帽子、どうしたでしょうね」、と西條八十の詩の一節だけがナレーションで入る、全く中身の分からない予告である。ポスターも、ニューヨークの街並みを遠景に、黒人の男の子の顔が写っているだけのもの。そういうセンスは、日本映画にはなかったものだと思う。ニューヨークロケはあると言うし、ミステリでもあるし。で、映画を観て、ひっくり返った。あまりにも人情ものだったからだ。映像は、美しかった。ニューヨークロケはもろにアメリカ映画で、ちょうどその頃公開された『エアポート'75』*で親しみのあったジョージ・ケネディが出た。しかし、全体の話は古典的な泣きの日本映画で、映像を帳消しにしてしまっていた。この映画の脚本は公募されたが、プロ中のプロ、松山善三の作品が採

フュージョン――ジャズと、ロックやポップスの融合（フュージョン）した音楽のジャンル。ウィキペディアに記されたアーティストでは、ジャズ要素の薄い（というか、あるか？）イエロー・マジック・オーケストラなどもフュージョンに入れられているのだが、まあご愛敬。

LP――いまで言うアナログ盤のアルバム。シングルをEPと呼ぶ。

『砂の器』――全体の音楽は芥川也寸志だが、主題となる高校曲は菅野光亮の作品。

興行成績二位――一位は創価学会の『続・人間革命』。内容はさておき、宗教がらみの映画は動員数が読めるため（信者が前売り券を買って配るから）、たびたび作られた。

用になった。まあ、ベテランでも仕事を得るのには大変だ、ということはいま、私が痛感していることなので、そこは責めないが、全体の物語のお涙頂戴臭さは、納得のいかないものだった。

いちばん分からなかったのが、ラストである。長年気になっていたが、放置していたので、今回、シナリオ（角川文庫）を取り寄せて読んで、ようやく納得した。念のためネタバレ注意とするが、松山氏の名誉のためにも、興味のある方は、読んでいただきたい。

『人間の証明』のシナリオは、本来、もっと骨格の太い、映像の想像がつく理詰めの出来だったが、ウィキペディアによれば、この脚本が選ばれたのは、「修正しやすいから」、という不名誉な理由だったそうだ。実際、脚本はズタズタになり、画で見せるべき部分は説明台詞で塗りつぶされ、理詰めで書かれた台詞は、単なるイメージだけの美辞麗句に置き換えられ、感情移入ができない。

で、問題のラストシーンである。

（以下ネタバレ）デザイナーの八杉恭子（岡田茉莉子）が殺人犯だ、とばれるのだが、栄光の授賞式会場で、とつぜん殺人を告白する。と、会場からは怒濤のような拍手が湧くのである（何で？）。そのまま恭子は思い出の場所へ行き、

エアポート75——事故を起こした旅客機で、死んだ機長に代わって乗客らが操縦して着陸を試みる、いわゆる「パニック映画」。この映画の前後には、『ジョーズ』や『新幹線大爆破』など、パニック要素（？）のある映画は、なんでもパニック映画と呼ばれた。

投身自殺する。刑事の棟居（松田優作）は、それを見逃して終わる（何で？）。私には意味不明だった。

今回、シナリオを読んだのだが、再び唖然とした。拍手のシーンも、投身自殺のシーンも、シナリオにはないのである。恭子が告白はするのだが、シナリオでは「観客たちのざわめきと注視の中を走り去って行く」のであり、結末では彼女の投身自殺を、棟居は止めているのである。おそらくは角川春樹がつけ加えてしまったものだったのだ。松山善三氏には申しわけないことをした。しかし、こんなことがあろうとは……。*（ネタバレここまで）

この一作で、角川映画は宣伝だけで中身がない、という定評を得る。まあ実際、その後の作品にも、叩かれてもしょうがないようなのがあった。だが、定評だけが先行してしまった感も強い。『麻雀放浪記』も『蒲田行進曲』も『Wの悲劇』も『早春物語』も、角川映画なのだ（敢えて『キネ旬』ベストテンに入った作品を列挙する。私の好みは別にある）。

話がどうも脱線するが、なんだかんだ言っても『人間の証明』は二二・五億の大ヒットで、配給成績二位の貢献度だった（一位は『八甲田山』だが、スクリーン数で考えると遙かに効率がよい）。そして角川は第三弾『野性の証明』を発表、少女俳優・薬師丸ひろ子を生むのである。

*こんなことが――のちに角川春樹監督の『キャバレー』のシナリオ（角川文庫）では、田中陽造の脚本と、角川春樹が直したヴァージョンが収録されている。

3-1　薬師丸ひろ子の降臨

以前に、中国からの留学生の方に、こう訊かれた。

「日本のレンタルビデオ店で、森村誠一先生の『野性の証明』を探しているのだが、見つからない。いったい、日本での森村先生の評価はどのようになっているのか。また『野性の証明』とはどういう映画なのか」

なんで森村誠一かと思って訊いたら、中国ではその頃『人間の証明』が公開され、大ヒットしたのだそうだ。* 近代の中国ミステリは人情が優先で、つじつまが合わなくてもOKなのだったそうだが（九〇年代末）、国情だから悪いとは言えない。そのヒットのせいで、森村誠一は日本を代表する文学者*と考えられたらしい。その代表作のビデオがないのはどういうことか、と言うわけだ。特に中国では、映画イコール原作者のもの、という考えがあるのだそうで、興味を持たれたわけだ。

さあ困った。森村誠一は確かに凄い作家だ。しかし映画の『野性の証明』は……まさか「薬師丸ひろ子のデビュー作だ」、とも答えられないではないか。

私は考えた末、「この映画は、国家権力に対する個人の尊厳の戦いを描いたものだ」、と答えて、納得してもらった。ものは言いようである。


『人間の証明』――その前、七六年に、同じ高倉健主演の『君よ憤怒の河を渉れ』（徳間大映）も中国ではヒットしており、そういう意味ではつじつまが合っている。

文学者――中国では、純文学という概念がないらしく、ミステリもSFも、すべて文学なのだそうな。世界的にどうなのかは知らないのだが。

実際、『野性の証明』の「テーマ」は、そういうものだと私は思う。映画がテーマで語られるものだとしたら、何も間違ってはいない。

しかし、当時二一・五億稼いで邦画の配収一位になったヒット作、っていちいち金で言うのもいやらしいけど、興行面からの変化を語る章なので、見逃して欲しい……のこの映画について、いま私が思い出せることと言えば、「ネバーギブアップ」というCMのフレーズ、薬師丸ひろ子、そして、ラストの戦闘シーンだけなのだ。

角川春樹は、この戦闘シーンを洋画並みにしたかった。お話は、自衛隊の特殊部隊にいた高倉健が、地方公共事業の不正に関わったことから最後には自衛隊を敵に回して戦う、というものなので（原作とは違う）、当然、自衛隊の協力は得られない。それでアメリカにロケして、本物の戦車を大量に動員した。原作にも脚本（高田宏治）にもない。角川春樹の趣味である。

それはいいのだが、舞台は東北だ。特に私は青森生まれだから、どう見たってアメリカの風景を東北とは思えない。しかも最後で、死闘の末、高倉健が薬師丸ひろ子を背負って森から出てくる。向こうからは大戦車部隊が押し寄せてきて、これは抹殺されるしかないよなあ、と思っていると、両者は何ごともなかったかのように、すれ違ってしまうのだ。そこで、クレジットが流れて終わる。この意味が分からなくて……。

ちなみに、現在ＣＳなどで放映される『野性の証明』では、高倉健が闘志を込めて銃を構えるショットで終わっており、戦車とのすれ違いは、クレジットの片隅に小さく映るだけだが、こういう改変は、どうかと思わないでもない。歴史的事実は直視すべきだ、と思う。

とはいえこの作品、毎日映画コンクールで日本映画ファン賞を受賞している。確かにかっこいい映画だったが、少なからず、薬師丸ひろ子に投票した人がいるような気がしてならない。

やっと本題にたどりついた。この映画の鍵を握る頼子役として、一般公募で選ばれたのが、薬師丸ひろ子（当時・博子）だったのである。

この子は惨殺事件で家族を失い、その犯人を高倉健だと思いこんでいたが、その後、事件のショックで記憶を喪失し、責任を感じた高倉健が引き取って育てている。彼にとっては爆弾のようなもので、いつ記憶が蘇るか分からない。しかもショックのせいで、超能力を持ち、災厄を予言したりする。これこそ、少女だ。神秘、常識外れ、危なっかしい。『本陣殺人事件』の一柳鈴子から、『ガメラ３』の比良坂綾奈（前田愛）にまで通じるものがある。

原作では七、八歳の女の子だし、超能力少女と言えばもっとエキセントリックな風貌の子を選ぶのが普通かもしれない。だが、公募で薬師丸ひろ子を見た角川春樹は、この子はスターになる、と直感したらしい。審査員のつかこうへいに根回しまでして選んだ*。

結果として、これが大げさに言えば日本映画を、いや、少なくとも少女映画を変えた。

それまで少女スターと言えば、実年齢より成熟した子が人気だった。山口百恵なんか、完全にそうだ。しかしここに、「美」のつかない女子俳優一三歳が、超能力を持って現われたのである。顔も子どもだし、性の未分化状態。実は身長が一五五センチ位あり、相応に発育していたようだが、だぶだぶのパーカーとジーンズを着せて未成熟に見せている。ここが、うまい。

その薬師丸ひろ子が、終始むっとしたような顔で、超能力によって無気味な予言をしたり、もっと無口な高倉健と共に影のある生活をしている所に、私はしびれたのだった。観念上の少女が、現実に立ち現われたのだ。

3-2　薬師丸ひろ子の昇華

『野性の証明』の薬師丸ひろ子は、少女映像ファンだけにではなく、幅広く注目された。しかし、第二作はなかなか出なかった。高校受験があったのだ。

高校に入った八〇年、薬師丸ひろ子は、『翔んだカップル』で初主演する。これは角川ではなく、キティ・フィルムの作品だった。憶測だが、この年には

つかこうへいに根回し——『角川映画大全集』（角川書店）につか本人が明記している。

角川春樹が全力を尽くした『復活の日』*があったので、角川は他に手をかけられなかったのではないかと思う。

『翔んだカップル』だが、好みを抜きにして言えば、初監督の相米慎二が青春の苦さとぎこちなさをリアルに描き、若い観客の心に突き刺さった。共演は後に大映テレビで爆裂する鶴見辰吾、大林宣彦ファミリーで爆裂する尾美としのり（信じられないほど太っている）、そして石原真理子（現・真理）。トーンの暗さが、薬師丸ひろ子のイメージによく合っていた。

この『翔んだカップル』は翌年、芦川誠、桂木文主演で、フジテレビでドラマ化されている。こちらはもう、ラブコメそのものというか、よく言えばドラマとバラエティが一緒になったようなものだったのだが、これが当たったらしくオリジナルの『翔んだライバル』『翔んだパープリン』と続き、同じようなスタッフ・キャストで、原田知世の『セーラー服と機関銃』『ねらわれた学園』が作られ、更にはアイドル映像の宝庫『月曜ドラマランド』へと続き、『スケバン刑事』にまで影響を及ぼす。これが、この本を角川映画から始めた理由だ。少女映像の環はこのようにつながっているのである。

ちなみに、原田知世の項（次節）と重なるが、このドラマ『翔んだカップル』で初めてNG集というものが、アクシデントで付けられたのだそうだ（尺が足りなくなったためつけた、とウィキペディアにある）。

『復活の日』――角川が制作費二〇〜三〇億（諸説ある）を投じて作った、終末SF映画。『ナポレオン・ソロ』で有名なロバート・ヴォーン、異常犯罪者が得意のチャック・コナーズ、『ロミオとジュリエット』で日本でも人気になったオリビア・ハッセー、『スーパーマン』の父親役グレン・フォード他、洋画ファンにはたまらない俳優が日本豪華俳優陣と共演した大作だったが、一般には、特に日米の俳優の芝居が乖離している、という批判を受けた。

翌年、角川に戻った薬師丸ひろ子を待っていたのは、大林宣彦監督の『ねらわれた学園』だった。しかし、東宝の近藤真彦主演『ブルージーンズメモリー』の併映で、予算も時間もない作品だった。加えて、相米慎二の長回しで延々撮る芝居で役者魂に火がついた薬師丸ひろ子は、大林監督とはまるでかみ合わなかったようだ。何しろ大林監督はカット割りが細かく、薬師丸ひろ子を一〇〇〇カット以上撮りたい、なんて執念を燃やしていたし、当時の大林映画は、編集したのを見て、初めてスタッフがどんな映画か分かる、*というものだったのだ。たぶん薬師丸ひろ子には、理解を超えていたのだろう。

その証拠として、雑誌『バラエティ』で、二人が対談した号がある。これが会話にならず、しまいには薬師丸ひろ子が沈黙してしまうのである。それをそのまま載せるのもいい度胸だが。

大林宣彦も相性の悪さは感じたようだ。この人は著書が多く、その中で自作に出演した女優をほめ倒すのだが、薬師丸ひろ子だけはしばらく語っていなかった。九〇年に出た監督のエッセイ集『映画、この指とまれ』(徳間アニメージュ文庫)で軽く触れたのが、たぶん最初ではないだろうか。

こんな理由もあってか、同じ八一年の暮れに、キティ・フィルムと角川が『セーラー服と機関銃』を共同製作する。監督は再び相米慎二。この映画で、薬師丸人気は爆発した。普通の女子高校生が弱小やくざの組長にされてしまい、大組

編集したのを見て初めて分かる
——特に早撮りの監督は、シーン順には撮らないため、ときにこういうことが起きるようだ。

織と戦い、最後には敵地へ乗り込み、機関銃を乱射する、という話だ。これは『極道の妻たち』（八六年〜）と同じ日本人好みのパターンではあるのだが、相米慎二が撮ると、どうしても娯楽映画から一歩はみ出したものになる。重みのある、そして暗い映画である。やはり、薬師丸ひろ子には暗い映画が似合うようだ。この映画は、配給成績で二三億円をたたき出した。

赤川次郎の原作が、ユーモア小説のようで、実は構造的に暗い話なのだが、脚本の田中陽造*がまた、原作ではデフォルメされているやくざをリアルに描くものだから、観ていた私はやりきれなさを感じたものだった。しかし赤川次郎は、「一七歳の女の子が一七歳を演じたこと」を評価している。実際、薬師丸ひろ子の持つ生っぽさというか、そばに寄ると女の子の匂いがするような感じが伝わってくるような作品ではあったが、私には無縁だった。

この映画は翌年、今で言うディレクターズカットで再公開され、ますます盛り上がった。

そして、薬師丸ひろ子の時代は、私的には、ここで終わる。

大学へ入るためまた休業した後、『探偵物語』（映画のほう*）で帰ってきた薬師丸ひろ子は、すでに女子大生の役だった。『里見八犬伝』を経て、八四年の『メイン・テーマ』では、中年男・財津和夫との恋愛に破れ、桃井かおりに説教されて「いい女」になって男（野村宏伸）とホテルに入る。世間の薬師丸ファン

*田中陽造——鈴木清順の『ツィゴイネルワイゼン』（八〇年）など、尖鋭的な脚本も書く人。

*映画のほう——同じタイトルの、同じ松田優作主演のテレビドラマがある。念のため。

は知らないが、当時の私は落胆した。その後、澤井信一郎の監督『Wの悲劇』で役者根性を見せるのだが、少女とは無関係である。

さて。次へ行く前に、ひとり紹介しておかねばならない監督がいる。大林宣彦である。

4-1　大林宣彦とは

大林宣彦監督は、ある年代の人間には、カリスマ的魅力を持っている。「カリスマ」という言葉を安易に使うのには抵抗がある。しかし大林宣彦の監督作品は、ある人びとにとっては映画以上の、人生そのものとすら言えるものであり、私もそのひとりなのである。七七年の劇場デビュー作『ＨＯＵＳＥ／ハウス』（以下『ハウス』と略記）に、旅先でふらっと入った映画館で出逢ったときの衝撃など、話し出したらきりがない。

しかし本書はエッセイ集ではない。少女映像への影響に絞ってみよう。可能な限り。

大林宣彦が「カリスマ」たるそもそもの所以は、デビューからしばらくの間、攻撃と黙殺を食らっていたことにある。受難こそ教祖の必須要素だから。

今の、地方都市を細やかに描く大林作品のイメージからは、想像できないかもしれない。しかし『ハウス』は、映画評論家には映画ではないとか中身がないとか、さんざんに叩かれた。その位置づけは、『キネ旬』のベストテンで二一位、しかし読者ベストテンでは四位という数字に表れている。大林映画が『キネ旬』批評家陣に認められるのは、八二年の『転校生』三位が最初で、そのときですら、読者投票では二位だった。

まずその、中身のなさについて触れておく。テーマのことも言わないと、納得しない人もいるだろうし。『ハウス』以来、大林宣彦が言っていることはひとつなのである。

「伝説が、現実と対等に向き合ったとき、どちらが勝つのだろうか」

これが大林映画のほぼ全作品に通じる、基本主題だ。

「伝説」とは、過去、死者、未来人、とにかく常ならぬものである。とどかなかった思いやかなわなかった恋が、伝説であるが故の強さを持って、いま生きている人間に立ち向かってきたとき、人はどうしたらいいのか。それを、ずーっと追っているのが大林宣彦なのである。

結論は、作品によって変わる。主題とは問題であって、解答ではない。創作というのはそういうものなのだ、と私は思っている。主題、というと主張と誤解されてしまうのだが、ものを作るというのは、主張することではない。*「問題」

ものを作るということは――私はこのことを、脚本家・岡本克己先生（シナリオ学校の講師だったので、「先生」と呼ぶ）から教わった。先生いわく、「何かを主張したいのなら、新聞に投稿したほうが、ずっと効果的だ。ドラマにしか書けないことを書くべきだ」

を創ることだ。
『ハウス』の輪郭は典型的なホラーだから、この「問題」の結論では伝説が勝ち、現実の少女たちは食われる。これが『ふたり』（九一年）になると、伝説は優しい面を見せてくれ、現実に力を与えてくれる。

　映像と色彩の氾濫で話は二の次、と思われている『ハウス』のラストシーンで、大林宣彦は、南田洋子によるナレーションできっちりそのことを表わしている（それが気に入らなかったのだろうか、世間は）。当時の私には、その意味が分からなかったのだが、大林映画を観続け、自分も物書きになることで、何が主題なのか次第に分かるようになった。
『ハウス』の映像は文章では表現しにくい。大林宣彦の評価が上がって、作品が簡単に見られる状況だから、見てもらったほうが早いのだが、*『ハウス』という映画は、空を描いた傑作なのである。それも、私がいちばん好きな、真夏の青空を。

　なんで先に、青森市の気象状況を延々書いたか、やっとつながった。そう。私が『ハウス』に衝撃を受けたのは、その、絵に描いたような美しい空ゆえだった。

　いや、「ような」ではない。何しろこの映画、ほとんどの風景に、空を描く専門の絵師、島倉二千六《ふちむ》*が絵で描いた空を合成している。抜けるような青空と白い雲、夕焼けを映した赤い雲、そして朝焼けと青空との合い間にかすかに光

『ハウス』のビデオ――現在、『ハウス』の色や光を、一〇〇パーセント再現しているのは、北米・クライテリオン社のブルーレイ。北米版としてAmazonにもある（字幕も消せる）が、私が持っているのと同じならば、劇場の画質そのものである。次に評価できるのは、CS日本映画専門チャンネル版。肝心の東宝のDVDは、どういう理由からか、画質が上映時とかけ離れている。なお、ご購入の際は、念のためリージョン・コードを確認されたい。また、先に書いたがブルーレイには、傷つきやすいというリスクがある。

島倉二千六――主に東宝特撮で長年活躍した。CM制作で、大林監督との縁が生まれたらしい。

る、緑色の光。それらはすべて、絵と合成による、デフォルメされた、だがきわめてリアルなものなのだ。

大林映画は、少女映画である。少女映画とは、りりしさであり、同時にリリシズムである。これは個人的な持論なので、賛同していただかなくてもかまわないが、そのりりしさとリリカル*という概念を、私は、大林映画から学んだ。

話を戻そう。この映画は、夏休みに山の洋館へ遊びに行った七人の少女の話である。この少女たちは高校生だと言われているが、『吸血鬼ゴケミドロ』などで知られるホラーの名匠、佐藤肇*監督が書いたノヴェライズでは、中学二年となっている。

ストーリーはシンプルで、池上季美子が父の再婚を嫌がるあまり、怪物となって恋人を待ち続けた叔母、南田洋子と同化し、他の少女を食ってしまう、という話なのだが、ひとりひとりの少女が、可愛い。大林監督は彼女らの生の声や呼吸を、思いもよらない方法で記録している。例えば池上季美子が叔母の過去を語る回想シーンは、フィルムのパーフォレーション*に縁取りされたモノクロ映画として画面上に「上映」され、女の子たちは、話を聴くのではなく、その「映画」への感想をがやがやとしゃべっていたりするのだ。これには、たまげた。

その他にも、東京駅までが合成作画でデフォルメ処理されたり、現実の景色にもフィルターをかけて極彩色にしたり（特殊なフィルムを使ったのか、と言

りりしさとリリカル――このことに初めて気づいたのは、作家・久美沙織さん。

佐藤肇――『吸血鬼ゴケミドロ』が代表作の、怪奇映画監督。テレビ朝日『土曜ワイド劇場』で、岡田眞澄が吸血鬼役の『吸血鬼ドラキュラ神戸に現わる』を撮っている。

パーフォレーション――フィルムと映写機がかみ合うための穴。フィルムの左右にある。

われたそうだ）と、徹底して非日常な世界の中で、私が特に入れ込んだのは、「スウィート」役の宮子昌代だった（この映画では、少女達は全てニックネーム*で呼び合い、本名が出てこない）。

紫の、フリルのついたワンピースにエプロンとリボンで、まるでメイドのような格好で館を掃除している彼女は、目がくりっとしていて、性格や口調は甘えん坊。本書での少女概念からは外れるのだが、まだそこまで、私の中で機は熟していなかった。

彼女が蔵の中で布団に襲われるシーンは、実際に布団が四方八方から襲ってくるように見える。最後には大時計に閉じこめられ、切り刻まれていくのだが、この時計が全面ガラスでできていて、逆光のシルエットでぼんやりと見える彼女がこちらを向いてまばたきする。死の恍惚、といった感じだ。ドラマは少女としての肉体を明らかにする池上季美子らが担当するが、映画のトーンを表現した人物は、宮子昌代だった。

宮子昌代はその後、大林映画の『瞳の中の訪問者』と『金田一耕助の冒険』に、それぞれ一シーンだけ出演している。後者では、岸田森のドラキュラに血を吸われている花嫁の役だ（なぜ金田一耕助の映画にドラキュラが出るのか、と言われても困るが）。その後、どうやら引退したらしい。私の、幻のヒロイン（ヒーローではなく）である。

*ニックネーム――オシャレ（池上季実子）、ファンタ（大場久美子）、ガリ（松原愛）、クンフー（神保美喜）、メロディ（田中エリ子）、マック（佐藤恵美子）、スウィート（宮子昌代）。これらの名前は、各自が持つバッグなどにも縫い取りされている。

『ハウス』には中身がない、と叩かれたことは述べたが、その頃の大林宣彦は、自らもそれを誇示する発言をしていた。主張があればよしとする当時の日本映画への挑戦だったのだろう。内容がなくても、贅沢な画面を作らないとだめ、という。

その志向に注目したのは、やはりというべきか、角川春樹だった。大林宣彦が角川映画で撮った、自身の四本目の作品、『金田一耕助の冒険』は、映画ごっこのような映画だった。あちこちにパロディがちりばめられ、またも合成と照明で、人工美を作り出している。

ただし、この映画の白眉は、古谷一行の金田一耕助が最後に長々と語る、フィクションにおける探偵論と日本人論なのである。あまりに長いので割愛しようと思ったが、ソフトを見ない限り分からないので、ご紹介する。

「だいたい事件ってのは、一から一〇まできっかり収まる所へ収まるってもんじゃないですよ、現実には。どうしたって、矛盾が後に残るもんなんですよね。それをワンパターンだって言われりゃ、立つ瀬ありませんよ。日本の犯罪ってのは、どうしたって、家族制度や血の問題がからんで来ちまうんだ。それは日本の貧しさなんですよね。……等々力さん、探偵ってのはね、ひとつの事件に対して、怒りや憤りを持っちゃいけないもんなんですよ。ひとつの殺人から、どう広がっていくだろう、そしてこの殺人がもうひとつの殺人を生むんじゃないかしら、そう考えることが楽しいんですよね。……私だってね、事件の途中で犯人を予測することはできるんだ。でもね、でも、……無闇に犯行を阻止すべきじゃないって気がするんですよ。事件ってのは、ひとり歩きしますからね。ただ、それを温かく見守ってやる気持ちが必要だと思うんです。ひとつの殺人に触発されてもうひとつの殺人が起こる。犯罪ってのは、成長しますからね！　それに私、日本のおどろおどろしい殺人って好きなんです。毛唐みたいに、ピストルばんばん撃ち合う、明日の殺人と違って日本の殺人は、過去の魑魅魍魎を払い捨てるための殺人なんです。……人を殺せば殺すほど、絶望的になっていきますもんね、日本の犯人は。＊世界中どこ捜したって私ひとりですよ、犯人の気持ちを思いやる、探偵なんてのはね。（後略）」（筆者の聴きとり）

この映画のダイアローグライター（台詞を書いた人。脚本は斎藤耕一、中野顕彰）はつかこうへいで、その台詞回しの特徴も出ているように思うのだが、あるいは大林宣彦が書いたか、アレンジしたものかもしれない。何しろカット割りの細かい映画の中、このシーンは一シーン一カットの長回しで、力の入り

絶望的になっていく——原作の金田一耕助も、事件解決の後、自己嫌悪に陥って、旅に出ることがしばしばある。それも犯人の絶望を感じたのだと思えば、この台詞は正しい。世界中の探偵については知らないが。

方が尋常ではない。

角川商法までをネタにしたこの映画でなければ、探偵論というものが、こんなに真っ向から語られることはなかったのではないか。もちろん内容には異論もあるだろうが……。

この作品も黙殺され、大林ファンと、一部の横溝ファンの間にだけ、残っている。

さて、この後に角川＝大林が撮ったのが、薬師丸ひろ子の『ねらわれた学園』だった。

『ハウス』よもう一度、という考えが大林宣彦にはあったと言うが、予算もスケジュールも、遙かにきついものだった。新宿中央公園でロケしたりしながら、薬師丸ひろ子の春休みの間に撮ってしまう、という条件だ。熱烈なファンはいるのだが、私個人には、ちょっと完成度が……と思えた。脚本（葉村彰子*）も、パッとしないと思う。

こういう形での商業性はもういい、と自分でも思ったそうで、大林宣彦は、次の作品『転校生』を、故郷・尾道で、しかもＡＴＧで個人映画のように撮る。製作が頓挫したり、予算がなかったりで大変だったと言うが、結果的に、尾道という環境によって、大林宣彦は生き返った。自分が最もその美しさを知っていて、協力者もいる場所だったから。

葉村彰子――かつては向田邦子なども参加していた、脚本家集団の統一名義。『水戸黄門』などを作る。

そこへ角川春樹が、またしても目を付けた少女・原田知世を託して、『時をかける少女』が撮られるのである。

4-2　原田知世の登場

薬師丸ひろ子が『セーラー服と機関銃』の後に休業したとき、ポスト薬師丸ひろ子を求めて（身も蓋もないが、『バラエティ』*にそう明記してある）、「角川映画大型新人女優公募」が行なわれた。すごいネーミングだが「国民的美少女コンテスト」よりは正直か。

優勝したのが、一六歳の渡辺典子。特別賞に選ばれたのが、一四歳の原田知世だった。なぜ特別賞かというと、年齢が応募基準に満たなかったからである。後で触れるがこのコンテストの優勝者は『伊賀忍法帖』に出ることになっていて、確かに一四歳ではどうしようもない役なのだ。原田知世は、テレビの『セーラー服と機関銃』、『ねらわれた学園』に出演する。

恥をさらすと、私はこの時、原田知世にほとんど興味がなかったし、今になって書くことになるとも思っていなかった。よって、知識がまるでない。テレビの『ねらわれた学園』を見てやっと、これはすごいかも、と思ったぐらいだ。好みのタイプの顔ではなかったのだ。

*『バラエティ』——角川書店が出していた映画雑誌。当然かもしれないが、角川映画の宣伝媒体になった。

それよりテレビ版『ねらわれた学園』では、敵役の高見沢みちるを演じた伊藤かずえが気になった。きりっとした風貌であり、後に大映テレビ作品で大活躍する、少女ヒーローには欠かせない女優だ。ちなみに伊藤かずえの出世作は、映画『セーラー服と機関銃』の併映作品『燃える勇者』である（その前に、二、三の出演作がある）。

しかし、それ以上に惹かれたのは、伊藤かずえの部下になっている西沢響子こと麻生えりかだった。額が広く、理知的な顔立ちなのである。やや西洋的でもある。

時間が後先になるが、この麻生えりかは、森田芳光監督の劇場デビュー作、『の・ようなもの』（八一年）で準主役の由実を演じている。売れない落語家・しん魚《とと》（伊藤克信）のガールフレンドの女子高生で、しん魚は彼女の家へ遊びに行くのだが、父親（将棋棋士の芹沢博文）にさんざんにへこまされて、終電が終わった夜明けの街を歩いて帰る。

道中づけ*、とも呼ばれる長いモノローグに乗せて、夜明けの谷中から浅草の風景が映し出される長いシーンは、日本映画史に残るべきものだが、由実は、それをスクータで追いかけていく。ポニーテールがよく似合う、心に残る少女だった。近年になっても朝のテレビ小説『カーネーション』（一一年）など、主に関西制作のドラマなどに出演している。

道中づけ――シナリオ（角川文庫『家族ゲーム』に併載）によれば、「次々に地名を言っていく落語の技法。例・志ん生の〝こがねもち〟等」とある。

話を戻して、テレビの『ねらわれた学園』は、ドラマとバラエティの融合した『翔んだ』シリーズの系譜を継いではいるが、最後にはピュアな青春物語として、感動的に終わる。この作品、落ちが命だし、CSなどで見られるかもしれない、とは思うが、幻の作品に終わらないという保証はどこにもないので、記しておく。まずい、と思った方は飛ばしていただきたい。

（以下ネタバレ）超能力が発現した楠本和美（原田）によって、未来から歴史を変えに来た未来人・京極（本田恭章）は、計画をあきらめ、未来へ帰ることにする。ただ、彼は和美に惹かれており、一緒に連れ帰ろうとする。和美は、この時代を離れる気はない。一方、現在の世界で京極を支えた高見沢みちるは、自分こそが京極と一緒に未来へ行きたい、と願う。そこで、和美とみちるは話し合い、互いの精神を交換する。即ち、和美の肉体を持つみちるが京極について行き、みちるの肉体を持つ和美が、現代に残るのだ。（ネタバレここまで）

京極を巡る三角関係が、こんな形で解決されるとは。私は驚いた。

ちなみに『ねらわれた学園』は、ここで紹介した映画とドラマ以外に、NHK少年ドラマシリーズ（『未来からの挑戦』）を初めとするいくつものバージョンがある（第三章）。

その他にも、イベントやＣＭで原田知世人気は、すでにあった……ようだ。記憶がないのが真に恥ずかしいのだが、興味がなかったものはしかたがない。

従って、今や少女映像ファンのバイブルとも言える『時をかける少女』を観に行ったのも、角川映画で大林宣彦監督だったから。それだけだったのだ。

4-3　原田知世の『時をかける少女』（八三年）

「ひとが、現実よりも、理想の愛を知ったとき、それは、ひとにとって、幸福なのだろうか？　不幸なのだろうか？」

冒頭にテロップで示されるこの文言が、この映画の全てを語っている。まさに大林節炸裂、というべき作品だ。

この章の目玉となるべきこの作品を、何年ぶりかで見返した私は、途中で倒れて寝込んでしまった。ものすごい緊張感が伝わってきて、一カットもおろそかには見られないのだ。

果たして、封切りで観たとき、それだけのパワーを感じ取っただろうか。いったい、何を考えながら観ていたのだろう。

そもそもこの映画は、公開当時の八三年、郷里の青森で初めて観たが、そのとき、その場所ですら、まるで過去のことのように見えたものだ。風景も、人物も、原田知世も。

未来から来た深町一夫（高柳良二）が言う。「僕も好きだよ、未来よりこの時代が。みんなのんびりしていて、優しくて、温かい人ばかりで」「未来」は「今」に、「この時代」は「この映画」に置き換えられる。こんな現実は、すでにどこにもなかったのではないだろうか、とさえ思われる。幻想の、しかし現実である（広島出身の小説家・津原泰水さんによれば、この雰囲気は瀬戸内海沿岸そのものだそうだ）。

だが、それにしても、大林監督の視点と、尾道という舞台と、原田知世というヒロインが揃わなければ、写し取れなかったに違いない。例えば、テレビでの彼女は、つり目がちで小作りな顔だ。少女に特有の尖った表情だが、ちょっと中途半端なのだ。それがこの映画では優しさを持った目に変わっている。監督が注ぐまなざしが、少女を変えるのである。

この映画での原田知世は、質素な服を着て、下駄を履いて、坂道を走る女の子だ。しつけのいい家庭に育ち、控えめだがきちんと挨拶ができ、少女期の漠然とした夢を持ち、それに不安を感じながらも決して屈折することのない自分を持っている。きちんと相手の顔を真っ向から見て話す。優等生ぶった嫌みは感じられない。この女の子がどう育ってきたのか、その十数年の人生が、しぐさや言葉の一つ一つにはっきりと出ているのである。

多くの人が、これを原田知世自身だ、と思ったとしても、無理はない。映画を観ている間、斜に構えるすきがなく、惹きつけられるのだ。緊張感とは、そのことである。

そして、彼女を取り巻く人びとと、街の優しさ。この環境なら、彼女のような女の子が育つだろう、と自然に分かる。かつて、全てをセットと合成で作ることで世界を作り出した大林宣彦は、現実の街に愛情を注ぐことで、理想の映画を撮る環境を手に入れ、その力で、理想の女の子をも作り出した。いや、引き出した、というべきなのだろう。

「少女」の、ひとつの究極の形がここにはある。

その少女が、超能力に目覚める。つまり、自分の中に生まれた、自分ではどうにもならないものを知って、おののく。その不安が、恋に変わる。普通の女の子でありたい、と願いながらも、未知のものにつき動かされていく。恋とは不安そのものでもある。

仮に、『ねらわれた学園』以前の大林映画が映画ごっこだとしても（したくはないが）、その遊びの部分はすっかり影を潜め、ぎりぎりまで抑制された描写になっている。大林映画のトレードマークとして、笑えないギャグが必ずというぐらい入っているのだが、この映画にはそれがない。監督自身、この時期はいちばんプロデューサー的部分と作家的部分のバランスが取れていた、と言うが、確かに八二年から八三年の『転校生』『時をかける少女』『廃市』は張り詰めた抑制に満ちている。そして、その抑制は、珠玉のラストシーンを生む。

これも、書きたくないんですけど、進行上、どうしても避けようがない。これから見ようと思う人は、以下しばらく、目をそらして下さい。

（以下ネタバレ）未来人、深町一夫（高柳良一）は、芳山和子（原田知世）に偽の記憶を植え付けた。ほんとうは幼なじみの堀川吾朗（尾見としのり）との思い出を、自分との思い出としてすり替えたのである。未来へ帰る一夫は、和子の記憶を消す。だが和子は、彼のことは絶対に忘れない、と言い切る。

そして、一〇年後。和子は、薬学の研究者になっている。吾朗とも、つきあっていない。自分ではその理由を忘れている。その研究所の廊下で、彼女がばったり出会ったのは、深町一夫だった。だが和子は、彼だと気づかないのだ。

何でもない言葉を交わし、二人はそれぞれの方向へ去っていく。その二人の距離が、撮影効果*によってすうっと離れていく……。（ネタバレここまで）

理想の愛に生きる和子が、このような結末を迎えたのは、不幸なのか、幸福なのか、敢えて監督は語っていない。だが、私の解釈では、和子にとっての一

撮影効果――ズームアップ（カメラのレンズを動かす）とトラックダウン（カメラ本体を動かす）によって、遠近が離れたふたつのものの距離が遠のいて見える（あるいは逆に近づいて見える）効果。有名なのは、『ジョーズ』でサメが近づいてくるシーン。

夫は、あの時、あの彼で永遠に止まっているものであり、だからこそ美しいのだ。それが現実に帰ってきて、気づいてしまったら、後は渡辺淳一『失楽園』*の世界になってしまう。彼女は永遠の恋を抱いて生き続ける。それしかあり得ない、あるべきでないことなのだ、と言ったら言いすぎだろうか。

もっとも、これはいまの私の解釈で、観た当時は、これから彼女に気づいて欲しい、また恋が始まって欲しいと思っていた。自分の願望を投影していたのだと思う。だが、少女映画におけるラブストーリーというのは、こういうものであるべきだ、といまは思う。ここでハッピーエンドになってしまったら、この映画は残らなかっただろう。そして、こういう終わり方によって、そのときの原田知世もまた、永遠に残ったのである。ハッピーではないトゥルーエンドとして。

少女というのは、つかまえてしまったら、その瞬間に少女ではなくなってしまうのだ。

……で。

この映画、ここで終わりではないのです。

切なさの余韻が残る間に、クレジットが始まる。これが当時、たいへん評判になった。原田知世が主題歌を歌うのだが、それが、一シーン撮るごとにその場で原田知世が歌って、共演者はにこにこしながらそれを聴いていたり、手拍

『失楽園』——渡辺淳一原作の、中年男と三〇代人妻の、恋愛物語。映画版をちょっとだけ見たが、性愛映画が、私は好きではない。

子を打っていたりする映像を一フレーズごとにつないだ、MVのようなものだ。NGシーンも入る。だが、その感覚はNG集とは大きく違う。

NG集とは結局、内幕を暴露することにより、入れ込んで観ていた客に水をぶっかけて「なーんだ、しょせん作り物じゃん」、と現実に立ち返らせてしまうものでしかない。だが、この映画のクレジットは、知世は頑張りました、みんなでそれを支えました、あなたたちもそれを見守ることで支えましたね、という作り手のメッセージなのである。歌を歌い終わった知世に共演者たちが拍手をする。その拍手が満場の拍手の音に広がる。皆さんも拍手してあげて下さい、という監督の声がきこえるようだ（つないだのは助監督の内藤忠司だが）。そして、陽なた道を走ってきた知世がカメラの前へと来て、どうしたらいいのかためらったように、カメラ、つまり観客へ微笑んで見せるのが、ラストショットである。

この映画の優しさは、こうして完結する。それはつまり視点の違いである。メイキング、NG集、雑誌やテレビによって、私たちは作品の裏を見るようになった。私はいちおう物書きでもあるので、メイキングには興味が大きいのだが、気がつくと、ドラマを見ながら「あ、ここはスケジュールが合わなくて別撮りにしたな」、とかつぶやいている。

それはそれで、ものを作るノウハウを学ぶために必要なこと、かもしれない。

だが、それが先に来てしまったら、もう素直な感動はなくなってしまう。人間にとっていちばん必要なことは、作り手としてではなく、人間としていかに作品に感動できるか、なのに。
『時をかける少女』を見直した私は、少し、涙がにじんだ。五〇代だから恥ずかしいのだが、泣ける自分がいるのは、まだ、人間として腐っていないということかもしれない。

　これだけだと、ただの説教になってしまうので、つけ加えておくと、このクレジットの部分について、先生役の根岸季衣は「私、何て映画に出てしまったんだろう」と思ったそうである。まあ、一シーンごとに主役の歌を聴かされては、役者としてどう考えていいのか分からないだろう。その後も根岸季衣は大林映画に出ているから、理解はした……のかなあ。*

　あともう一つ。この映画、抑制が利いていると言ったが、やはり恥ずかしいシーンはある。原田知世と高柳良一が突如、歌を歌い始める歌謡映画的な所と、回想の雛祭りシーンで、はっきり言って、そこだけ浮いているのだが、当時の観客も、ここでは思わず笑っていた。別に、昔の人間だからと言って、何でも受け入れていたわけではない。

理解はした……のかなあ——大林映画の常連・三浦友和は、大林監督の演技指導について、「分からないんだよねえ」、と言ったそうだ。

4-4 角川「アイドル」映画の成功

本筋に戻る。『時をかける少女』と『探偵物語』の二本立ては、実に二八億の配給成績を上げ、日本映画の歴代興行収入ベストテン二位になった（当時。一位は同年のフジテレビ製作『南極物語』*）。今まで巨額の予算をつぎ込んで、ようやく元が取れていた角川映画が、女の子ふたりに、自ら負けてしまったのだ（犬二頭にも）。

ここで角川映画は大きく進路を変える。翌年からの角川映画は全て二本立て、薬師丸ひろ子・原田知世か、小味な映画と渡辺典子で九本も作っている。二本立てなのに九本になるのは、大林宣彦監督のアニメ『少年ケニヤ』に洋画のスヌーピーの短篇がついていたせいだ。

その中で、『麻雀放浪記』と『Wの悲劇』が映画賞を取り、角川映画は中身がない、の定評は崩れるのだが、角川映画が角川映画として邦画界に果たした役割、という意味では、終わったと言っていい。

そしてまた、『時をかける少女』によって、日本映画はとんでもないことに気づいてしまったようだ。アイドル映画は、ジャンル映画でいいんだ、ということである。

これは次の節へ続く話だが、その前に、二、三、補足しておこう。

*『南極物語』――一節の二の注を参照されたい。

薬師丸ひろ子もそうだったが、原田知世の少女としての期間も、また短かった。八四年に『愛情物語』と大林監督の『天国にいちばん近い島』で少女を演じた後、八五年には、またしても澤井信一郎の『早春物語』で、一七歳という設定ながら、中年男・林隆三との恋愛を演じてしまう。この映画も高く評価され、澤井信一郎が名監督だ、ということはよく分かったが、それをやられては「ああ、そうですか」としか言えない作品だった。

そして、その頃には、私は少女ヒーローの概念に目醒めつつあった。

4-5　そして、渡辺典子がいる

ひとり忘れてはいませんか、というのが、角川三人娘のひとり、渡辺典子である。

のっけから、ポスト薬師丸ひろ子と言われるわ、おいしい所は原田知世に持って行かれるわで、割りを食っているような感じのする人だが、実際、そのデビュー作『伊賀忍法帖』を観ると、ちょっと悲しい気分になる。

ここで渡辺典子は、しとやかな貴人の女性、はつらつとした伊賀の忍び、魔性の女という三役をきっちり演じ分け、新人とは思えない実力を見せたのだが、山田風太郎の原作がエロティックなものであり、映画ではかなり和らげてあったものの、裸のラブシーン（さすがに胸から下が映る所は吹き替え）まである厳しいもので、かわいそうだった。映画そのものも、この時期の角川映画とは思えない出来だ。映像は暗いし、役者の力みようが古めかしいし、音楽が泣きの邦画そのものだ。まあ、個人的には松橋登*と成田三樹夫*、福本清三*が観られるのはうれしいが。

斎藤光正*監督がテレビの『大江戸捜査網』をやっていたからテレビ風になった、のではたぶんないと思う。この映画は角川春樹の第一回監督作品、バイクレーサーの話『汚れた英雄』の併映で、そっちがメインだったのだ。何しろ角川春樹は、映画の世界をつかむため自らバイクに乗ってみて、転倒して骨折するほどの入れ込みようだった。ちなみに『愛情物語』のダンスシーンでは踊って見せたそうだ。当然、予算や何かも、そっちへ行ってしまっていたのだろう。

説明するのを忘れていたが、当時で言うと、二本立ての映画というのは、二本でいくら、と決めてしまって、看板作品のほうに予算を注ぎ込んだ、その残りで二本目——前に書いたB級作品を作るらしいのだ。併映が地味になるのは、そういう現実的な理由らしい。

そんなわけで、渡辺典子はその後、赤川次郎原作の小品ミステリ映画に三本出ているのだが、出る映画出る映画、私とは相性が悪かった。

松橋登——日本一のハムレット役者、と言われた二枚目俳優。映画などでは、エキセントリックな役が多い。

成田三樹夫——松田優作のドラマ『探偵物語』（テレビのほう）など、バイプレーヤーとして、やや神経質そうな役が多い。時代劇では、公家をやらせたら日本一。

福本清三——最近では、「斬られ役」の代表として、『ラスト・サムライ』などにも出演した、東映の名斬られ役。p288参照。

ただ一本、渡辺典子をちゃんと観たのは、大林＝角川映画『彼のオートバイ、彼女の島』（八六年）である。そこで私は、印象を変えた。

この映画は、バイク馬鹿・橋本巧（若き日の竹内力*）が、「バイクの後ろに乗っているだけでいい」沢田冬美（渡辺典子）を振って、「一緒にバイクで走れる」白石美代子（原田知世の姉、原田貴和子）とくっつく、という話である。ちなみにこの構図は、原作者の片岡義男が考える非日本的な男女の関係を追求したもので、情緒的ではないのだが、大林宣彦はかなり忠実に、それを撮って見せた。その分、本来の大林映画らしい優しさは渡辺典子に注がれている。

控えめで大人しく、言ってしまえば四畳半が似合ってしまう。七〇年代的だけどそこがけなげな女の子の冬美が、ケダモノみたいな巧と合うわけがなく、泣きながら別れるのだが、別れたとたんふっきれて、しゃんと自立した「女」になってしまうのである。

その冬美が選んだ次の男が、巧の友人・小川敬一（高柳良一）。ピアノを弾く知的な青年だ。

『ねらわれた学園』以来、大根役者として名声が高く、『里見八犬伝』などはゲストで一カット出てきたとたん観客が笑い出した（実話）ほどの役者を、これだけ知的に見せたのは大林宣彦の魔術とも言えるが、高柳良一はこの後、役者を辞めて角川書店の編集者になってしまうから、実は知的な人だったのだろ

斎藤光正監督――テレビ『横溝正史シリーズ』の『獄門島』が、映画よりいい、とまで好評を得て、そのせいで角川映画の監督に起用され、『悪魔が来りて笛を吹く』（正確には角川春樹がプロデュースした東映作品）、『戦国自衛隊』などを撮る――というのが定説だが、市川崑監督の『獄門島』は七七年八月、斎藤監督のテレビ『獄門島』は七七年七月、『悪魔が来りて笛を吹く』が七九年一月の作品なので、やや微妙。

竹内力――この後、大林監督の『日本殉情伝おかしなふたり　ものくるほしきひとびとの群』（八八年）では、なんと病弱な青年を演じている。

う。それを大林宣彦は作品で実証して見せた。

角川映画にはもうひとり、野村宏伸という生え抜きの男優がいるのだが、本書では、文脈上、語ることができない。申しわけないと思う。

4-6 総括と断片

七〇～八〇年代に角川映画と大林宣彦がやったことは、まず、娯楽映画に力を入れたことである。それも、明るく贅沢に見えるもの。それは時代の要請によって出てきたものとも思われる。七〇年代初頭、松任谷（旧姓・荒井）由実がフォークをニューミュージック*にしてしまったように、邦画を「娯楽映画」として、包み紙をきれいにしたのだ。

そしてまた、徹底してジャンル映画を作った、ということである。ミステリ、ホラー、ＳＦ、特撮、ファンタジイ……今の日本映画の状態を見ると、どれだけ邦画がそっちへ動いたかよく分かるが、本書で重要なのは、それがアイドル映画に波及した、ということだ。

それまでのアイドル映画で私に語れるのは、やはり百恵・友和ものだろう。例えばもっと遡って六九年、黛ジュン主演の『夕月』*などもあるのだが、七三年にデビューした歌手・山口百恵は、映画やテレビで大きな功績を残した。そ

ニューミュージック――荒井由実の所属していたアルファレコードの社長・村井邦彦（市川崑・石坂浩二の『悪魔の手毬唄』の音楽でも知られる）の命名。

『夕月』――六九年の、歌謡映画（流行歌を元にして作られた映画）。純愛もの。こうした映画は漫画雑誌などで、フォト＆ストーリーで紹介された。

の相手役として選ばれたのが三浦友和で、七四年の『伊豆の踊子』に始まるふたりの主演作は興行ランクの上位を占め、年に二、三本の割で公開されてヒットした。その後、角川を除いてこんなスタアはいない。

百恵・友和映画の流れを追うと、『伊豆の踊子』は川端康成、三島由紀夫の『潮騒』、谷崎潤一郎の『春琴抄』……教科書の文学史に出てくるような「名作」ばかりだ。「知名度の高い、『いい』原作*」を持ってくれば当たる、という考え方と言える。建て前というものが、映画界にあった時代のことだが、角川映画の功罪の罪の部分はこれで、作品の建て前を崩してしまった。

ただそれは、世の中全体がそもそも、建て前を大事にしなくなった現われなのかもしれない。

私は、最近になってようやく百恵＝友和の第一作『伊豆の踊子』を見たが、若いふたりの瑞々しさには好感を覚えたものの、かなり制作費を安く上げた感が見受けられる*。現代から見れば、意匠の面で、ちょっと物足りないという感じだ。名作は名作だし、偏見なしに見ていただきたいと思うので、これ以上は突っ込まないでおく。

ところがこの名作シリーズも、角川＝大林以降には変化を見せる。七七年の『泥だらけの純情』は、大スタア、吉永小百合が主演した映画のリメイクだが、同時上映が『ハウス』だった。しかも、『ハウス』が受けたらしい。私の情報

「いい」原作——これは、はっきり建て前と言える。というのは、私が小中学校の頃には、『文部省推薦』の名目で、『伊豆の踊子』などの割引券が、学校で配られていたからだ。

『伊豆の踊子』——監督・西河克己によれば、ラストシーンはもうちょっとだけ余裕があれば、ストップモーションで終わらなくても済んだらしい。

は大林監督寄りのものが多いので、一種のほら話かもしれないが、『ハウス』『泥だらけの純情』が歴代の百恵・友和映画の中で、もっともヒットしたのは事実だ（九・九億の配収）。

かくいう私も朝一番で映画館に行き、『ハウス』を三回観るために『泥だらけの純情』も二回観たものだ。当時は一回ごとに入れ替えがある、という興行形態ではなかった。このことが、映画そのものの首を絞めている、と思うことがある。映画を理解するには、一回では足りないことがしばしばある。それは、いまの入れ替え制上映では、非常にキツいことになる。

それはさておき、『泥だらけの純情』を経て、百恵・友和のシリーズは文学から外れていく。次の『霧の旗』は社会派・松本清張のミステリで、同時上映は『惑星大戦争』。『スター・ウォーズ』ブームにあやかって東宝が二年ぶりに作った特撮映画で、宇宙人の乗ったガレー船に地球人が特攻するという話だ。それでも特撮だから喜んだが……。

そして翌年、百恵・友和映画は、初のオリジナル脚本『ふりむけば愛』で、大林宣彦を監督に招く。邦画界の大転換と言える。文学でもないし、映画会社があくまでもCMディレクターに「過ぎない部外者*」にドル箱の映画を撮らせる時代ではなかったのだ。

再びお断わりしておくと、大林宣彦は、今のような評価ではなく、ただ、わ

「過ぎない部外者」——つまり、撮影所出身ではない、ということ。

けわかんない中身のない映画を撮るが若い人には受ける、という認識だった。で、『ふりむけば愛』だが、ほんとに中身がない。どうも、ジェームス三木が最初に書いたサスペンス物語がキャンセルされたためらしいのだが*、アメリカで知り合った若い男女の、単純な恋愛話だ。大林宣彦によれば、この映画がきっかけで、二人は結婚を決意したらしい。

山口百恵についてもう一つ書いておくと、この人はテレビでも、『赤い』シリーズが大ヒットした。言うまでもない、大映テレビ作品である。その延長線上にあるのが、少女ヒーロー作品『不良少女とよばれて』などである*。

こんな風に、七〇年代にはアイドル映画＝文芸映画、という図式があったのだが、八〇年代の角川映画によって、ひとつの流れができた。これからは、ジャンル物の時代だ、と。

いろいろ異論もあるとは思うが、とにかく、その後のアイドル映画に、ジャンル性が生まれたことは事実だ。もちろん、全てがそっちへなだれ込んだわけではないが。

そう言えば、『時をかける少女』の翌年、八四年には、第一回東宝シンデレラが開催され、準グランプリに斎藤由貴が選ばれている。映画デビュー作は相米慎二監督のサスペンス映画『雪の断章』。なんか、歴史は繰り返す、という

ジェームス三木のサスペンスドラマ――小説として発表された『逢えるかも知れない』(集英社文庫)が、それではないかと思われる。丹沢の山中で全裸の若い男性が発見されるところから始まる、若い男女のラブストーリーで、サスペンス。

大映テレビ――第二章でその後を扱っているが、この時期、『赤い』シリーズとは別に制作した山口百恵主演のロマン・ロラン原案の『人はそれをスキャンダルという』(七八年一一月～七九年四月)では、第一話の監督に大林宣彦を招いている。大林監督は、シリーズ前半のオープニング映像も担当していて、これが絶品の「大林映画」。

感じがしないでもない。

話がとっちらかった。とにかく『時をかける少女』以来、アイドル映画にジャンル性を持ち込んだ物が確実に生まれてくる流れができた。ただ、どういうわけか、みんなどこか、個性的な映画が多かったのである。いい意味でも、そうでなくても。

その顕著な例を、いくつか紹介しておく。

5-1 『愛・旅立ち』と『CHECKERS in TAN TAN たぬき』

八五年の『愛・旅立ち』は、中森明菜の初主演にして唯一の出演映画である。プロデューサーは、『ベルサイユのばら』*『太陽を盗んだ男』『あずみ』（第四章）の山本又一朗。配給、東宝。

ちなみに『映画秘宝』によれば、最初は、大友克洋のSF漫画の大傑作、『童夢』が企画されていたそうで、それも観たかったが、技術的に無理があったんじゃないだろうか。超能力表現が、当時の特撮技術では困難と思えた。ずっと後に、観月ありさのデビュー作『超少女REIKO』（第三章）で、ちょっとだけ再現されている。

*『ベルサイユのばら』——全編をフランスロケ、フランスの役者が出て、フランス映画の監督、ジャック・ドゥミが撮った結果、小粒な洋画になってしまった映画。

さて、『愛・旅立ち』。根本的な骨格は、純愛アイドル映画だ。天涯孤独でバイトをしながら定時制高校に通うけなげな小泉ユキ（中森明菜）が、出てくるなり先天性の心臓病で倒れ、あと半年の命と開巻三分で分かる。ストーリーテリングの手際の良さが分かる。五代誠（近藤真彦）は粗暴だが純粋な車バカ。この二人が恋に落ちる。なんか、その後の人生そのまんまみたいで悲しくなるが、まあこれだけで言えば、何十本あるか分からない難病純愛ものではある。

ただ、これこそ、ひとことで語ってはいけない映画なのだ。

病室でほとんど寝たきりのユキが、死の恐怖から神に祈ると、彼女が愛読していた耳なし芳一の霊が恩返しに現われ（実在の人物だ、と映画では言っている）、元気にしてくれて、一緒に街へ出かける。この耳なし芳一、特殊メイクをした子どもでめちゃめちゃ怖い。

一方、誠はすさんだ暮らしを送っていたが、『自由人』*の奈良力（丹波哲郎）と仲良くなり、死後の世界や霊魂について話しているうちに、見知らぬユキとの出会いを予知する。丹波哲郎の熱弁が、超常的力を与えたのだろう。

ふたりは耳なし芳一の引き合わせで出会い、一日デートするのだが、ユキは発作で死に、幽体離脱した霊が死後の世界をさまよう。誠は彼女の死体を盗み出し、必死に心臓マッサージをする。その愛の力と、突如関東を襲ったマグニチュード五・六の大地震のショックで、ユキは生き返る。で、……半年後に病

*自由人――つまりホームレス。

死する。

全編、星空や夕焼けが合成だったり、二人がデュエットしたりと、『時をかける少女』を彷彿とさせるのだが、いったいなんでこんな話に……脚本・監督は、『ノストラダムスの大予言』などの舛田利雄。なるほど、と納得してはいけない。耳なし芳一の話を撮ろう、と持ちかけたのは、共同脚本の笠原和夫だ、というのだ。『仁義なき戦い』の名脚本家がなぜ、ってまあ人間、同じものばかり書いているわけではないが。

ただ私、この映画には感動した。こういう話でも、スタッフもキャストも大真面目で、空回りしていない。驚くほど完成度が高いのだ。運命は変わらない、だからこそ人生は尊い、という結論も前向きだし、一二七分の中にアクションから特撮から詰め込んで、トーンが崩れない。中森明菜は何もそこまでというほど役に入れ込む人だが、ここでも耳なし芳一と本気の演技で対話するから、結果的に、その辺を歩き回る霊という存在が自然に見える。近藤真彦も、真面目。それらが、この映画を、作品として成立させているのだ。

しょせん、色物じゃないか、というツッコミはあるだろう。だが、敢えて言う。色物でどこが悪い？　映画自体が見世物ではないか。

信念と真剣さに裏打ちされた見世物は、時として文芸大作を越えるのだ。

チェッカーズの主演作『CHECKERS in TAN TAN たぬき』（八五年）は、『竜二』や『野蛮人のように』で非常に評価された若手監督、川島透が撮った。フジテレビ製作。

最初にはっきりさせておく。私はこの映画が嫌いだ。ビデオは途中からサーチで飛ばして観たが、その価値すらない。駄作とかの問題じゃない。作り手の心根が卑しすぎる。

勝手に興奮しても何なので、ストーリーの紹介から。チェッカーズは音楽好きの狸で、山の中に五〇年代アメリカのようなドライブインを作り、狸仲間で五〇年代ファッションの人間に化けて、オールディーズを歌っていた……というのが冒頭。

なぜ狸か、の推測だが、日本映画には戦前から狸もの、という娯楽映画の一ジャンルがある。市川雷蔵、エノケン、美空ひばりまで狸（が化けた人間）の役で主演してるぐらいだ。だからこの企画も通ったのかもしれない＊。

とにかくそこで楽しくやっていた所へ、アメリカの秘密組織が山狩りに来て、仲間はほとんどつかまってしまう。秘密組織の狙いは、狸の超能力の解明だった。で、逃げ延びたチェッカーズは、東京へ行ってバンドをやろうと決意し（意味不明）、SLの貨車に乗り込んで東京へ向かう。ここまでが、妙にシリアスに撮られている。

＊狸映画――わりと最近の作品に、鈴木清順監督の『オペレッタ狸御殿』（〇五年）がある。

で、タイトルが終わると、もう人気バンド、実際のチェッカーズになっている。そこで私は、引いた。なんで、ファンタジイを作っているのに、のっけから現実へ引き戻す?

以下、彼らがファンに追っかけられて逃げる所がコミカルかつ執拗に描かれ、その間に秘密組織やらオカルト番組やらが絡んで……もう、ここから先は書く気がないのでやめた。

狙いは憶測できないではない。要するにリチャード・レスターのビートルズ映画をやろうとしているのだろう。ただ一貫性がなく、入り込めない。コミカルにどたばたしたかと思うと、急にアメリカ青春映画風になってみたり、特撮映画らしい絵になってみたり。ついていけない。

何より悪いのは、実在のチェッカーズをおちょくる表現が、随所に出てくるのだ。アイドルの戯画化をして、たまにシリアスにすればいいんでしょ、という……それは、失礼だ。

この映画には、パロディや洋画の引用も、多く出てくる。大林宣彦にも引用の多い作品がある。だが、大林監督がやるような、原典への愛情がまるで感じられない。ただ利用してみただけ、という冷たさが伝わってきてしまう(人の褌で相撲を取るようだが、監督の川島透がそういう感じでの引用のしかたを『野蛮人のように』(八五年)でやっていることを、増淵健が指摘している*)。

増淵健の指摘——『B級映画フィルムの裏まで』(平凡社)に詳しい。

私は、あらゆる意味で人を攻撃するのは好きではない（そのせいで日和見主義だ、と思われることもある）。評価できないことを書いても、読者の気分が悪くなるだけだ、と思っている。だが、せっかくの娯楽映画を冷たく撮られたことがどうしても許せないし、後世に伝えないと、『愛・旅立ち』のように真剣な映画と一緒くたに語られてしまうのが、絶対に嫌なのだ。だから、このように書いた。気分を悪くした方、ごめんなさい。

唯一救いなのは、フミヤ（藤井郁弥）を慕って東京へ出てくる子狸の遠藤由美子が、かわいくて、演技も一生懸命なことだ。この人は、ソフトクリームという三人組アイドルのひとりで、『欽ドン 良い子悪い子普通の子』に、おまけの子役で出ていた。この子が出ているときだけは、サーチを止めて観ることができた。この子と絡むジョニー大倉も、真面目に演じている。川島透は、少女だけはきちんと撮ろうとしたのだろうか。だったら少しは救われるが……。

特撮は、最高水準を誇る特撮会社、デン・フィルムエフェクト*が担当している。技術も高いがギャラも高く、角川の大作『里見八犬伝』でも、全部のカットは担当させられなかった。それをふんだんに使った特撮は、見事だ。だが、報われない仕事としか思えない。

このように、同じアイドルファンタジイ映画で、とんでもない設定でも、い

デン・フィルム・エフェクト――東宝特撮を支えた合成作画の飯塚定雄を社長に、円谷プロ出身の光学合成の天才・中野稔、同じく円谷プロ出身の、水の特撮などで知られる佐川和夫などが作った、主に合成の仕事を務めた特撮の会社。筆者が八〇年代にインタビューしたとき、「あの映画（薬師丸ひろ子の『里見八犬伝』）の合成シーンはどこですか」、と質問したら、中野氏は「あなたが見て特撮と分からない所が、うちの担当です」、とお答えになった。

い悪いが生まれることは、知っておいて欲しいことだ。企画書のお題目で映画は救われない。

そしてその頃、アイドル映像は別のジャンルへも走り出す。それが、本書の主題、少女ヒーロー映像なのである。長い前振りで申しわけない。

それについて語る前に、もう一つ、『時をかける少女』が生んだとおぼしき、何ともいわく言い難い映画を、記録しておこう。

5-2 『プルシアンブルーの肖像』(八六年)

八六年、テレビでは少女ヒーロー映像隆盛のまっただ中、『セーラー服と機関銃』などを作ったキティ・フィルムの社長、多賀英典は、自らメガホンを取って、『プルシアンブルーの肖像』を撮る。配給、東宝。

最初この映画は、安全地帯が企画したホラー映画、という宣伝だったように記憶している。特撮がある、という情報があって観に行ったのだった。

古来、制作会社の社長が自ら監督をやった映画は、文字通り、きれいなだけで中身がない、と相場が決まっている。角川春樹しかり、奥山和由版『RAMPO』しかり、遙か昔はハワード・ヒューズしかり。この映画もまさにそうで、第一に、時間経過が分からない。何日間の話なのかも分からないぐらいだ。話も分からない。主人公と周囲の人びと、それぞれに常ならぬ物語があるのだが、その関連がつかめない。そのため、これから説明する話がうまく伝わるか、自信がない。ソフトも買って、何度となく見たのだが……。

映画が始まると、冬の小学校で、小学生の恋愛と、悲劇との話が語られる。学校が古い建物なので、回想だとすぐに分かる。特撮も担当した大岡新一*の映像が美しいし、当時人気のあった子役・磯崎亜紀子の演じる菊井カズミがかわいい。これからいよいよ主演の玉置浩二の話になるのだな、と思っていると、場面が変わって現代の小学校の屋上。昼日中から小学生の少女・桐島冬花（高橋かおり*）が、風とお話をしている……。

風とお話しする少女、というのは、はっきり言ってイタい。それはいいとしても（いや、よくない）、問題は、この能力が後でほとんど生きていない、ということである。無理に「不思議ちゃん」を作ってしまったのだ。

で、この超能力少女がどう話にからむのか、と思っていると、実は彼女はヒロインで、同級生にいじめられていることが分かる。そこへ同級生の梅本春彦（長尾豪二郎）が、味方をするでもしないでもない感じで登場する。まあ小学生の男の子だから、女の子を真っ向からかばえない気持ちは分かる。

そして、いじめられているところに、のそっと入って止めるだけの役目の、口のきけない用務員さん・萩原秋人が、玉置浩二なのである。

大岡新一——円谷プロ生え抜きのカメラマン、特撮監督。実写と特撮、両方撮れる才人。現在（一四年九月）、円谷プロ社長。

高橋かおり——大映テレビでは『ポニーテールはふり向かない』大林映画では『あした』（九五年）などで知られる。

以下、話は、冬花と春彦との淡い恋愛をずっと描く。つまりこの映画、安全地帯と音楽以外はほぼ関係のない、小学生のラブストーリーだったのだ。いくら少女映像ファンでも、いやファンだからこそ、小学生の恋愛には困った。私にはまったく分からない感覚なのだ。

それと並行して、女教師・尾花（原田美枝子）が超常体験をしてから人格が変わるとか、担任・深見（村上弘明）が陰で生徒をいたぶっていた（性的にではなく、精神的にいじめる）とか、そういう話はからむのだが、どれが本筋なのか分からず、しかもその間に、冬花はタイヤの四角い自転車に春彦と二人で乗ったり、風船を飛ばしたりしている。そのときには、いじめがどっかへ行っている。秋人は、ひたすら怪しげに、ただうろついている。

最終的に、全ての謎は、立入禁止の旧校舎にあることが分かり、それはカズミの霊が秋人を呼びたかっただけで、後のことはみんな、幽霊の「いたずら」だった（村上弘明の死も含めて！）……という解決になる。脚本の西岡琢也によるノヴェライズ（旺文社）を読むと、一応のつじつまが合っているので、やはり監督に問題があったのだろう。

そして、春彦は転校することになり、冬花との別れがあって、話は終わる。首をひねっていると、クレジットが始まる。そう。『時をかける少女』が始まるのだ。ただし、白一色のスタジオで、スポーティーな衣装を着た高橋かおりが、あまつさえ傘を持って、延々と踊りまくるのである。やりたかったのはそれなのか？

　傘と自転車と風船というのは、昔の自主映画でいやと言うほど出てくる小道具で……と言うと自主映画作家に失礼だけれど、商業映画なんだから、もっとネタを出して欲しい。

　高橋かおりが撮りたいのは、よく分かった。だが、『時をかける少女』のような手間暇と技術がない撮りっぱなしなので、なんともいえない気分になってくる。

　作家の視点、というものが技術として確立されていないと、小学生の恋愛で傘持って踊る映画ができてしまうのだ。併映のチェッカーズの映画*を観に来た、ほとんどが女性の客席は静まり返っていたが、別に感動していたわけではないと思う。

　ただ、映像はきれいだ。高橋かおりへの愛情もある。それが充分に表現できてはいないけれど、それらについては、なぜか許せるのだ。私もきっと、そういう映画を撮りたいと思う心がどこかにあって、反感を持てないのだ、と思う。

　この映画のビデオを、過去三〇年近く、うちに来る友人に片っ端から見せてみた。みんな、あきれるのだが、「でも、なんか好きなんだなあ」、と言うのである。

チェッカーズの映画――『Song for USA』。『戦国自衛隊』を撮った斎藤光正監督の青春映画で、デン・フィルム・エフェクトが特撮に協力していた。

それなら、いいんじゃないか。

ちなみに、原田美枝子は文句なしにいい。この人、『青春の殺人者』（七六年）や『大地の子守歌』（七六年）といった文芸映画の野心作で揉まれた、人一倍役者根性のありそうな人なのだが（自分の原案・製作でＡＴＧ映画『ミスター・ミセス・ミス・ロンリー』（八〇年。当時二一歳）を作っている）、特撮とかホラーとか言うと出てくる、不思議な人である。神代辰巳版の『地獄』、『帝都物語』、テレビだが小川範子主演の本格ホラー『魔夏少女』（第四章）など。

あの『北の国から』*に出てさえ、ＵＦＯに誘拐される役だ。みんな『北の国から』を観て素朴さに感動しているが、原田美枝子がＵＦＯを目撃してさらわれる話が、三週も続いたのを覚えているだろうか。

とにかく、こういう作品も、角川映画は生んだのだった。

でも、やっぱり好きだ。万人には勧めないけれど。

*『北の国から』――脚本の倉本聰は、それ以前にＵＦＯを主題にした映画『ブルークリスマス』（七六年、岡本喜八監督）を書いていて、ＵＦＯの信者でもあった。

第二章　闘う少女たち

「主役（五十嵐いづみ）のあの目はヒーローの目だよ」
『大野剣友会伝』（『少女コマンドーIZUMI』について）

七〇年代からのアイドル映画のジャンル化は、それ以前の日本映画の伝統と結びついて、過去に例を見ないほどの作品群を生んだ。それが、少女ヒーロー映像である。男性ヒーローの衰退と共に現われたこの映像作品は、何を意味していたのだろうか。そして、なぜ私は強く惹かれたのだろうか。それを検証していこう。

1-1　男性ヒーローから少女ヒーローへ

二一世紀になって、ヒーロー番組の地位は変わった。かつては「お子様番組」と侮蔑され、主演俳優は出演歴を隠さなければ、役者として生きられなかった。そのため『仮面ライダー』での主演歴を忌避した藤岡弘、（当時藤岡弘）、佐々木剛らが、今は回想を語り、特撮主題歌で一世を風靡した水木一郎も、盛んに表舞台に立っている。また、『仮面ライダークウガ』のオダギリジョーを始めとして、*ライダー、戦隊は若手役者の登竜門へと姿を変えた。

　過去を否定せずに生きられるのはいいことだ。人間、ある年代になったら、何かの形で過去との折り合いをつけなければ、ほんとうの大人にはなれない。特にヒーローを演じた方々は、今の子どもたちにも生きる財産として、過去を誇って欲しいし、そういう社会であって欲しい。

　しかしながら、今、彼らが昔のままに真っ向から正義を語り、唱うことに、どれだけの効果があるのかは、疑問がないでもない。

　すでに八〇年代初頭には、ヒーロー番組でもすでに「正義」という前提が説得力を失っていた。それはたぶん、時代の波によるものだったのではないか、と思うのだ。

　八〇年代がどういう時代だったのかは、まだ検証され尽くしてはいないし、こういう本でまっとうに語るには重すぎるのだが、あくまで私個人の狭い見聞と感想から言うと、「すべてのものがお金で買える時代になった」、という気がする。

　例えばちょうどこの頃、私は学校を卒業して、大学生協のレジ打ちのパートを始めたのだが（就職活動に失敗した）、当時はコープブランドという、学生

オダギリジョー――過去に、『クウガ』の出演をないものにしたがっている、という噂が流れたが、所属プロダクションのサイトを見ると、特にそういう証拠はない。

向けの安価な生活用品があった。それが八〇年代の半ばを境に消えていった。通称・バブル景気の始まりである。学生のアパートも高級になったし、入学当初から電話を持つようになった。[*] 二一世紀に入ったいまでは携帯を持っていない人はいないのでは、というぐらいだ。まあ、客観性がある話ではないし（検証するには紙数も人生も足りない）、単に私が貧乏人だった、というだけのことかもしれないが、自分の周りで、そういう変化を感じていた。

その雰囲気と符合するかのように、テレビや映画では、例えば七〇年代学生運動の挫折感、社会への反抗といった思想が薄れて行った気がするのだ。映像、あるいは文芸は、「作品」というより「商品」と見られるようになってきた。

これはもう、二一世紀の今では明らかである。アニメファン、ライトノベルファンなどの言動を見ていると、もちろん全員がそうではないが、作品に求めているのは「商品価値」であり、作品は「俺の物」だ。その中に込められた作者の思いは、時として拒絶されることをひしひしと感じる。作り手は「しょせん金儲けしか考えてない連中」で、作家としては蔑まれることも、しばしば、ある。

閑話休題。そういう価値観の変化の中で八〇年代に前面に出てきたのは、「本音」という観念だ。何でも本音で語られなければ信じられない、というだけならまだしも、お前の言ってることはしょせん建て前で、本音は生臭いもんなんだろう、という、決めつけにも近い感情である。

電話を持つようになった——当時は、就職活動を始めてから電話（いまで言う固定電話）を持つようになった学生も多かった。私もそのひとりだ。

決して悪い作品ではないのだが、『機動戦士ガンダム』（七九年〜八〇年）などは、そういう気分を表わした先駆けと言っていいような気がする。このアニメが放映されたとき、多くの人が、「やっと僕たちのアニメが生まれた」、と感じたという。それまでのロボットアニメでは、ヒーローが主人公だった。悩みはあってもそれは闘いの中でのことで、日常やら家庭のことやらでうじうじ悩んだり反抗したり、というのは、ほぼいなかった。それがいつしか、嘘っぽく感じられるようになっていたらしい。いや、そもそもヒーローとは虚構の産物で、憧れや理想の対象だったのだが、それでは満足できない、本音で共感できる主人公が欲しかったのだろう。

現在、アニメについて語るには、『新世紀エヴァンゲリオン』を避けては通れないのだが、私は正直、『エヴァ』については三話ぐらい（うち一回はそれこそ「伝説」の最終話）しか見ていないので、うかつには語れない。これは私の弱点である。

話を戻して、その『ガンダム』について、「だろう、らしい」で書くのは、私にはまったく実感できない感情だからだ。かっこつけるわけではなく、私は、何より自分が格別にうじうじした人間なのだから、ドラマでまで、それを見せつけられたくないのだ。

しかし、それは私の感慨に過ぎない。本音を語りたい、また見たい、という欲求は、時代が必要としたものなのだろう。それを否定しきる気は、ない。

ただ、どうしてもわだかまりがあるのは、『ガンダム』がどうというのではなくて、この時代に作られた映像作品では、その本音とやらが、多くの場合、単なる欲望とか恨みつらみに過ぎなかったんじゃないか、ということなのだ。金とか性とかいう生々しい欲望、いっときの刹那的な感情を、あからさまに口に出すのが恥ずかしくない、それが人間らしい、と思われるようになってきた――そういう感覚が、どうしても抜けきれないのだ。

そういう時代には、それまでの、「正義」を根本としたヒーロー像は成立しがたい。特に、男の子が「軟弱」になってしまうと、ヒーローは空々しくなってしまう。振り返ってみると、八〇年代を代表するヒーロー特撮に『宇宙刑事』シリーズがあるが、これも、正義ではなく「強さは愛だ」、と言ってみたりしている。そう言えばこの近辺、アニメ映画も「愛」を振りかざすようになっていた。* あるいは宇宙刑事という存在も、宇宙警察機構という一組織の刑事であることを前提とするなど、設定に苦労している。

そういうのを私はある種、軟弱なものと思って見ていた。そもそも「愛」なんて、ごく個人的感情ではないか。気張って言うことじゃない、と思っていた。

しかしそんなとき、一連の、少女が戦うドラマが現われたのだ。

彼女らは、何を語っていたか。

アニメ映画の「愛」――先駆けは『さらば宇宙戦艦ヤマト　愛の戦士たち』（七八年）だろうが、硬派、出崎統監督の『SPACE ADVENTURE コブラ』（八二年）でも、愛をメインに据え、しかもその意味はよく分からなかった。作品としては好きなのだが。

『ポニーテールはふり向かない』で、買収されそうになったヒロイン、伊藤かずえは叫んだ。

「あたしだってお金は欲しいよ。だけどね、人間、やせ我慢をなくしたらおしまいだよ！」

『スケバン刑事』の斉藤由貴は、悪人を目の前にして宣言する。

「スケバンまで張ったこの麻宮サキが、何の因果か落ちぶれて、今じゃマッポ*の手先。笑いたければ笑うがいいさ。だがな、てめえらのような薄汚い悪党を見逃すほど、魂まで汚れちゃいないぜ！」

これらは、本音の時代に現われたクロスカウンターである。「お前だって金は欲しいだろう」「お前なんかただのスケバンじゃないか」という、『本音』攻撃を一応は受け止めた上で、「だがな」、とそれを超える正論の理念をぶつけるのだ。

物欲の否定、不正への怒り。こうしたストイックな理念は、本来、男性ヒーローが担っていたものだ。だが、大義名分が崩れたとき、その使命は、少女が肩代わりした。そして前章にも述べた、薬師丸ひろ子や原田知世が示したよう

マッポ――警察のこと。いまは完全に死語。

な、硬い表情と性を感じさせない未成熟な身体、それが生む抽象性が理念を支え、ストイシズムを体現したのだ。

これが少女ヒーローの生まれた理由である。現実に存在しないヒーローは、現実には存在しない「少女」という概念によって、再び描き出されたのだ。

これに魅せられて、私は少女ヒーローを愛し、それこそが少女映像の究極だと思うようになったのだった。

少女ヒーロー、と私が厳密に規定する作品群は、狭義には、八四年の『不良少女とよばれて』に始まる一連の大映テレビ作品、八五年から始まった『スケバン刑事』と派生した少女戦闘ドラマ、そして、この時期に生まれた劇場用映画の何本かである。

それらを、たどってみよう。

1-2　大映テレビとは

大映テレビ株式会社というのは、平成『ガメラ』などを作っている大映とは別の会社だ。もともとは一つの大映株式会社だったが、七一年に破産して、その中のテレビ室が独立した会社になったのである。平成『ガメラ』の大映は、映画会社のほうを徳間グループが買い取って継続し、現在はKADOKAWAが買った会社だ。よく混同されるので、ご注意を。

旧大映のカラーをより引き継いだのは、その大映テレビのほうだと言われる。例えば旧大映のヒット作に、出生の秘密を中心とした「母もの」*というシリーズがあるが、このテイストはその後、『乳姉妹』や『少女に何が起ったか』などに反映されている。また一方では、旧大映を支えた監督の一人に増村保造*という人がいる。この人が脚本を書いて大当たりしたのが、八三年の『スチュワーデス物語』である。今でも伝説的に語られる、ぶっ飛んだ会話や描写は、増村保造の、ひいては旧大映のカラーを前面に押し出したものだった。

この枠（火曜午後八時）は、『スチュワーデス物語』の前に、怪物的な人気を誇る東宝の『積木くずし』があった。非行少女と親との葛藤を描いた、デフォルメの強い作品である。巻頭での最終回視聴率は四五・三パーセント。記録にある限り、未だにこれを抜いたドラマはない。

その『積木くずし』の後を引き継いだのが、大映テレビの『高校聖夫婦』であり、これはいとうまい子（当時・伊藤麻衣子*。これがドラマ初主演）と鶴見辰吾との純愛ものだが、伊藤かずえ（前章）、比企理恵*と言った、その後の大映テレビ作品を支える役者が多く出ていて、この路線の先駆けとなった。その後に、『スチュワーデス物語』を経て現れたのが、『不良少女とよばれて』な

母もの――旧大映のヒットシリーズ。例えば、産みの母、育ての母、義理の母の間でヒロインが懊悩する。

増村保造――こんな作品を書いているのにもかかわらず、原田美枝子の『大地の子守唄』（前章）、『曾根崎心中』など、芸術的映画も撮っている。

いとうまい子――日本でも珍しい、個人で「co.jp」のドメインを持つ人（一応事務所だが）。

比企理恵――『比企理恵の神社でヒーリング』（〇一年、一〇年）という本を出した、パワースポットの先駆けのような人。

のである。

それまでの大映テレビが、山口百恵の『赤い』シリーズや、『夜明けの刑事』などで人気を博していたところに、突如現われた『スチュワーデス物語』は、その非日常性から大人気にもなったのだが、同時にこれはふざけているんじゃないか、という視聴者と、まじめに感動できるという人とが、新聞の投書欄で争ったりもした。しかし、かなりの人は、笑いながら楽しんでいた——というのは、かつて竹内義和が『大映テレビの研究』で明確にしたことだ。

もう少し詳しく言うならば、その特徴は、極端な状況を作り、全ての人間が内心を本音でぶつけ合う、火を噴くような対決にあると言える。そのぶっ飛び方と、実話路線を継承して、更にドラマチックな作品として生まれたのが、『不良少女とよばれて』だった。

ちなみに大映テレビの作品は、いま見ると非常に時代がかっているが、放映された当時でも充分に、現代とは思えないほど時代がかっていた。そこがかえって、目新しさでもあったのだ。

1-3　不良少女とよばれて（八四年四月～九月）TBS、大映テレビ

この物語は、民間舞楽の世界で活躍する原笙子の実話*を元にして、非行に走っ

実話——同題の自伝（ちくま文庫）。原さんは、ドラマを見て絶句した、とも言われる。

た少女が立ち直り、舞楽の世界に進むまでを描いたドラマである。

しかし、原作者が非行に走ったのは、戦後の混乱と貧困が元だった。その話を、大映テレビは平然と、八四年現在の話として描く。そのため、見ていて唖然とするようなエピソードがあった。第三話「ビギン・ザ・ラブ」（脚本・江連卓*、大原清秀*、監督・山口和彦*）で、主人公・曾我笙子（伊藤麻衣子）は、貧乏ですさんだ宮司の家の娘で（ん?!）、弟の給食費も払えないので（うーん?!）、けなげにも自転車で昆布の行商に出る（うーーむ）。ところがそれを地回りに見とがめられ、自転車ごと海へたたき込まれる。

この非現実感についていけるかが、大映テレビを楽しめるかどうかの分かれ目になるのだが、私は乗った。というのはこの話、息をもつかせず次のように展開するのだ。

お金も稼げず、ずぶ濡れの笙子は、やっとの思いで家に帰ってくる。ところが、やはりすさんでしまった母・美也子（小林哲子*）は、がっかりしている笙子にいきなり当たり散らし、「お前なんか産むんじゃなかった」、とまで言うのである。さすがのけなげな笙子も、この言葉に絶望し（寒かったんだとも思う）、世をはかなんで、夜の雨の線路をあてどもなく歩いている。向こうから電車が走ってきて、通り過ぎる。轢かれた、と思った瞬間、列車が通り過ぎると、線路の向こう側に転がっていた笙子が起き上がった瞬間の目が、すでに不良の目

江連卓――『宇宙鉄人キョーダイン』（七六年）から一連の特撮ドラマのヒット作でも知られる。現在は舞台脚本を書く。

大原清秀――七三年の、その名も『女番長』から、『有言実行三姉妹シュシュトリアン』（九三年）などではシュールな作品を書き、評価を得る。

山口和彦――東映の『ずべ公番長』（七〇年~七一年）シリーズを経て、『女必殺拳』シリーズ（七〇年代）、『ウルフガイ　燃えろ狼男』（七五年）などを撮る、いわゆるプログラム・ピクチャーの名匠。

小林哲子――『海底軍艦』のムウ帝国皇帝として知られる。

なのだ。そして、息をもつかせず、黒バックに不良メイクの笙子が立ち上がるのである。

そのデフォルメとメリハリに、私は参っちゃったんですね。

この感覚は、ヒーロー物のそれだと思うのだ。実際この番組には、『仮面ライダー』や戦隊シリーズの基礎を作った名監督、竹本弘一が入っている。また、先に名前を出したが、東映のプログラムピクチャーを量産し、『Gメン'75』も撮った山口和彦も参加した。もともと大映テレビ作品の常連である江崎実生も映画で不良物は得意だし、脚本の江連卓、大原清秀もスケバンもの、ヒーロー特撮を多く書いた人だ。ついでに音楽は特撮界の巨匠、菊池俊輔。こういう大映テレビと東映、いわゆる『人間ドラマ*』と特撮との接点に、この番組は成立したのかもしれない。

伊藤麻衣子は、八三年にデビューしたアイドルだが、『不良少女とよばれて』のDVDを見ると、アイドルと呼ばれるのが大嫌いで、不良役を志願した、と言う。また、『高校聖夫婦』のとき共演した伊藤かずえ、比企理恵、そして同じく伊藤麻衣子主演の『少女が大人になる時　その細き道』の松村雄基などが、スタッフごと『不良少女とよばれて』になだれ込んでいる。

前二作では清純そのものだった伊藤麻衣子だが、ここでは、相模悪竜会会長（すごいネーミング）を名乗り、カーリーヘアに今ならデーモン木暮閣下ぐら

人間ドラマ――私はこの用語が好きではない。それが『カーズ』であっても、怪獣でも、人間的メンタリティを持っていると思うからだ。メンタリティがないのは、光怪獣・プリズ魔を筆頭とするわずかな例ではないだろうか。プリズ魔が登場するのは『帰ってきたウルトラマン』で、脚本は同作に出演した岸田森。この人を語り出したら百科事典ができてしまう。

いしかしないようなメイクで、甘さのない不良を演じる。タイトルバックを見ても、乱闘シーンでの腰の入り方、凶器のふるい方は本物で、『微熱カナ』なんて歌を歌っていた女の子とは思えない。

その伊藤麻衣子に真っ向から対決しているのが、伊藤かずえ・松村雄基の不良コンビだ。伊藤かずえ扮する葉子は、作品中で「カミソリマコ」、「モナリザ」、挙げ句の果てには「星の国から流れてきた女」（いくつニックネームがあるんだ）とまで呼ばれるし、松村雄基の朝男は「裏町のドブでくたばるワル」などと自嘲し、更生して刑務所から出たときの台詞は「俺は今、とっても素敵な気持ちだぜ！」である。「素敵」という語感がたまらない。受けて立つ大映テレビ生え抜きのカタギ・哲也の国広富之は、「人を愛するということは、その人の全人生に責任を持つことだ！」なんて言い放ってしまう。

こういう台詞と世界に、役者としての生理を乗せるのには、ある種の覚悟がいるだろう。虚構の世界を生きる潔さ、まさにヒーロー番組の、それだ。

たしかに放映当時、すれた二〇代だった私も、笑っていた。「人を愛することは〜」だって、そんなことできるかいな、という気分だったたし。そういうまとめ方も可能だろう。

だが、今世紀に入って、初めてこの番組を見た若い人に、こんなことを言われたのだ。

「こんなに熱く人生を語れるドラマは、今ないんじゃないでしょうか」

正直、びっくりした。そうか。今、この世界をストレートに受け止める人がいるのか。

それを再認識して、ビデオを見直してみた私は、うん、これは笑えるだけではない。むしろ、一つの理念を熱く、真っ向からぶつけた、ヒーロー番組なんだ、と素直に見直したのだった。この後に紹介するストーリーから、それをくみ取っていただければ幸いである。

考えてみれば、愛する人の全人生に責任を持つ、というのも、たしかに無理だし、かなり暑苦しい考えでもある。だが、人生のある時期、そうした気負いや理念があってもいいんじゃないか。極論ではあるが、邪道ではない。血の通った台詞だと思うのだ。

おそらくは放映当時の私も、その他の笑って見ていた人たちも、この点に心のどこかでは気づいていたように思う。単に笑えるというだけでは、この番組の裏に入ったロス五輪を視聴率で抜く、と噂されたほどの人気は出なかっただろう。

さて、物語だが、前述の事情で親に見捨てられ、すさんだ非行の道に入った笙子は、笙の奏者である久樹哲也（国広富之）に出会い、笙に興味を見せる。そこで哲也は、雅楽によって彼女を立ち直らせようと決意する。だがそのため

ロス五輪を抜く*——当時、盛んに言われたが、具体的な数字を発見していないので、噂の域を出ない、としておく。

哲也は、葉山恭子（岡田奈々）との婚約を解消し、失意の恭子は交通事故を起こし、不幸へと導かれていく。

笙子は哲也の熱意に打たれ、不良を辞めようと自首して、少年院・相模愛育女子学園に入るのだが、東京流星会の会長・西村朝男（松村雄基）は笙子に惚れており、不良の世界へ引き戻そうと画策、手下の山吹麻里（比企理恵・朝男に惚れている設定）を送り込む。更に少年院には、白百合組影の総番長、長沢真琴こと久樹葉子（伊藤かずえ）が待ち受けていた。彼女は笙子と対立するだけではなく、実は哲也の腹違いの妹、愛人の子で、それ故に哲也に愛憎半ばする念を抱き、笙子を罠に陥れようとするのだった。

かくして人物関係はぐちゃぐちゃに錯綜し、それぞれの愛憎は激突し合う。その中で笙子は次第に立ち直って行くのだが、絡み合った運命の糸は、簡単にはほぐれない。

それが劇的に展開するのは、番組も終盤に入ってからである。

笙子は模範的な生徒となり、仮釈放が決まる。それを察知した葉子は、何とか阻止しようと、学園に笙を教えに来ていた（えっ）哲也の大事な笙を奪い、返して欲しければタイマン*で勝負しろ、と笙子に挑む。乗ったら仮釈放はなくなるだろう、決して挑発に乗るな、と哲也に言われ、笙子は悩むが、結局、葉子が笙を隠した小屋へと深夜に赴く。だがそこには、密かに麻里が同行してい

タイマン——不良用語で、一対一の勝負のこと。

た。笙子に影響を受けて生まれ変わろうとし、友情をも結んだ麻里は、とっさに笙子を突き飛ばし、小屋に鍵をかけて葉子と勝負に出る。そのはずみで小屋は火事になる。笙子と葉子は逃げられたが、麻里は笙を守って絶命する。「笙」と「笙子」が交錯して申しわけない。

その知らせを、刑務所の中で聴いた朝男は、宙をにらむ。愛せなかった、だが一途だった女への思い。一緒の房にいるおっさんたちは、何かくだらない話でへらへらと笑っている。朝男はぎろりとにらみ、ひとこと。

「おっさん、知り合いが死んだんだ。今日一日、笑わないでくれ」

それでもおっさんは、「笑おうと、屁えひろうと勝手じゃないか」と取り合わない。すると朝男はその胸ぐらをつかみ、言い放つ。

「バカヤロー、人が死んだらよお、世界中はそのひとりのために泣くべきだぜ！」

ここには、命の重さが、ごくデフォルメされた形だが強く表わされている。私は、ドラマであっても人の死を賛美するのは好きではないし、むやみに登場人物が死ぬのには否定的だ。ただ、作劇において、誰かが死なねばならない場合はあるだろう。問題は、そこでの死の扱われ方ではないだろうか。

朝男の台詞は、それを強調している。デフォルメと書いたが、むしろ、それこそ胸ぐらをつかまえて言いたいような言葉ではないか。しかもこの番組の最終回、全ての事件が終わり、静かな結末を迎えたときに、笙子や葉子が最後に心の中で呟くのは、哲也のことは置いておいて、まず、「麻里、許して」なのだ。自分たちを救ってくれた友情への思い、そして許しを乞う気持ちは、実はこのドラマでは、哲也や朝男への愛より強い描かれ方をしているのである。

それだけの重みを持って描かれるのならば、それは単なる盛り上げのための死ではない。それぞれの人物の中に、生き続けていることが分かるからだ。

そしてこの死によって、愛憎に揺れていた葉子は、ついに目覚め、自らにけじめをつけるため、罪を認めて少年刑務所へ赴くのである。

こうして完全に立ち直り、相模愛育女子学園から仮釈放された笙子は、不良には戻らず、哲也と共に民間舞楽の道へ進む。朝男も更生し、学習塾の経営者として（これにはさすがに驚いた）笙子たちをバックアップする。だが物語はまだ清算されていなかった。

哲也に婚約を破棄され、そこに不幸が重なった恭子は、夜の商売（体は売っていないが）に身をやつしていたが、会社社長・酒井晴彦（重田尚彦）なる男に拾われる。だがこの男は根っからのワルであり、恭子は覚醒剤中毒にされた上で、自暴自棄になって酒井と結婚することになるのである。

それを知った笙子は、朝男と共に再び不良にカムバックし、酒井の陰謀を阻止しようとする。二度と戻らないと誓った道だった。だが恭子が不幸に陥ったのは自分のせいであり、彼女を救わねばならないと決意したとき、笙子は敢えて不良に戻ったのだ。

この発想は、時代小説、あるいは任俠映画の渡世人を思わせる。カタギの衆に恩を返すために命を賭ける、といったところだ。平和な市民社会を守ろうとする、孤高のヒーローの姿でもある。そして、すさんだ不良だった主人公たちが泥沼から抜け出し、不正なる者への真の怒りに目覚めていく、その成長の過程でもあるのだ。怒りは少女ヒーロー作品の重要な鍵である。

さて、真の悪党・酒井は、刑務所を出た葉子にも手を伸ばしていた。もはや利用価値のない恭子を結婚式のあと殺害し、保険金を得て、葉子と改めて結婚しようと言うのだ。葉子はそれに同意し、周囲の非難を浴びる。

だが、酒井と恭子の結婚式に、笙子と朝男が乗り込んだとき、それを止めた葉子は、自分が酒井とタイマンで決着をつけようとする。彼女もまた、「義」に殉じようとしたのだ。

そこへたどり着いた哲也は、この期に及んでなお、一同を説得しようとする。はっきり言って甘いのだが、彼は理想を語る人として、命を賭けて全ての人を説得し続けてきたのだ。哲也は恭子を救い出すが、酒井の仕掛けたダイナマイトで爆死した。死の瀬戸際に、彼は笙子たちに、憎しみのない正しい世界へと進むよう、やはり説得する。

大映テレビのドラマでは、全ての人間が、死ぬか、改心するか、改心して死ぬかしないと収まらないようにできているのだが、哲也の最期の言葉も、その役割を果たしている。彼の命がけの説得によって、ようやく全ての人、少女たちを傷つけた両親なども、憎しみと争いのない道を歩むことを、心から誓えるようになるのだ。

そしてその時、不良仲間の若い女の子・中川景子（立原ちえみ）は、あたかも哲也の生まれ変わりであるかのように、男の子を出産する。死と再生の象徴的なシーンだ。

笙子の父、宮司の聖一郎（山本學）によって哲也の神前葬式が挙げられる。そこには今まで関わった全ての人が集まっている。そこで笙子、葉子、恭子の三人は、舞楽を奉納する。全ての罪を浄化する儀式である。

その舞の長い時間に、今までの出来事が三人の回想としてインサートされるのだが、この作品の非凡さは、それが哲也への思いという感傷だけでは終わらない点にある。回想にかぶって、笙子らを立ち直らせた愛育学園の院長・丹波秀介（名古屋章）が、教え子の不良少女たちに語った、長い台詞が流れるのだ。一部を省略するが、ここに記しておく。

「諸君のほとんどは、両親の愛に恵まれず、非行に走ったはずだ。だが、心の奥底では、諸君はいつも、愛を求めていたはずではなかったか。だとしたら、ここで考えてみよう。諸君がこの世に生まれたのは、父や母を憎み、自らを卑しめるためではない。――いや、諸君の両親を許せと言っているのではない。憎んでよろしい。ただし、ただ憎むだけではだめだ。わしは諸君に、親の過ちを決して繰り返さない女になってもらいたいのだ。自らを卑しめず、自分の子を卑しめない、そういう母親になってもらいたい。諸君がそのような女性になったとき、初めて諸君は、自分の親を許すことができるようになるだろう。

最後に、わしは言う。呪われてこの世に生まれてくる子は、ひとりも、いない」

これが単に少女に対してでも、また、非行に対して限定された言葉でもないことは、お分かりいただけると思う。そしてまた、およそ三〇年を経た今、この言葉の重みは、いっそう増しているのではないだろうか。たとえきれいごとにきこえようとも……いや、きれいごとのどこがいけないのか。命を賭け、血を吐く思いで勝ち取った、善の象徴の言葉ではないか。

『不良少女とよばれて』が、愛という八〇年代的なお題目を中心に据えながらも、その実は、親との闘い、そこからの脱却と成長を語ったものであることは、この構成から明らかだ。

そして最後に、憎しみを経て、それを超えることによって、初めて争いのない世界が生まれる、と笙子は感じ、初めて、「あなた、愛をありがとう」と呟いて、この長い物語は終わるのだが、その扱いは、その他の闘いに比べれば、軽いとも言える。

かつての男性ヒーローは、強きをくじき、弱きを助けるのが伝統だった。だが、この作品では、弱い人間の弱さとも戦わねばならない、と歌い上げているのだ。それは、己の弱さに甘え、弱さをもって自らを正当化しようとする時代への抵抗ではないか。人間の弱さや憎しみをも肯定した上で、それをばねにして強く、潔く生きることを丹波の台詞は差し示しているのだ。

これこそが、少女ヒーローの姿なのである。

1-4　『乳姉妹』（八五年四月〜一〇月）ＴＢＳ、大映テレビ

『不良少女とよばれて』の後、大映テレビは小泉今日子主演の『少女に何が起ったか』を製作した。この物語は『赤い』シリーズの系譜を継ぐ、出生の秘密をメインに据えたものだ。

天涯孤独の身でお屋敷に引き取られた野川雪（小泉今日子）が、ピアニスト

を目指す過程でいじめに遭ったり、ピアノに鍵がかけられて練習もままならず、紙に書いた鍵盤で練習しようとするが、「ダメッ！　紙の鍵盤じゃ指が沈まない」（当たり前だ）と途方に暮れていると、謎の男・宇津井健が、真夜中にひとの家に現われてピアノの鍵を開けてくれるのだが、実はその宇津井健がお屋敷の不正を探る検事だったり、と増村保造的な作風のものだ。

　これはあくまで風聞なのだが、『不良少女とよばれて』は成功したものの、主演のいとうまい子と国広富之は、不良礼讃のドラマに出たということで、バッシングを受けた、とも言われている。肝腎の『不良少女とよばれて』も、東京では一度、再放映されたのみとされている。

　いや、それのみならず、一連の大映不良ドラマ、また『スケバン刑事』も、ある時点から再放映はされていない（地方によって異なるが）。『映画秘宝』*でこの辺のドラマを扱ったときに聞いた話では、やはり、不良礼讃というのがまずいのだ、という。

　じゃあ、陰湿ないじめや、障碍者への迫害を扱った「名作」ドラマはどうなのか、と思うのだが、こういうことには誰も責任を取らないので無駄、と思い切って……。

　それでも、先の二人へのバッシングは、不良側を演じた松村雄基、伊藤かずえには適用されなかったらしい。八五年、大映テレビは不良ドラマと、『赤い』

*『映画秘宝』――該当書は『夕焼けＴＶ番長』。あとで触れる『禁じられたマリコ』を詳しく説明している。

シリーズのどろどろした家族劇を統合した作品を発表する。『乳姉妹』である。
この作品がどういう物語かは、芥川隆行*が毎回オープニングで語る、長いナレーションをきけば、一発で分かる。

春の暴風雨《あらし》の その夜中
二人の嬰児《みどりご》生まれたり
同じ海辺のその里に
一人は広き別荘に
一人は狭き賤《しず》が家《や》に——

この物語は、吉屋信子の傑作小説『あの道この道』*をベースに、運命に翻弄される二人の少女が、時には敵となりながら、自分の人生を自らの手で開く姿を通じ、人生とは何かを問うものである。

もう、これだけで充分、とさえ言えるほどのヴォリュームだ。
このナレーションに合わせたタイトルバックの映像も、分かりやすいこと、この上ない。次のようなカットで構成されている。
夜の海、消えそうなたき火／走る貨車、ポイントが切り替わり、二両の貨車

芥川隆行——『水戸黄門』など、名ナレーターとして活躍した元アナウンサー。大映テレビにおいては、芥川隆行が言えば、どんなに不可能なことでも可能になる。

『あの道この道』——戦前を中心に活躍した少女小説の泰斗、吉屋信子による三四年の小説。言うまでもなく、原作は跡形もない。

がそれぞれの方向へ分かれる／嵐に翻弄される風見鶏／嵐に揺れるブイ／戦う二人の少女／波にさらわれる親子のコアラのぬいぐるみ／二人の女児／子どもを抱えて走る女／渡辺桂子をリンチしている伊藤かずえ／親子の馬／走るバイク／夜の海辺でトランペットを吹く松村雄基／ほえる狼／走るバイクと鶴見辰吾／菜の花畑で手を取り合う渡辺桂子と伊藤かずえ。

エイゼンシュタインにぜひ見せたいものだ。

ただ、これだけならば、少女ヒーローを語る本書においては、あまり触れる必要がないのだが、この作品はこれまでにない特色を持っていた。即ち、「集団劇」としての要素である。

ふとしたことからお屋敷に引き取られた貧乏な子・松本しのぶ（渡辺桂子）と、引き取った先のお嬢様・大丸千鶴子（伊藤かずえ）が、実は出生時に取り替えられており、自分が実は貧乏人の子だと知ってやけになった千鶴子は不良に転落し、そこに、関東渡り鳥連合・会長（あいかわらずのネーミング）の田辺路男（松村雄基）と、千鶴子の婚約者であった雅人（鶴見辰吾）がからんで、もつれ合いながらドラマは進んで行く。その間にも路男は、「俺の体の中には、黒い嵐が吹き荒れてる」とか、「俺が地べたを這いずり回る虫けらなら、あんたは天上に咲く赤い花とでも言いてえのか」などと、台詞を決めまくる。

千鶴子の気持ちを知ったしのぶは、なぜか（まあ説明はあるが）自分も一匹狼の不良になって、対等に話し合おうとする。あくまで不良は「タイマン勝負」なのである。まあ、その勝負というのが、両側から和太鼓を叩くことだったりするのが、大映テレビだが。

そして、これがリアルな不良ではない、ということを、よくかみしめて欲しい。個人と個人が本音でぶつかり合うために、すべての社会的地位を捨てて、タイマンで勝負する。これが、私の言う「ヒーロー」の思想だ、と思っている。

きわめて性差別的だが、かつて、女の子はよく群れたがる、と言われていた。気に入らない子をいじめるのでも、糾弾するのでも、必ず、何人組かで当たるのが普通だ、と。

この番組を見ていた頃には、私はそういう性差別的思考から、より、こうした番組の、「少女ヒーローの決然たる孤独」を味わっていたのだが、その後、男の子も群れるのだ、という事実、更に、「男の子」ならいざ知らず、社会人になどなった日には、派閥なしでは生きていけないような男性の姿を見て、考え直した。その風潮は、どんどんエスカレートしていったのか、あるいは、私には見えていなかったのだろう。

その、実は群れ社会である男の世界に、少女ヒーローは決然と向き合っていたのだ。

かくて、たぶん主演だったはずの渡辺桂子の押し出しが弱かったせいや、鶴見辰吾の奮闘もあって、この四人は、ほぼ対等な人物として描かれる。そして、ひょっとしたら、製作者も考えていなかったかもしれないような結末へとドラマはなだれこむのだ。

千鶴子はいつか路男を愛するようになる。路男は母のせいでぐれていたのだが（またしても、母子の葛藤だ）、千鶴子に出会うことで立ち直り、トランペッターへの道を志す。しかし彼の体は病魔にむしばまれており、ついには片腕を切り落とさねばならなくなる。

その路男を、千鶴子は文字通り、支える。というのも、トランペットというのは両手がないと吹けないので、千鶴子はステージの上で横からトランペットを持って支え、路男は片手でキーだけを押して、演奏しているのだ。

そんな奴がいるかい、と放映時の私はテレビにつっこんだのだが、これほどのインパクトが、今のテレビドラマにどの程度あるだろうか。デフォルメとしての価値は高い。

千鶴子を取られてしまった雅人は、荒れ、酒に溺れる。それを慰めるのがしのぶ。だが最後には、病魔に完全に冒された路男は、故郷・真鶴の海を見に、漁船に乗る。そこには他の三人もいて、みんなで夜明けを見に行く。夜明けを見ながら、路男は目を閉じる。彼らはそこでようやく、千鶴子たちが具現した、無償の愛の尊さに目覚めるのだ。若者たちは、今、一つになった。芥川隆行のナレーションが入る。

「そして彼らは、魂の輝くままに、光の中で、一つの王国を築くであろう」

この集団劇は、後に触れる「家族の再構成」の一翼をも担っていた。これまでの家族の崩壊と混乱が、新しい家族、新しい友人や愛情の関係を築く、という物語である。

しかし、この結末は、はっきりいって、主役の交代でもある。つまり、いつしかドラマは、松村・伊藤の話になってしまったのだ。

やはり、『正しい不良』は強かった。

こうした番組を、単純に不良礼讃と呼び、忌避する人たちには、彼らの「ハンパじゃない」生き方を（しかもドラマの上のことだ）しっかりと受け止める読解力があったのだろうか。

しかし、こうして大映テレビ作品は、一つの頂点を迎えたのだった。

1-5　『ポニーテールはふり向かない』（八五年〜八六年）TBS、大映テレビ

八五年、大映テレビ＝TBSが土曜枠で放映した『ポニーテールはふり向かない』で、松村・伊藤コンビは、ついに堂々の主役を張ることになる。原作は

喜多嶋隆による少女小説だ。

横須賀を舞台にして、少年院帰りの陽気な少女・麻生未記（伊藤かずえ）が、実直なピアニスト・田丸晃（松村雄基）の助けを借りて、バンド結成を夢みて奮闘するこのドラマは、意識的に、陽性な雰囲気で作られている。そこに、カタギになろうとする未記と対立する不良グループなど、さまざまな妨害が入るのだが、何しろ未記は、とにかく暇さえあればドラムのスティックを持って、その辺の手すりや何かを叩いて練習しており（そんなんでほんとうに練習になるんでしょうか）、ケンカのときも、ドラムスティックで相手を叩きのめすという（ほんとうです）女の子である。スティックを取られると、突然弱くなる。これを強引に説得してしまうから、大映テレビはこたえられない。また、暴力性も薄まる。

ちなみに八七年の大映テレビ作品『プロゴルファー祈子《れいこ》』では、ゴルフがきっかけで不良になった祈子（安永亜衣）が武器として使うのは、ゴルフクラブの五番アイアン*である。破壊力に正当性はあるのだが、そこがかえって物足りない。それなら単なる粗暴犯ではないか。

ただし、大映テレビらしいフォローはしている。彼女がゴルフクラブでケンカの相手を殴っていると、坊ちゃん役の風見慎吾（現・しんご）が現われ、切々と諭すのだ。

五番アイアン――この五番アイアンを武器にするのは、拙著『メイド刑事』のクイックルワイパー（ドラマでは大人の事情でキューティー・クリーナー）のルーツではないか、というご指摘を、小説家・津原泰水さんに受けたが、残念ながら偶然です。気づけばよかった……。

「祈子ちゃん。五番アイアンは、人を殴るためにあるんじゃないんだよ」
いや、わざわざ言わなくても、ほとんどの人間はそう思っていると思うが。

話を戻そう。バンドを作るために不良と戦いながら（ここが大映テレビ）、未記はがんばるのだが、そこに、彼女を金でものにしようとする御曹子・名倉邦男（鶴見辰吾）がまた絡む。先に書いた「あたしだってお金は欲しいよ」云々の台詞は、彼に向かって吐かれたものだ。

本放送のときから気になっていたのだが、このドラマでの鶴見辰吾は、例えばジャンル男優の華・沖雅也のような、妙な芝居をしている。もともとこの人は子役出身で、その境遇にありがちな、いかにしておとなの役者になるか、に悩んでいた節があるのだが、この作品以来、妙な演技の脇役としての地位を固め、いまではりっぱなベテラン役者だ。めでたい。

それはいいのだが、未記は、人柄に惚れ込むと、とにかくバンドに引っぱり込んでしまうという習性？　を持っている。そのためこのバンドは、総勢八人というビッグバンドになってしまうのだった。ちなみにこの頃、米米ＣＬＵＢ*はメジャーデビューした前後だった。

しかしまあ、これもやはり、「集団劇」の一つの形だったと言える。人間同士のつながりによって生まれる集団、という八〇年代ドラマの、提示だったの

米米ＣＬＵＢ――伝説のファンクバンド。メジャーデビューは八五年。メンバーの多さでも知られる。時期により、また、ユニットをどう数えるか、で人数が変わるのだが、「正規メンバー」は九人とも言われ、実際のライヴでは十数人を超えることもあった。

だろう。

それが、大映テレビでなければ考えもしないであろう、名？　エピソードとなって現われたのが、「命がけの初ライブ」（脚本・佐伯俊道／田渕久美子、監督・江崎実生）である。こんなドラマ、他に作れる所はないだろうし、作ろうとも思わないだろう。


未記の率いるバンドは、とにかく気に入った人なら誰でも連れてくるので、ギター、ベース、ドラム、キーボード、サックスに女性ヴォーカルが二人の計七人にふくれ上がっていた。しかも、不良仲間だったゆかり（比企理恵）以下、三人の親衛隊までいるのである。にもかかわらず、未記は更にメンバーを入れようとする。ルックスと「蜂蜜のように甘い声」で人気のあった、脇田克己（野々村真。当時誠）である。実際にではなく、そういう設定なのだ。

しかし克己は、今は歌手をやめていた。理由は、女である。しかも、その女というのが、やくざの組長の一人娘で、そのため彼はやくざに追い回されていたのだ。とっつかまって、日本刀で斬られそうにまでなりながら、克己は彼女を諦めきれず、女装して（！）マンションに忍び込み、密会するのであった。

しかし彼女は、克己をこれ以上危険な目に遭わせまいと、敵対するやくざの組長の息子との結婚を決意していた。そして、別れの前にもう一度だけ、克己の歌を聴きたいと言うのだ。

「最後にあなたのステージが見たい。私だけの」

それはいいのだが、そのステージというのが、彼女と組長息子の婚約と、二つの組の手打ち式が行われる氷川丸*の船上でなのだ。死にに来いと言っているようなもんです。

だが克己は、彼女の純粋な（純粋すぎるとも言える）思いに答えるべく、手打ち式で歌おうと考え、未記に相談する。もちろんオーケーした未記は、さっそくバンドのメンバーを説得しまくる。やくざから恋人・矢崎妙子（片平なぎさ）を奪ってようやく足抜けしたベース・牧村稔（坂上忍）は（このバンドは何かの施設か）猛反対するが、未記の鉄壁の説得にかなうはずもなく、結局一同は、克己に協力する。さっそく氷川丸の下見に向かう一同。それはいいがこの人たちには、集団行動しないといけない、という固定観念があるようで、総勢一一人で、やくざが打ち合わせ中の氷川丸を見に行くのである。目立つことこの上ない。

で、相談の結果、彼らは船で、見張りの手薄な背後から氷川丸に乗り込むことにする。夜の海を行くボート。ふつうなら分散して、とか考えると思うが、あくまで彼らは一一人揃って船に乗り、揃って縄ばしごで乗船し、あまつさえ、見張りのやくざが来ると、一一人がひとかたまりになって物陰に隠れるのだ。

*氷川丸――昭和初期から運行された旅客船。六一年、横浜港山下公園に係留して海上ユースホステルとして開業している。

さて、船内ではパーティーの真っ最中。余興のバンドが演奏を終わる。と、灯りが一瞬消える。点いたときには、未記のバンド、ザ・バンテージ（と後に命名）はすでにセッティングを終えてステージ上にいるのである。もちろん、やくざ達は色めき立つ。と、未記が叫ぶ。

「待って下さい、私の話をきいて下さい！」

何を言うのか。

「一つの恋が、ありました。切なく哀しい恋でした……」

こうして、婚約者の、しかもやくざの前で、相手の娘に元カレがいたことを思いっきりばらしてしまった未記は、一曲、別れの歌を歌わせてくれ、と満場のやくざを説得するのだ。ここが大映テレビ、主人公の説得には誰もかなわない。かくて演奏が始まる。そして、克己が歌い始めた瞬間、テレビの前で、私は思ったのだった。ああ、別れてよかったんだなあ、と。吹き替えなしで歌う野々村真は潔いが、蜂蜜のように甘い声というよりは、蜂蜜で手がべとべとしているような、歌唱力なのであった。

まあ、アイドルは一曲ぐらいは歌を歌うことになっているが（野々村誠名義での歌が、シングル三枚出ているとウィキペディアにはある）。

ただし、はっきりさせておきたいのは、大映テレビは、そしてこの頃の少女ヒーロードラマは、こういう話を、大まじめにやっていた、ということだ。だからこそ、私たちのハートをつかんだのである。照れたら、おしまいなのだ。

二〇〇〇年、『ルーズソックス刑事』（第四章）というドラマがあった。女子中学生が、警視総監の孫だから、という理由で、警察手帳を持ち、捜査に当たるという設定である。

さほど理不尽な設定ではないが、それはまあいい。問題は、彼女が推理でひらめいたとき、後ろに極彩色のライトが当たるのだが、それを見た相棒の刑事が、なんだこれは？という感じできょときょとするのである。つまり、ギャグだ、という「言い訳」なのだ。実は、今回見返してみると、その描写は第一話だけであり、そこまで言うほど誇張されたわざとらしさでもなかったのだが、ドラマとしての「覚悟」は、やはり違う（この辺は、後の章で語る）。『不良少女とよばれて』の、いとうまい子が「変身」するときの演出と比べていただきたい。こういうものは、照れてはいけないのだ。

どうしても、インテリは自虐的な作劇をしてしまう。アニメの中で、「そんなアニメみたいな」、とか言わせてしまったりする（実例は、不毛なので調べはしないが）。

それは人間、誰しも賢くは見られたい。私だってそうだ。しかし、例えば、素人が照れながらやる物まねほど、見ていて見苦しいものはないとは思わないだろうか。

ハンパな言い訳は、しょせん、大まじめなバカには勝てないのだ。

さて、大映テレビが先鞭をつけた、ＴＢＳの不良ものは、それだけでは終わらず、根っから不良の（って失礼か）東映に、火をつけてしまったのだった。

それが、伝説のドラマ、『スケバン刑事』である。

2-1　『スケバン刑事』（Ⅰ）（八五年四月〜一〇月）東映、フジテレビ

さて、八〇年代少女ヒーローブームの、もう一つの中核となる作品が、フジテレビの『スケバン刑事』シリーズである。

不良少女*（一応）が悪を倒すこのシリーズは、大映テレビの不良路線が影響して生まれた、ようにも見えるのだが、それは失礼だろう。考えられる要因はいくつかあるのだ。

まず、前の章で述べたフジテレビの、映画からのスピンオフによるドラマ、例えば『翔んだ』シリーズなどのヒットから、フジテレビはアイドルを使った、主にジャンルものや漫画原作などをドラマ化していった。

その集大成は、『月曜ドラマランド』である。このゴールデン九〇分枠の単

不良少女（一応）――ドラマ『スケバン刑事』では、麻宮サキがスケバンとして何をしていたのかは描かない決まりになっている。

発ドラマシリーズは、ほとんどがアイドルを主人公にした、漫画やSFを原作としたドラマだった。そのかなり多くは、出来に不満が残るものだったが、ジャンル映像路線はそれなりの成功を収め、南野陽子の『時をかける少女』*や新田恵利の『ねらわれた学園』(第三章)などが、作られている。そうした地盤があって成立した企画、とも考えられる。

また、『スケバン刑事』の前段階に当たる作品に、東映の特撮ドラマ『宇宙刑事』シリーズがある。八二年〜八三年の『宇宙刑事ギャバン』に始まるこのシリーズは、刑事ドラマ『特捜最前線』の監督陣によって作られた。いや、『特捜最前線』のほうが、もともと特撮もののスタッフで作られていたのだが、とにかくその監督陣が、『スケバン刑事』には流れ込んでいる。刑事——宇宙刑事——スケバン刑事、と、これらの作品は、同じノウハウで作られているのである。

『宇宙刑事』で特筆しておきたいのが、第三作、『宇宙刑事シャイダー』に登場する女宇宙刑事アニーだ。当時JACの新星だった森永奈緒美が演じたこのヒロインは、シャイダーのパートナーであるから、作品内での位置づけからすると少女ヒーローとは言い難いが、銃をぶっ放して大活躍し、主役のシャイダー(円谷浩*)を食ってしまった。しかも衣装はミニスカートだが、そのハンディ(本章第四節参照)をものともせず、派手なアクションを繰り広げた。これが、

南野陽子の『時をかける少女』——タイム・パラドックスを「無視する」、という豪快な手に出た作品。若き日の本田博太郎が助演している。

円谷浩——円谷英二の孫。これが初主演。若くして亡くなった(三七歳)。

いい歳をして特撮を観ている、いわゆる「大きなお友だち」を、ひきつけた。
ただ、少なくとも八〇年代の前半には、いい歳をした男が特撮物にぎゃあぎゃあ言うのは、たいへん恥ずかしいことだった。飲み屋でアニメ研がジョッキ片手にアニソンを歌っていると、他の席から顰蹙の目を向けられる時代だったのだ。今もそうかもしれないが、酒をやめたので現状は知らない。

だが、アイドルについてあれこれ騒ぐのは、容認されていた。よって、アイドルドラマである『スケバン刑事』は、大きなお友だちの欲求を満たし、しかも何の気兼ねもなく、観たり騒いだりできたのである。こうしたニーズを満たす番組だった、とも言える。

しかし、実際のところ、いちばんの成立要因は、この番組の放映枠に、誰も期待していなかったことによるのではないか、とも思われるのだ。

フジ木曜の午後七時半枠は元々アニメ枠だったが、『J9シリーズ*』などを製作した国際映画社が作った『ふたり鷹』が、同社の倒産で打ち切りになった。そのため、日曜朝九時の『ペットントン』などを成功させていた東映で、脚本も同じシリーズの浦沢義雄を連れてきて、『テレビおばけてれもんじゃ』を作ったが、これも一クールで終わってしまった。不振の原因ははっきりしていて、裏に、当時の超人気アニメ『キャプテン翼*』（テレビ東京系）があったのだ。往年の人気を知らない人のために言うと、この頃のコミケでは、略称

『J9』シリーズ——国際映画社の代表作アニメ、スペースオペラ。特に『銀河旋風ブライガー』は、破天荒さとキャラクターで、当時、かなりの人気を得た。

『キャプテン翼』——日本のサッカーアニメとして、最高にヒットした作品。

『キャプ翼《きゃぷつば》』の同人誌だけで一区画があったほどなのである。

そういうわけだから、急遽何かを作らないといけないというときに、とりあえずアイドル主演で、ヒット漫画の原作を、東映のノウハウで作る、というのは窮余の策だったかもしれない。また、この番組が重視されていなかったのは、東宝シンデレラ準グランプリ*の斎藤由貴（当時、東宝芸能所属）を、ほいほい東映作品の主人公に貸してしまったことでも分かる。シリーズ後半、斎藤由貴に東宝での仕事が入るようになり、きついスケジュールで問題が生じた、と聴いている。

識者のご指摘があったのだが、フジテレビでは、木曜の夜七時から『北斗の拳』で、マミヤがヨーヨーで闘っていた（Ｗｅｂで確認）。その後、七時半からが『スケバン刑事』。闘う女性戦士の二本立てだった（しかもヨーヨー）、と。あまり甘い論考を書くのは危険だが、説得力のある話だ。

さて、『スケバン刑事』（以下、他のシリーズと区別するために『I』と呼ぶ）の画面は、いま見ても、かなりチープなものだ。映像の暗さは照明に費用がかかっていないせいとも思えるし、セットにもあまり力が入っていない。第一回の事件も、まあ、どうってことないような話と言える。

そこに説得力を生んだのは、斎藤由貴の存在感とアクション、脚本陣の乗り、そして、『特捜最前線』から『宇宙刑事シリーズ』でこうした作品の作り方を

＊準グランプリ——第一回。グランプリは沢口靖子、審査員特別賞が、『風間三姉妹の逆襲』の敵役、藤代美奈子（現・宮奈子）。

知り抜いたスタッフの力だ、といってもいいだろう。

斎藤由貴は、いま見返すとけっこうアクションを演じていて、飛んでくるヨーヨーをバックハンドでつかんだりしているのだが、やはり限界はあった。そのためアクションの多くは、吹き替えによって演じられた。この吹き替えを担当したのは、大野剣友会の高木政人氏である。『ペットントン』*など、東映テレビ特撮のスタントを多く担当した人だ。『スケバン刑事Ⅱ』の制作途中でバイク事故に遭い、亡くなった。なんとも残念なことなので、特に書いておく。

閑話休題。そうした技術に支えられて、斎藤由貴は、その存在感を充分に発揮できた。それは、独特の情念である。後にコメディエンヌとして活躍する斎藤由貴だが、当初は神秘的な美少女として、むしろ暗いイメージで捉えられていた。彼女の初主演映画が、孤児としていじめられている、というシチュエイションから始まる、相米慎二監督『雪の断章』であることは象徴的である（ちなみに同時上映は大林宣彦監督の沢口靖子主演『姉妹坂』だ）。画面の暗さも手伝って、その情念という印象は、強いインパクトを感じさせた。

では、その情念の正体は、何だったのか。

ふた言で言うと、それは、「強きをくじき、弱きを憎む」、という、これまでになかった価値観と、ふつふつと煮えたぎる怒りの感情である。

強きをくじき、というだけなら、連綿と続いてきた日本映画の歴史の中に確

*『ペットントン』――フジ日曜朝枠の人気ドラマ。座らないと入れない着ぐるみでスケボーをこなすなど、超人的なアクションだった。

固として存在する、市井の正義感である。だが、強い者、悪い者があいまいになってきた八〇年代の日本では、それだけでは済まなくなっていたのだ。

一つには、建て前の崩壊ということがある。何度も引用するが、前述の『ポニーテールはふり向かない』では、「どうせお前も金が欲しいんだろう」という言葉に、未記は、きっ、とにらんで反論する。

「あたしだってお金は欲しいさ。でもね、人間、やせ我慢をなくしたらおしまいだよ！」

放映当時、私はこの台詞に笑った記憶がある。だが、それから三〇年。人間が、やせ我慢、いや、我慢自体を全くしなくなった社会を経て、現在は我慢を強要された人びとが、いかに即物的、刹那的な欲望に、衝動的に対処し、尊厳や理性を喪っているかを目の当たりにすると、この言葉は、重い。

さて、我らが主人公・麻宮サキ（斉藤由貴）は、スケバンとして怖れられ、少年院に入っていた。それが、殺人の罪で死刑囚になっている母の助命と引き替えに、謎の存在・暗闇指令によって、学園の事件を解決する特命刑事になる。

ちなみにこの暗闇指令は、第一話で声を聴いた瞬間から、長門裕之以外の誰でもないと分かるのだが、『Ｉ』のクレジットでは、キャスト名「？」で通している。娯楽作品のセオリーとはそういうもので、例えば、片岡千恵蔵の『多羅尾伴内』シリーズ*は、片岡千恵蔵が七つの変装をしながら事件を暴くのだが、

＊『多羅尾伴内』シリーズ——片岡千恵蔵の当たり役。探偵・多羅尾伴内（その正体は、「正義と真実の人」藤村大造）が、片目の運転手、手品好きのキザな紳士などに変装しながら、悪人と闘うシリーズ。ネットで調べたら、どう変装しても片岡千恵蔵に見えることに、まじめに非難を浴びせている「純粋な」人がいた。後に小林旭主演で二作、リメイクされたが、伝統を受け継いで、流れ者の木こりなどになって現われる。

登場人物はもちろんとして、観ている観客の側も、そこは大スターであるから、何に変装しても本人だということは丸分かりなのである。その暗黙の了解を楽しむのも、娯楽のあり方なのだ。

閑話休題。東映において、番長、スケバンと言ったものは、筋が通った人間だ、というのも、暗黙の了解である。大映テレビの不良物も、清い不良がやくざと戦うものであるが、東映は、渡世人＝ほんとうの人情を知っている、という長い伝統がある会社だから、番長＝悪人とはならない。何しろ、梅宮辰夫のヒットシリーズ『不良番長』（六九年〜七二年）などは、番長にわざわざ「不良」と付けているのである。そのため、梅宮辰夫はその不良ぶりを強調するために、冒頭でバイクを盗んでみたり、小さな（あくまで比較的小さな）悪事を働く所を見せておいて、しかも結局は、巨悪と戦うのである。

そういうわけだから、麻宮サキもおそらくは、筋の通った不良だったに違いない。作品が重くなるのを避けてだろう、収監前のサキが何をしていたのかは描かれないのだが、サキが帰ってきた鷹乃羽学園を、後を継いで束ねているちゃらちゃらした不良、夢小路美也子（渡辺千秋）に対して、クラスメイトがこう言うシーンがある。

「美也子さん、美人で聡明なあなたがケンカするなんて、おかしいわ。その上あなたは番長なんだし、みんなの模範にならなくっちゃ」

そんなスケバンがいるかい！　と思うが、東映の番長観とは、そういうものなのだ。

その筋が通った番長が、よりによって官憲の立場に立つことは、非常な屈辱であり、筋を曲げたことになる。だいたい、元番長の一介の女子高生が、たとえ悪人であろうが罪を糾弾したからといって、どうだというのだ。「大人をなめんじゃねえ」と言われればおしまいである。

そこで導入されるのが、「だがな」、の論理である。

麻宮サキは、現場へ乗り込むと、武器であるヨーヨーに仕込まれた桜の代紋（警察の紋章）を見せる。すると、悪人は必ず、「桜の代紋！」と驚く。冷静に考えるとおかしな話で、やはり「大人をなめんじゃねえ」なのではある。しかし、そこでびびらせておいて、おもむろに、サキは名乗りをあげる。

「仮にもスケバンまで張ったこの麻宮サキが、何の因果か落ちぶれて、今じゃマッポの手先。笑いたければ笑うがいいさ。だがな、てめえらのように魂まで薄汚れちゃいねえぜ！」

これも、伊藤かずえの「やせ我慢」発言と同じである。「そんなこと言ったって、お前はただの不良じゃないか」、というつっこみを前もって予測し、いったん受けておいて、「だがな」、それでも許せないことはあるのだ、というクロスカウンターを放つのだ。

正義が善であり、絶対であった時代には、必要なかったことだろう。だが、正義が建て前と感じられ、人間本音は金や力だ、と言われてしまうようになった八〇年代に、敢えてヒーローを成立させるには、こうした仕掛けが必要だったのだ。

そしてそれは、社会や生産力のしがらみに束縛されず、また、何をも持っていない、観念的な少女にこそ、言える台詞だったのである。

後にもう一度書くが、女子高生が金を湯水のように使ったとされ、商品市場のターゲットとしてクローズアップされるようになったのにつれて、少女ヒーローが衰退したのは、偶然ではないのだ。

『スケバン刑事』Iが放映された八五年の五月、後にバブル景気のきっかけとされるようになったプラザ合意*が成立した。まさに、バブルによる人心の荒廃の始まりだった。

さて、自分が何者でもない（と思っている）からこそ、「だがな、てめえらのように」というサキの純粋な怒りは、尊い物である。時には力みすぎて「てめえみたいに善人面した小悪党は見のがしちゃおけねえんだ」という迷言も吐

プラザ合意——アメリカが景気回復のため、日、仏、英、独の各国と、過度のドル高を是正するために協調介入することを合意したもの。ひとことで言うと極端な円高。円の価値が高まったので、余った金で土地を買い漁ってビルを建てたり、海外の名画を買い漁ったりした。

くが（そこで「小悪党」はないだろう）。

サキは最初、母を人質に取られて無理矢理与えられた使命に関して、投げやり、というか一歩引いた立場をとっていた。この初期、一話から三話は、今見ても、やはりチープな印象は拭えない。それは映像云々よりも、サキのスタンスが確立されないからだ。「普通の女の子になる」と言って、無意味にニコニコ登校してみたり、アイドル売りをしよう、という商売上の目配せを感じてしまうのである。事件自体も小規模なもので、かろうじて、演出によるサキのヨーヨーの破壊力だけが、番組を成立させていた。

だが、第四話、「白い炎に地獄を見た！」（脚本・海野朗[*]、監督・田中秀夫）で、そのスタンスは変わる。

同級生の奈々美が、父親殺しの疑いで警察に引っ張られるが、実はそれは陰謀で、亡き父が遺した汚職の資料を手に入れるため、拉致されたのだった。娘を案じて狂乱する母親（左時枝）の姿に、サキは、自分の母親の姿を重ねる。

「おふくろってもんを悲しませる奴は、許せない！」と言い放つのだ。

少女ヒーローは、男性ヒーローが父と息子の関係を描くのに対し、母と娘の物語であることが多い。この事が明らかに提示されているのがこの回だ。

そして、サキの「私的」な怒りが任務を超えたとき、サキは少女ヒーローになった。彼女の捜査で悪人（幸田宗丸、黒部進ら）の正体が明らかになると、

海野朗——同作の遠野海彦と同じく、少女ヒーローものの有名な脚本家のペンネーム。同時に進んでいた別局の作品とかぶるのがまずいので、別名にしたそうである。公表している、という証拠がないので、知りたい方は、ウィキペディアをご覧いただきたい。

暗闇司令との連絡役・神恭一郎（中康次）は、任務は終わった、と告げる。相手は財界の大物、サキが立ち向かうには大きすぎる相手だからだ。だがサキは、「この事件は最後までやらせてよ！」と訴える。

「許せないいんだ。自分の欲望だけで、他人の小さな幸せをめちゃめちゃにする奴は、……許せないいんだ」

その言葉に、神も、もはやサキを止めることができないと悟る。サキは、十字架の傷を持つ左手に、ヨーヨーを操るための手袋をはめる。この傷は、死刑になる母親が連行されるときに負ったもので、これまでにも出てきているが、ここで初めて、意味を持つ。即ち、この傷こそが、サキが戦う動機なのだ。

この回は、サキが敵地に乗り込むシーンが長く印象的だが、「何者だ？」と悪人に問われたときの、サキの台詞がいい。

「何者だ？ なめた口をきくんじゃねえ！ 他人の命と真心を食い物にする、てめえらこそ何者だ！」

サキの怒りは、桜の代紋の権威を超えてしまったのである。

そして、ヨーヨーで逮捕した悪人に、サキは言う。

「せいぜい罰を受けるんだね。……だけど、もう、奈々美の父親は帰ってこない」

彼女に出来るのは、悪人を逮捕することだけであって、起こった悲劇を修復する力はないのだ。無常観を味わいながら、サキは立ち去る。

以降のサキは、「甘え」というものを憎み、怒る。五話では柔弱な教師に、六話ではわがままなアイドル歌手に怒りをぶつけるのだ。

そして、シリーズ最高の回がやってくる。第七話「愛と憎しみのアーチェリー」だ。若い脚本家を重用しよう、という方針の下、スタッフに加わった脚本家・橋本以蔵の秀作である。

名門高校の教師が次々に、アーチェリーで命を狙われる。「ガイ者が先公じゃ、乗り気しないね」と言うサキだが、命令で高校に乗り込む。この高校は厳しい管理教育を行っており、それに反対して、不良の子をアーチェリーで更生させている教師・門馬は追放されようとしている。顧問を務めるアーチェリー部も、廃部に追い込まれる。

廃部に反対したユミ（財前直見）は退学処分となり、現在は元の不良に戻っている。彼女にサキはタイマン勝負を挑み、お互いにその強さに感じて、友人となる。ユミは、「自分自身を好きになることを教えてくれた」初めての人、門馬を強く慕っていた。

だが事件は続く。凶器がアーチェリーであることなどから犯人を悟ったユミは、自分で罪をかぶる。サキの追及に、あくまで自分が犯人だと言い張るユミ。

サキは言う。

「ユミ。少年院の飯は、簡単には喉を通らないよ。死ぬほどつらい夜が待ってるんだ。あんたにそれが、耐えられるのかい」

犯人は、門馬だった。学校を免職になる門馬は、自分の理想主義を理解せず、追いやる教師に、復讐していたのだ。それを捕らえようとするサキの前に立ちはだかるユミ。その隙に逃げようとする門馬にサキは激怒し、ユミに当て身を食らわせ、門馬の隠れたブロック塀をヨーヨーで撃つ。これまでも車のフロントグラスなどを壊したヨーヨーだが、ついに、ブロック塀を崩してしまう。サキの怒りの強さこそが、ヨーヨーの強さなのである。

「人を闇討ちするような教育の理想なんかあるもんか！」

「ひとりの教え子を救えない、ハンパな理想主義を振りかざして、人殺しに走るほど、あたしはなまっちゃいないんだ！」

門馬はサキに捕らえられる。ユミも、門馬をかばった罪で捕まるだろう。だが、どうしてあくまで、学校に堂々と抵抗できなかったのか。いや、できないとしても、なぜ犯罪に走らねばならなかったのか。この結末に、サキは叫ぶ。

「弱い……門馬もユミも、みんなどうしてこう弱いんだ、神！」

その問いに対して、サキを見守る神恭一郎は答える。

「時には人の弱さが罪な場合もある。弱きを憎め。それが、お前がスケバン刑事であり続けることの理由だ」

「弱きを憎め」、という、この独自の論理には、私はハッとしたのだった。それは、来るべき、いや、すでに来ていたとおぼしい、自分は弱い者であるから何をしてもいいんだ、という時代へのストレートな警鐘だったのだ。

麻宮サキが戦わねばならなかったのは、権力だけではない、日本の市民社会そのものが孕んでいる、悪へと傾きやすい危険だったのである。

この情念の力によって好評を勝ち取った『I』は、第二部で、原作にもある、海槌三姉妹との戦いに入る。

残念ながら、ここでは、映像のチープさが災いした、と言っていいと思う。敵が、日本を揺るがすような悪人に見えないのである。高橋ひとみ、神山《こうやま》繁といった役者陣をもっても、いかんともしがたかった。原作では樹海に囲まれた要塞刑務所・地獄城がただの津田塾大学*だったりするし。

何より問題なのは、この第二部で、斎藤由貴は、単なる親孝行で小市民的家庭を愛する娘になってしまっていることなのだ。

ヒーローとしてのりりしさ、無常観はそこにはなく、斎藤由貴は、むしろ母性原理に突き動かされているように見える。また、最後に倒すべき敵の正体が、父親*・神山繁と、その娘で真の悪・高橋ひとみとの間でぶれるのも、話を矮小

津田塾大学——広い中庭と、西洋風の建物に和風の瓦が乗った独特の建築で、七〇～八〇年代、よくロケに使われた。『ハウス』も、中庭から教室、廊下までが津田塾大学の本校舎で撮られていて、さらに裏庭にあるゲストハウスも、おばちゃまの家に一部使われている。

父親が神山繁——もちろん、サキの動きを封じるための方便に過ぎない。

にしている。原作でのクライマックス、少女ヒーロー作品でなければ描けない女と女のりりしい対決が、かすんでしまっているのだ。

しかしながら、ともかく第一作は視聴率一〇パーセントを超える数字を出し、私のようなマニアをも捉えた。

2-2　『スケバン刑事Ⅱ』（八五年一一月〜八六年一〇月）東映・フジテレビ

『Ⅰ』の成功により、続編として南野陽子主演の『スケバン刑事Ⅱ』が作られた。プロデューサーは増員され、映像も、明るさや場所の広さなどが前作に比べて贅沢になった。第一、学園に学生がいる。前作では、ほとんどガヤ*がいなかったのだ。

このシリーズの勝利は、メインライターの土屋斗紀雄と並び立った橋本以蔵の、セーラー服の少女に鉄仮面をかぶせる、というアイディアのインパクトにまず、ある、と思っている。何しろ主役・五代陽子こと二代目麻宮サキ（南野）は、幼女時代から鉄仮面をかぶせられ、「重いよー」と言って泣いたり、走っても仮面の重さで転んでしまうのだ。もちろん笑えるのだが、視聴者の心にひっかかるのは、こういう、一見馬鹿馬鹿しいような設定にある。絶対忘れないであろう。馬鹿をバカにしてはいけない。

ガヤ——役のつかない、文字通りガヤガヤしている生徒や通行人。

後にテレビ『花のあすか組！』でも、道の真ん中で茶会を開いている、といったすっ飛んだ描写はあったが、残念ながら怒濤の説得力は持ち得なかった。こういう描写を成立させることの難しさがうかがえる。

また、その鉄仮面をかぶせられた理由として、「鎌倉の老人」なる「巨大な闇の力」が最初から提示され、それと関連する「謎の美少年」が、全国の高校を侵略しているらしいことも示され、物語のスケール感が出てきている。

前作『Ⅰ』が、刑事ドラマであり、大人社会の醜さとの戦いであったのに対し、今回の二代目・麻宮サキは、学園での不良との戦いを主としている。学生対学生の対等な戦い、これがこのシリーズのポイントだろう。

しかしながら、私はこのシリーズに、疑問を感じないわけではない。

まず、二代目サキが戦う動機に、最初から「愛」という言葉が使われている。八〇年代、特にアニメを中心にして「愛のために戦う」という言葉が流行ったが、愛とは何なのか、多くははっきりとは説明していない。このシリーズでも、母校愛など、いろいろな言葉は出てくるが、私的には、あくまで抽象的で実体のない概念だと思うのだ。

実際、『スケバン刑事』を仕切る岡正プロデューサーも、出版物で、この『Ⅱ』で扱う愛を、「弱者への愛、友への愛、父への愛、そして敵であっても同じ実力を持つ戦士への奇妙な愛」と、さまざまな例を挙げて説明してはいるが、かえって散漫になってしまった感は否めない。ずばっとひとことで切り込んで欲しかった。ヒーローと言えども、そんなにたくさんの愛は背負いきれないのではないか、というのが私見であるが、どうだろう。

また、大きな闇の力という設定はあるものの、物語は「父の意志を継ぎ、悪を倒す」という、新味のないものになっている。「弱きを憎む」のような、斬新な概念、人間関係の見直しは、そこにはないのである。

そして、何より気になるのは、『I』が、「斎藤由貴を主演に据えた刑事ドラマ」だったのに対して、『II』は、「南野陽子（たち）を見せるためのアイドルドラマ」であることだ。

南野陽子は、体が全く動かない。前転すらできなかったことは、本人も明かしている。以下は『大野剣友会伝』（風塵社）の引き写しになるが、番組に入る前、役者はアクション担当の大野剣友会でトレーニングを受けるのだが、南野陽子に「前転をやってみろ」と言ったところできず、指導に当たっていた会員がキレてしまって、プロデューサーが止めに入る、という一幕があったらしい。

そんな具合いであるから、初期の回では、戻ってきたヨーヨーをつかむことすらできていない。腕立て伏せをさせられるのに、ワイヤーで釣られている、という珍しい光景まで見られる。また、これも『大野剣友会伝』によるが、そういう具合いだから、アクションシーンはどアップか、超ロングにした吹き替えでしか絵が作れず、皮肉にもそれが、メリハリのある画面、と好評だった、という。

断っておくが、南野陽子を責めているわけではない。できないのが分かっていて連れてきたのだから。あるいは、オーディションで運動神経をテストすべきだったのかもしれないが、言ってしまえば、主演女優は顔が命である。その顔、という点では、南野陽子は戦闘少女としての雰囲気を備えている。後は、現場が苦労するだけだ。

ただ、その苦労が透けて見える、というか、ほとんどトリック撮影であることが、気になるのかもしれない。

しかしそれ以上に、『Ⅱ』では、南野陽子の女の子っぽさが強調されている。ここには、問題を感じる。

例えば、初めて鉄仮面が外されたとき、南野陽子の顔には風が当たる。カメラはそのアップを美しく撮る。それはいいが、そこで非常に軟弱な挿入歌（南野陽子の持ち歌）がかぶるのである。りりしさとは相反するものである。この挿入歌は、その後もしばしば、重要なシーンでかかり、その度に、結局はアイドルドラマなんだな、と私は我に返ってしまうのだった。フェミニンな要素は、少女ヒーロー作品とは別の所にある。

『Ⅰ』に比べて、私が乗れなかった理由は、このようなものである。

しかし、このアイドルドラマとしての成熟、番組全体の明るさが、『Ⅱ』を成功させたことは言うまでもないだろう。

この辺は東映特撮ものノウハウである。『仮面ライダー』も、最初は暗く重い話で始まっているが、シリーズが定着すると、陽性な話へと転じている。シリーズの人気はこうしてふくらむのだ。

もう一つの成功要因は、特に橋本以蔵が、このドラマを、少女ヒーロー作品の姿を借りて、任侠、あるいは不良の仁義で通そうとしたことにあるだろうと思われる。

橋本以蔵は、後に五社英雄[*]の後継者をもって任じ、『陽炎Ⅱ』を監督として撮る、任侠が心に入った人である。そこで、特に相楽ハル子（現・晴子）扮するビー玉のお京に、初登場で渡世人の名乗りをあげさせるなど、不良ぶりを前面に出した話を作っている。お京が学校で靴のかかとを履きつぶしているなど、演出も細かい。

また、初期の回から、サキがヨーヨーに仕込んだ桜の代紋の意味を薄れさせているのも注目される。このシリーズは、不良であるサキ達と悪の不良達の戦いであり、権力を背負ったものではないのだ。従って、初代サキの無力感といったこととは無縁なのである。『Ⅰ』が大人社会の醜さへの怒りであったのに対

五社英雄——フジテレビのディレクターを経て、時代劇、任侠物を多く撮った名監督。代表作に『鬼龍院花子の生涯』など。

し、『Ⅱ』はアウトロー同士の対決なのだ。

これはこれで、筋が通っていると言えるだろう。

また、岡正プロデューサーは、「『スケバン刑事』がPTA協議会からワースト番組の第5位にランキングされ、暴力、セックス、悪ふざけをテーマとした下品な番組だ、とされた」ことに憤り、『ビークラブ・スペシャル5 スケバン刑事研究』（バンダイ）で、以下のように述べている。

「他の人々のように「ワースト番組とは人気のバロメーターだから、むしろ喜ぶべきだ」とは私は決して思っていない。何故なら『スケバン刑事』ではセックスを売りものにしたエピソードなど一回も作っていない。パンチラシーンでさえ、出さないようにスタッフに言っている。アクションに関してもいわゆる不快感を覚えさせるような残酷なシーンは排除している。血を流すということすらも努めて避けている。つまり極度にストイックな作り方をしているのである」

この言い分は、極めてまっとうであり、しかも、それは実現されている。『スケバン刑事』シリーズを単なるアイドルドラマとして見ている人には分からない、美学である。

『スケバン刑事Ⅱ』については、先の『ビークラブ・スペシャル5 スケバン刑事研究』や、『スケバン刑事Ⅱ完本シナリオ集』（バンダイ）など、古本とはいえ研究材料が揃っており、見ている人も多いので、本書ではあまり踏みこんでは扱わないこととする。何より私の乗りがいまひとつだ。

しかし、他の作品に比べて、『Ⅱ』については、語り足りないとのそしりを免れないだろう。私自身も、冷淡に感じないではない。

そこで、秀逸な回を拾っておこう。

例えば第一九話「海辺の死闘！　サキvsサーファー軍団」（脚本・橋本以蔵、監督・田中秀夫）である。千葉県の勝浦をしめているスケバン・平田たい子（吉田康子）が命を狙われ、犯人捜しの結果、お京が疑われ、真相、即ち青狼会の用地買収を知ったサキも、命を狙われる。

結局、たい子の命を狙ったのは、たい子の部下をたらしこんだ、青狼会の男によるものだった。部下の少女は言う。

「原宿へ行ったとき、あの人に誘われて。愛してるって言われて、夢中だった」

このことばを受けて、たい子は述懐する。

「サキ。女っていうのは、どうしてこうスカッとしねえんだろうな。男の甘い台詞ひとつで、簡単に転びやがる。だからおいらは、みんなにナンパな真似を禁止したんだ」

サキは答えて、

「けんどなあ、たい子さん。このうちだって、うつくしゅう着飾って街へ出て、素敵な恋を夢見ることもある。それがまた、おなごのかわいい所でもあるんやないやろか」

一見、軟派なスケバンを肯定しているように見えるが、このときのサキは（そしてもちろんたい子も）、自分たちが、そういう「かわいい」女にはなれないことを、完全に知っている。だからこそ、男に転ぶ女を、同情する権利があるのだ。

この平田たい子はスタッフの気に入ったのか、本編の三三〜三六話、更に映画『スケバン刑事』にも出演している。


あるいは最終話、四二話「少女鉄仮面伝説・完　さらば2代目サキ」（橋本以蔵、田中秀夫）で、ついに鎌倉の老人の居場所を突き止め、命をかけてその野望を阻止しようとする、サキと西脇（蟹江敬三）とのやりとりは、どうだろう。

「結局、人並みな幸せは知らんまま、死んでいかんのかも知れんちゃ（後略）」

「人並みの幸せより、もっと大切なものを、お前はつかんだはずだ」

「どういう意味じゃ」

「失われれば、二度と戻らぬたったひとつの命。だからこそ、ハンパに使い捨てちゃいかん。お前は精一杯生きた。お前の友人たちもだ。俺はうらやましいぞ」

「おまんは何のために闘うぞね」

「かつて、お前にそっくりの女性を愛した。（中略）だが俺は救えなかった。（中略）サキ、分かるか。愛することは、勇気だ。闘いだ、相手との。そして、己との」（以上、ソフトより聴き取り）

ここまで言われれば、愛の意味は明らかになってくる、とは思えないだろうか。橋本以蔵イズムには、ぶれがない。愛は勇気であり、闘いだ、と言うのなら、それは具体的に可視化できる。特に、己との闘い、という言葉は、重い。

以上、『スケバン刑事Ⅱ』についての言及が少ない、と思ったので、メモから御披露しておく。個人的には、この二話だけでも充分なのだが、ここから先は、ほんとうに『Ⅱ』を愛する人に、語ってもらいたい。

2-3　『スケバン刑事Ⅲ』（八六年一〇月～八七年一〇月）東映、フジテレビ

刑事物、任侠もの、と札を出してきた東映が、次にやるものといえばこれはもう、時代劇しかないわけで、『Ⅲ』は時代劇、それも、東映得意の伝奇時代劇になった。

物語は伝説の秘宝を守る、三代目スケバン刑事・風間唯（浅香唯）を中心とする風魔忍者群と、それを狙う果心居士一派との戦いに絞って、映像もドラマ

も、ダイナミックに描いており、非常に満足感が高かった。忍者の群が戦うシーンがたびたび描かれ、集団戦の趣を呈している。

といっても、それは後からの話である。

放映で見たとき、第一話が、映画『宮本武蔵』と『姿三四郎』の、あまりにも露骨な引き写しだったのには意気消沈した。また今回は忍者一族の、いわばプロとプロの戦いである。ヒーロー像としては古典的すぎる。大きく後退したのではないか、と思ったのだった。事実、原作者・和田慎二はそのことに激怒して、『Ⅲ』は見なかったそうだ。*

しかし、それでも何かに惹かれて見ているうちに、これはこれで、興味ある試みを行っている、ということに気づき始めたのだった。

一つは、大河時代劇を見ていない若い世代に、そういうドラマのエッセンスを提示しているということだ。私たちであれば、吉川英治は読まないまでも、日曜夜八時のNHK大河ドラマはたいてい見ていて、日本史の授業を受けていても、例えば『国盗り物語』*のキャスティングを思い出してしまったりする。明智光秀が出てくれば近藤正臣とか。そのせいで、歴史の成績は良かったりするのだが、これは意図せざる功名と呼ばれるべきものだろう。『スケバン刑事Ⅲ』は、原典を時代小説や講談に採ることで、そうした素養に触れさせることができるのではないか。放映当時に、私はそう思ったわけだ。

激怒して――メディアファクトリー版『スケバン刑事』一〇巻によれば、「忍者だとーっ⁉ ただいのスケバンが強い敵を倒すのが『スケバン刑事』の面白さだ／スーパーヒーローものがやりたきゃ他でやれーっ」とある。

『国盗り物語』――NHK大河ドラマの代表作。戦国時代を舞台にして、織田信長（高橋英樹）、豊臣秀吉（火野正平）などが活躍する波瀾万丈の物語。原作・司馬遼太郎。

いま思うと、この考え方はやや大仰ではあるが、文化というのは、こういう娯楽作品によって継承されるのではないか、という考えを私は捨てていない。

もう一つ、更に大仰なのだが……。

『スケバン刑事Ⅲ』が行った試みは、その家族像の描出にある。

この作品で扱われているテーマは、八〇年代のある時期、群発的に発生した「家族の再構成」という問題なのである。

風間小太郎（伊藤敏八）と、娘の結花（大西結花）、由真（中村由真）で構成されていた家に、ある日、見知らぬ妹・唯*がやってくる。しかも父はすぐに死んでしまい、唯と姉たちとをつなぐ絆はない。こうして物語は、家族の崩壊から始まる。その中で、いかにして彼女らが、血縁関係に頼るのではない新しい姉妹関係、新しい家族を作っていくか、というのが、この作品の骨格なのだ。姉たちは父親の記憶を妹に与え、三人姉妹での戦いは、互いの絆を深めていく。こうして彼女らは、「ほんとうの姉妹」になるのだ。

八〇年代後半には、こうした「家族の再構成」を描いた佳作ドラマが何本も出ている。独身主義のプレイボーイ・田村正和の元へ、三人の、娘と名乗る子どもが転がり込み、いやでも家族をやらねばならなくなる『パパはニュースキャスター』（八七年）、超年上の林隆三と再婚した斎藤由貴が、ばらばらな家族を

唯——一説では、唯、結花、由真の、三人の「ゆ」で始まる名前の三人がオーディションで残ったため、三姉妹というアイディアが出た、とも言われている。

まとめようと奮戦する『あまえないでョ！』*（八七年）、東芝日曜劇場で、単発で放映されたドラマ『お正月家族』（八七年）は、様々な年代の赤の他人同士が知り合い、一日だけ、住宅展示場のモデルハウスで家族として生活することで、家族とは何かを問い直すものだった。

大それた話になるが、テレビの中での家庭・家族＝共同体像を、簡単に見てみよう。

かつて、六〇年代のホームドラマ全盛期には、「家」というものは不変であり、どんな事件が起こっても、最後は家に帰ってご飯を食べれば無事平穏なものだった。

それが、七〇年代に入ると揺らいでくる。当時のテレビドラマをリードした脚本家、倉本聰や山田太一、市川森一といった人々は、主に、家庭または共同体の崩壊を描くことで、注目を集めた。倉本聰ならば『6羽のかもめ』*（七四年〜七五年）、山田太一なら『岸辺のアルバム』*（七七年）、市川森一は『君はまだ歌っているか』*（八一年）、といったところだろうか。

しかし、これらはまだ、崩壊のみが描かれ、それがどのような未来を目指すべきか明確には描かれていなかった。結局、倉本聰は、北海道に自分自身の「帰属すべき場所」を見つけてしまい、山田太一は『岸辺のアルバム』でも、ある

『あまえないでョ！』——長男役が沢向要士（第五章）である。

『6羽のかもめ』——世情に翻弄される、小劇団の六人を描いたドラマ。

『岸辺のアルバム』——ある一家の崩壊を、多摩川洪水と重ねた作品。

『君はまだ歌っているか』——流行りつつあるバンドが、メンバーのひとりのいいかげんさによって崩壊してしまうドラマ。

いは『ふぞろいの林檎たち』（八三年〜）でも、「やっぱり家は家」のような線に収まってしまう。だが、少し後に活躍した市川森一は、クリスチャン的立場から「約束の土地」を求め、『淋しいのはお前だけじゃない』*（八二年）で、ついに、互いに対等な小集団の再構成へとたどりついた。

八〇年代のテレビドラマは、この「再構成」と、複数の人間を対等に描く試みがなされたのが特徴と言っていいと思う。前述した『乳姉妹』や『ポニーテールはふり向かない』も、その対等性、集団としての再結成において、時代にマッチしたドラマだったのだ。あるいはまた、この時期に高い視聴率を得た、鎌田敏夫脚本の『金曜日の妻たちへ』も、実はこのような意識を前提としたドラマだった。中でも、その第二作『男たちよ、元気かい？』（八四年）は、むかし恋人同士だった高橋恵子と小西博之が再会することで、双方の家庭が崩壊し、最後には全く新しい人生が始まってしまうという、過激なものだった。

筆をすべらせておくと、この時期には、久々のNHK人形劇として『ひげよさらば』（八四年）が作られたが、昔の『ひょっこりひょうたん島』が、賢い者（博士）と愚かで事件を起こす者（トラヒゲ）の役割がはっきりしていたのに対し、ここでは皆等しく愚かで等しく知恵を働かせる野良猫たちが、群像として動く対等性を維持している。中盤から路線変更するのだが……。

八〇年代半ばのテレビドラマは、現実の社会でも崩壊しつつあった家族を、

『淋しいのはお前だけじゃない』——サラ金の取り立てに疲れた人びとが、小劇団のメンバーになりながら、最後には団結して、サラ金の社長（財津一郎）と闘う物語。

血縁とか利益集団とかではなく、新しい共同体として再構成する試みを為していた。『Ⅲ』を私が高く評価するのも、それが、家族の再構成の物語だったからなのだ。

このように、本来は単純な娯楽作品であっていい『Ⅲ』は、時代が持つ社会のテーマに、深く入り込んでいったのだった。

私が、少女ヒーロー作品を高く評価する理由は、それがきわめて社会性の高いドラマだったからなのである。少なくともこのとき、テレビの娯楽番組は、社会に向き合って、その崩壊をくい止めようとしていたのだ。

ただし、このような私の見方が、かなり偏ったものであることは、事実だと思う。そこまで七面倒くさく、大げさに語るべきものかどうか、私は今も、迷っている。

だが、娯楽作品が社会を反映しないのならば、それはもう古典芸能として衰退することは明らかなのである。

『Ⅲ』は、アクション面でもずいぶん向上していた。何しろ浅香唯は前転ができる。そのせいか、前転してヨーヨーを繰り出すアクションが採り入れられ、小柄で動きの機敏な浅香唯を中心に、折り鶴を飛ばす大西結花とリリアン*を武

リリアン——小さな筒の突起に糸を引っかけて、紐を編む道具。そんなものが武器になるのか、とはいまさら訊かないでいただきたい。リリアンのどこが面白いのか、も。

器にする中村由真も、かなりがんばっている。よって、生身感が強い。

また、サキに指令を伝える役として、般若（萩原流行）と、配下の礼亜（福永恵規《さとみ》）が学校におり、いずれも印象的だ。『Ⅱ』の連絡役・西脇（蟹江敬三）も、その二面性がよかったのだが、萩原流行は今もそうだが怪演に近く、福永恵規は知的な風貌がよかった。

そして、果心居士の直属としてサキと戦う頭領は、幼女の姿をした翔である。これが演じているのは林美穂。*『Ⅰ』で斎藤由貴の子ども時代を演じている。これがお雛様のような格好をして、大人びた台詞を話す悪役ぶりは、身体と演技のアクロバットとしてぞくぞくする。

この翔が、年齢を止められたサキの姉である、という姉妹の対決であることも、重視すべきだろう。少女ヒーローは、基本的には少女と少女との対決なのだ、と思わされる。

ラストでも、果心居士との対決は、少女同士の画にされており、その徹底ぶりに私はうなったものだった。このとき、果心居士を演じたのは、次に紹介する映画『スケバン刑事』でデビューした小林亜也子*である。

こうして『スケバン刑事』は、みごとに完結した。次節からは、その劇場版、また、そこから派生した番組について、語っていきたい。

林美穂――フジ日曜朝の『勝手に！カミタマン』（八五年〜八六年）で、主役の妹を演じ、話題となった。後に、土曜ワイド劇場『タクシードライバーの推理日誌』シリーズで、主役・渡瀬恒彦の娘を長年演じ続けている。

小林亜也子――映画『スケバン刑事』のオーディションでデビューした少女。

2-4 二本の映画『スケバン刑事』

『スケバン刑事Ⅱ』は、好評のあまり、脚本・橋本以蔵、土屋斗紀雄、監督・田中秀夫というテレビのスタッフで映画化された。それが、映画『スケバン刑事』である。やや混乱するが、『Ⅱ』の映画化なのである——と単純には言い切れないようにできている。

なぜかと言うと、この映画には当時テレビで放映中の、『Ⅲ』の浅香唯が、テレビ通りの三代目麻宮サキとして参加している。つまり、『Ⅲ』と時系列上同じ時期に起きている事件なのである。それはテレビにもフィードバックされている。『Ⅲ』の中に、浅香唯がほとんど出て来ず、残りの二人の姉妹で事件を片づける回があるのだが、最後に、ぼろぼろになった浅香唯が帰ってくる。このとき、浅香唯は映画で南野陽子にヨーヨーを届けに行っていたのだ！

テレビの『花のあすか組！』でも、映画のあすか（つみきみほ）が出てくる回があるが*、映画とのつじつまは合っていない。いかに『スケバン刑事』が、「乗って」作られていたかが分かる。

さて、物語のほうだ。テレビの『Ⅱ』はある程度、アイドルドラマの制約を受けた話だったが、ここでは全力で、甘さのないドラマを描いている。

テレビの『花のあすか組！』——あすかを演じたのは、小高恵美。第二回東宝シンデレラ・グランプリを受賞。その後、『ゴジラVSビオランテ』から『ゴジラVSデストロイア』に到るまで、ゴジラの心が読める超能力者・三枝未希を演じる。

スケバン刑事を解任され、普通の女子高生になったサキ（南野陽子）は、ふとしたことから萩原和夫なる青年（坂上忍）に出会い、彼が脱走してきた絶海の孤島・地獄城の存在を知る。地獄城は、落ちこぼれの学生達を矯正する、という名目で軍事訓練を行い、テロリスト要員の兵士に仕立てていた。平和な生活を愛していたサキだが、学生達の人格、命までも踏みにじる地獄城と、その支配者・服部（伊武雅刀）に怒りを覚え、仲間達と共に、学生を解放するために戦いに赴く。

この映画は、数人のチームが孤島の要塞を攻略するという、娯楽映画の典型のようなものになっているが、そこで重要なのは、いったんは戦いをやめた彼女らが、再び戦う動機付けだ。

それは、作戦を練っているアジトの屋上で、夕陽を見ながら語られる。

お京「退屈だけはご免だぜ、そうだろう」
サキ「こがいな平和な時代に、うちら、むきになって、おかしかの」
お京「おかしかねえよ。今の時代、あたいらみたいなバカが少なすぎんのさ」
雪乃「今の平和な時代とは、ほんとうは見せかけだけかもしれませんことよ」

これは、バブル以前の、世間が最も軟弱だった時代、ヒーローはアウトローでなければならなかった様子を示している。バカだからこそ、人が救えるのだ。

もう一つ、これはテレビシリーズでも行われていたが、「桜の代紋の無化」が強く打ち出されている。スケバン刑事も、警察とは違う組織下にあるものの、しょせん、国家権力を背負った存在である。このことに、スタッフが鈍感であっていいわけがない。不良である少女ヒーローが、水戸黄門であってはならないのである。

斎藤由貴の『I』では、この矛盾から来る情念が前に出ていたが、この映画では、南野陽子＝サキのこんな台詞で、自らの権力を否定している。

「服部！　この代紋は、おまんに青春を弄ばれた若者たち全ての、怒りの代紋じゃ！　この代紋がある限り、おまんのまやかしの理想、必ずうち砕いちゃる！」

映画の『スケバン刑事』が権力的だ、という批判が一部にあるが*、それがまちがいであることは、分かっていただけるであろう。サキは、暗闇指令に『武器』こそ供給されたものの、それがなくても、自らの、そして仲間達との力で、悪に立ち向かったのに違いないのだ。

さて、南野陽子も、テレビを経て多少の立ち回りはできるようになった（前転もしている）が、やはり限界があるらしく、映画でも吹き替えが多用されている。ビデオで見るとあまり目立たないのだが、劇場で観たときは、この吹き替えがかなり露骨に分かってしまった。ただ、それを気にせず、アクションを

*『スケバン刑事』が権力的——例えば寺脇研の批評。

どんどん入れているため、映画としては面白くなっている。

その代わり、と言うのも何だが、本来ゲスト的な位置にある唯が、他のメンバーと一緒になって大活躍する。浅香唯がよく動くのは前に書いた通りだ。この映画は、相楽ハル子と浅香唯が、現実的な動きを進めている感がある。

また、あまり動けないサキの存在感を強めるため、ここでは、「究極のヨーヨー」というアイディアが出された。普通の戦闘用ヨーヨー（いや、何が普通なんだ、とも言えますが）の四倍の重量、一六倍の破壊力*を持つこのヨーヨーは、跳ね返ってくるときの衝撃を和らげるため、肩に特殊パッドを装備して使われ、それでも、投げすぎると自らの筋肉を破壊してしまう、という、いわば重兵器ヨーヨーである。これによって、サキは苦痛に耐えながら、重いヨーヨーを必死で投げる、という緊迫感が生まれている。

戦いが終わり、地獄城は破壊される。そのとき初めて警察が動く。これは『燃えよドラゴン』を連想させるが、迎えに出た連絡役の西脇に、サキは何も言わず、静かに去っていく。「今度こそ、さらばだ」と言う西脇。

だが、果たしてほんとうに、そうなのだろうか。麻宮サキは、やはり、アウトローであり、カタギの道を歩むことはできない――私には、そう見えた。

原作者・和田慎二は、『スケバン刑事』は『Ⅱ』こそが『スケバン刑事』であり、他の、特に『Ⅲ』はそうではない、と考えていたが、そのような見方のため、

＊四倍の重量、一六倍の破壊力――一般に、力は質量の二乗に比例するので、これでいいのだ。

しかったが……。

この映画に特別出演している。だからこそ、『風間三姉妹の逆襲』は、観て欲

『スケバン刑事Ⅲ』の劇場版『スケバン刑事　風間三姉妹の逆襲』（八六年）は、橋本以蔵が単独で脚本を書き、映画『スケバン刑事』と同じ、田中秀夫監督で映画化された。こちらは『スケバン刑事』の後日談となっている。

ここで橋本以蔵は、テレビの設定を踏襲せず、全く新しい物語を書いている。正確に言うと、テレビの物語の後日談なのだが、どうやら、テレビの伝奇色には乗れなかったのではないか。五社英雄の後継者を持って任ずる橋本以蔵は、どこまでも任侠の人なのである。

映画よりやや近未来、司法省は青少年治安局を発足させ、学生刑事による青少年の取り締まりを行っていた。果心居士との戦いを終えた唯もその一人として活動していたが、学生刑事達のあまりの獰猛さに疑問を覚える。誰しもが思春期に行うようなちょっとした悪さは、確かに罪だろうが、その罪を犯した者を過激に叩きのめす学生刑事。その武器は、ヨーヨーから三つの刃が飛び出したものである。つまり、明らかに殺傷力を持つ武器なのだ。

現在の、少年犯罪が増加したとされる世相で、この設定がどこまで理解されるかは分からない。それを当たり前に思う人もいるかもしれない。しかし、最

初から武力を前提とした権力は、正しいとは言えないだろう。

また、特に書いておかねばならないことだが、少年犯罪の増加、というのは単なる印象による誤解で、現代は、例えば『ALWAYS　三丁目の夕日』などでほのぼのと描かれる昭和三〇年代と比べても、少年犯罪は激減している（調べればすぐ分かる）のである。正しくは、少年犯罪がより注目されるようになった、とでも言うべきだろう。

同じように、その取り締まりの過激さに疑問を持った唯は、ライブハウスで麻薬の密売を行っている『番外連合』の取り締まりに出動したとき、他の学生刑事が無差別に青年たちを叩きのめし、小さな子どもにまで手をかけようとしたのを見て、それに逆らい、学生刑事を辞める。

「この代紋は、学生を守るはずのものじゃった！」

代紋の権力の無化、再びである。この映画は、前作にも増して、権力との戦いを前面に押し出している。他の学生刑事のヨーヨーが、見るからに殺傷力のあるものなのに対し、唯だけが「普通」のヨーヨーを使っているのが象徴的だ。

そのヨーヨーを捨て、故郷の九州に帰った唯は、のびのびと暮らしている。だが、青少年治安局を率いるエリート官僚・関根蔵人（京本政樹）の陰謀が進み、暗闇指令も拘束された。真相を探ろうとした般若は秘密のデータが書き込まれたフロッピーディスクを結花、由真に託して死ぬ。ふたりは戦うことを決め、九州から唯を呼ぶ。それまで私服だった姉妹たちが、戦闘に入るとセーラー服に着替えるのが、いかにも少女ヒーローらしい。

戦いに懐疑的だった唯だが、阿川瞳子（藤代美奈子＊）率いる学生刑事たちに襲われ、否応なしに戦わざるを得なくなる。逃げる内に、唯は坂東京助（豊原功補＊）をリーダーとする番外連合と知り合う。彼らは社会から落ちこぼれた若者達で、廃校のような場所に住まいし、自立した生活を送っていた。密売している麻薬も、実は単なる栄養剤で、金を稼ぐ方便だったのだ。だが関根は、学生刑事を使ってテロ行為を行い、国家を転覆させようとしており、その罪を番外連合になすりつけていた。こうして唯は、番外連合と共に戦うことになる。

唯は関根の乗ったセスナをヨーヨーで墜落させて事件を終わらせ、姉たちを伴って、九州へ再び帰る。爽やかな後味の残る佳作である。

藤代美奈子――前に述べた東宝シンデレラ、第一回審査員特別賞受賞。硬質な美人。

豊原功輔――『ゴジラVSビオランテ』と『ゴジラVSキングギドラ』に、それぞれ違う役で出ているのは興味深い。『エコエコアザラク』の小中千昭脚本、『魔夏少女』の吉田秋生演出のドラマ、『乱歩――妖しき女たち』（九四年）では、四話オムニバスにそれぞれ違う役で（怪人二十面相を含む）、器用な所を見せている。

2-5　『少女コマンドーIZUMI』（八七年一一月～八八年二月）

東映、フジテレビ

『スケバン刑事』三部作が終了し、東映は、新たな少女ヒーロー像をオリジナルで造りだした。それが、『少女コマンドーIZUMI』である。

ヒロイン・いづみを演じた五十嵐いづみは、この作品に非常に乗っており、激しいアクションをこなし、章頭に引用したように、「主役の目はヒーローの目だよ」と言わせた。また、セーラー服の少女がバズーカ砲をぶっ放す、という予告において、大いに期待もさせた。事実、物語は硬派に進み、ワンマン・アーミーとして訓練された少女・いづみの、己の過去を探る物語が、港町を舞台に展開した。廃屋と化したビルに寝泊まりしている絵も、よかった。

しかし、このハードな作品は、視聴率を得ることができず、途中から、『スケバン刑事Ⅱ』辺りの明朗路線に走る。それも、宅配便がいきなりセーラー服を届けに来るコミカルなシークエンスによって、だった。そして、それでも数字は伸びず、一五本で終了となった。

今回、第一話から見直してみたのだが、まあ、そうだろうなあ、としか言えない。何しろ、冒頭から約六分四〇秒、ほぼ台詞なしで、いづみが訓練施設から逃げ出すハードなアクションシークエンスが続くのだ。アクションが撮れる、ということでスタッフは乗ったのだと思うが、正直、地味な映像で、つかみのインパクトに欠ける――と書きながら、少女ヒーローファンとしてこの作品を堪能した自分に対して心が痛むのだが、実績の問題は、シビアに捉えるしかない。いかに馬鹿馬鹿しくとも、突拍子のない導入部、というのは、きわめて重要だ。それはツカミだけではなく、作品を、虚構空間へ飛翔させるランチャーなのである。

しかし、特に前半の作品としての完成度は高く、その硬派でストイックな部分は、大いに評価されてしかるべきだと思う。ファンも多い。[*]
最低でも二クールあれば、もっと細やかな描写ができた、と思うのだが、残念なことである。
『少女コマンドーＩＺＵＭＩ』については、もうちょっと言いようがある、と思う。いつか、語り直したい。

ファンも多い――『少女コマンドーＩＺＵＭＩ』のパッケージの帯では、なんと大沢在昌氏（「えらいひと」過ぎて、呼び捨てにできない……）が推薦の辞を述べている。どちらの立場に立っても、羨ましいことだ。

3-1 『セーラー服反逆同盟』（八六年一〇月～八七年三月）日本テレビ、ユニオン映画

不良路線に日本テレビも参入してきて、作られたのが『セーラー服反逆同盟』である。製作はユニオン映画。『ゆうひが丘の総理大臣』『子連れ狼』など、学園ものや時代劇で知られる老舗だが、残念ながら、そのスキルは活かされてはいない。
そもそもこの番組、かなり無理が感じられた。毎回、裏のメンバーである中山美穂が赤いバラを投げてメインのメンバーを助けるのだが、スケジュールの都合か、彼女だけ別録りの使い回しなのだ。しかもこのバラ投げシーン、オー

プニングの映像にも使われているのだが、うまく投げられなくてバラがぼとっと落ち、思わず中山美穂が苦笑するNGカットが、かなり後まで使われているのである。それはないだろう。

物語のほうも、落ちこぼればかりを集めて超管理教育を行っている荒廃した学園を、高坂ユミ（仙道敦子*）・弓削ルリ（山本理沙*）・渋川ケイ（後藤恭子*）の三人、プラス山縣ミホ（中山美穂）の女生徒が変えていこうとする――という魅力的な出だしにも関わらず、いつの間にかメインストーリーはそっちのけで、刺客の女教師（なぜか外人）や変質者のウェイターとの小規模な戦闘に終始する展開になってしまい、スケール感が喪われた。せっかく第一話で、ユミがヘリで転校してくるというつかみを作っておいて、これはない。

しかし、問題はもっと本質的？　な所にある。

何が問題と言って、メインの少女三人は、夜になると白いセーラー服姿になって戦うのだが、そのセーラー服の裾が足下まであり、長すぎる。別に生徒指導をしたいわけではない。非常に動きにくく、鈍重に見えるのだ。そのため、アクションに冴えがない。

こうした女性ヒーローのコスチュームでは、テニスのアンダースコートのようなものをはいている。あるいはブルマをはくことも多い。現在なら、たぶんスパッツだろう。

仙道敦子――緒方直人と結婚、引退。有名な出演作に、清涼飲料『サスケ』のCM、映画『鬼龍院花子の生涯』がある。

山本理沙――須佐理沙子名義で大映テレビ作品に出演。

後藤恭子――アニメ映画『アリオン』のイメージガールでデビュー。

あまり下着の話をすると、セクハラだと思われかねないが、これは重要な問題なので聴いて欲しい。つまり、少女の虚構性だ。

ミニスカートというのは、一見、活発に見えるが、その実、行動の自由を奪うという、きわめて矛盾した構造を持っている。階段の上り下りにも裾を気にしなければならないのは、常識だろう。気にして歩くと活発さは喪われる。ましてやアクションをや、だ。

従って、「ミニスカートをはいて活発な少女」というのは、フィクシャスにしか存在しない。妖精に羽があるのと同じく、幻想の意匠なのだ。妖精が空を飛べるからと言って、羽がある必要はない。それと同じく、少女が活発だからと言って、裾が短い必要もない。

では、ロングスカートにすればリアルになるのではないか、と思われるかもしれない。その回答が、この『セーラー服反逆同盟』になる。リアルかも知れないが、絵にならないのだ。ここは、嘘でも、いや、嘘と確信して、丈をもっと短くすべきだった。

アクションの冴えないヒーロー物に、カタルシスはない。カタルシスのないヒーロー物は、ヒーロー物とは言いにくい（『I』のような、苦いカタルシスというものもある）。

この番組で、もう一つ足を引っ張っているのが、各エピソードの結末である。

『スケバン刑事』は、悪を「倒す」という映像ならではの絵を作ってみせた。『Ⅰ』では原則として相手を逮捕するだけだったが、『Ⅲ』になると、あたかもヨーヨーが悪人を斃したように描かれる。しかし映像上では、実際に殺してはいない。これが虚構のカタルシスである。

しかし、『セーラー服反逆同盟』には、日常と言う名の現実がまとわりついている。悪を倒したところで殺すわけにもいかないし、彼女らの戦いは秘密なので、警察も来ない。

それで彼女らがどうするかというと、倒した悪人を、プラカードを付けて校門に縛り付けておく。そして、朝になると楽しそうに登校して来て、他の生徒と一緒に、みっともない悪人を笑っている。『ザ・ハングマン』*後期並みに、カタルシスがない。それどころか、悪の教師との対決が続いている中でも、教師も生徒達も、朝になると平和に登校してきているのである。緊張感のないことおびただしいが、これもリアルといえばリアル、日常的である。放課後のお遊び感が、どうしても抜けないのだ。

要するに、現実的思考が虚構の成立を妨げたのが、この番組と言える。それはそうだ。少女ヒーローとは、そもそも、日常に存在するものではないからだ。

しかし、一概に悪い点ばかりではない。母（奈美悦子）と娘（中山美穂）との相克というドラマを、一応とはいえ、バックボーンに背負っているのは、少

『ザ・ハングマン』――必殺シリーズの山内久司プロデューサーが、現代版必殺として作ったドラマ。悪を「倒す」方法がない（あるいはその気がない）ため、社会的な地位を奪うのが、しだいにエスカレートしていって、ギャグとしか思えない、さらし者にしてみせたりしていた。しかし、シリーズは意外なほど人気があったようで、七作、作られている。

女ヒーロー的ではある。

3-2　『F・i・V・E』（九七年）日本テレビ

正統な少女ヒーロー作品が後を絶って久しかった九七年、日本テレビ土曜九時枠に現れたのが、『F・i・V・E』である。この枠は、『金田一少年の事件簿』の成功以来、SFやアクション、ミステリなど野心的な作品を送り出している。また、贅沢な作りにも見えた。例えば一回のエピソードで、萩原流行・増田恵子・石井愃一などが出演し、悪のイメージを高めている。

人間不信に陥っているアサミ（ともさかりえ）を中心に、惚れっぽいナナカ（鈴木紗里奈）、いじめにあっていたパソコン通のカヨ（篠原ともえ）、薄幸のピアニスト・イヅミ（遠藤久美子）、メカに強いクールなマドカ（知念理奈）の少女五人の犯罪者が刑務所を脱獄し、*謎の男・淀橋（唐渡亮）に命じられて、巨大な敵・早乙女（篠井英介）と戦う。

宣伝では、少女たちが毎回実行するミッションが、『スパイ大作戦』的である——ということだったのだが、実を言うと、それ自体はあまり面白くない。また、脚本を複数の人間が書いていて、相互に混乱があるため、番組全体としての不良魂は透徹していない。最終回に到っては、ラストの映像の意味が分か

*少女五人——実際には、ともさかりえは脱獄後に現われる。代わりに脱走に加わっていたのは、特別出演の榎本加奈子。

らない[*]。ノヴェライズまで読んでみたが、現実なのか幻想なのか、解釈の材料がない。そういった不満はある。

だが、第三話からは、脚本に待ってました！　橋本以蔵が参加した。ああ、分かってるな制作者は、と放映当時、私は思ったものだ。この話、由緒正しい不良少女もののバリエイションだからである。

　橋本以蔵は本領を発揮し、不良少女たちをこの上なくかっこよく見せてくれる。第三話では、落ちこぼれの若者を矯正するため（またか、とお思いでしょうが）サイコセラピーを施す、との名目で、実は若者たちを食い物にしている組織が登場する。敵の一人・峰岸徹に近づいたナナカは、つい彼に惚れてしまう。と、アサミは呟く。

「男に惚れる、夢を捨てる、仲間を捨てる、最後に自分を捨てる。それが女の結末だよ」

　分かっていたはずなのに、つい愛に走ったナナカは、結果的に、峰岸徹を死なせてしまう。涙にくれる彼女に、淀橋は言う。

「悲しいか、ナナカ。今はその感情を味わえ。刑務所にいては、知ることができなかった悲しみだ。いつかその感情が、お前の勲章になる」

　そして第五話では、少年たちの自動車窃盗団が早乙女の餌食となる。少女たちは、少年と仲良くなり、特にマドカは、リーダーの青年に愛情を抱く。だが、

『ＦｉＶＥ』のラストの意味
――マドカを除いて全員が死んだはずが、唐橋の骨壺が空っぽになっていて、刑務所にいるマドカの独房の壁に穴があいて、仲間たちが連れ出しに来る。まったく説明や伏線がないので、解釈のしようがない。宿敵との対決で倒れたアサミはともかく、イヅミは飛び降り自殺しているのに。

実はその青年は早乙女の息子であり、しかも利用されているだけだった。目の前で、青年が拷問を受けるのを見るに耐えず、仲間たちの居場所を吐いてしまうマドカ。アサミは彼女の裏切りを知りながら、青年たちを国外へ逃がし、単身、マドカを救出に向かう。

完全に、ヒーローと「助けられる女性」の役割は逆転している。『紅一点論』*の著者は、こういうものをどう思うだろうか。あるいは、『スケバン刑事』シリーズや『セーラー服反逆同盟』における男子生徒のマスコット化を。

そして、早乙女と対面したアサミは、自分のトラウマとなった幼少時の、父にまつわる事件が、実は早乙女の陰謀だったことを知り、叫ぶ。

「自分の血を呪い、顔すら覚えていない父親を蔑んで生きてきた。自分に生きてる価値があるとどうしても思えなくて、自分には注がれなかった愛を否定した！（中略）おやじもあたしもクズじゃない！　てめえの犯罪を暴き、てめえこそクズだって思い知らせてやる！　その上で、這いつくばらせて撃ち殺す！」

この魂の叫び、家族のアイデンティティは、『不良少女とよばれて』以来連綿と続く、少女ヒーローの本道を行くものだ。

『紅一点論』——ヒーロー番組で、女性キャラが添え物になっている、という「見解」を元に一冊を費やした、学者の評論書。『スケバン刑事』の原作↓映像、『セーラー服反逆同盟』に見られる、少年の添え物化、果ては『美少女戦士セーラームーン』すら目にしていないようなので、お話にならない。

しつこいようだが、九〇年代、不良ドラマは「非行の礼讃につながる」という理由で、首都圏では再放送もされなくなった。その虚構性と、根底に流れる主題を感じ取れない、鈍感な大人の仕業である。

だが『FiVE』に見るように、「売り」を変えてやれば、まだまだ少女ヒーロー作品は作れるのである。

八〇年代には、映画でもいくつかの少女ヒーロー作品が作られた。いずれも、私のハートをがっちりとつかんだ作品である。順に紹介していこう。

4-1　『V・マドンナ大戦争』（八五年）松竹富士

乱歩賞作家にもなった野沢尚の、脚本家としてのデビュー作。脚本の新人賞である城戸賞準入賞を獲得した脚本を、筒井康隆の『ウィークエンド・シャッフル』を映画化したことで知られる中村幻児が監督、バイオレンス映画の一牙城を築く奥山和由が製作した。いや、そういう一言で片づけていいのかどうか分からないが、私的には、奥山和由と言えば、この映画や『いつかギラギラする日』の人なのだ。

ストーリー自体は、非常にシンプルなものだ。というか、『七人の侍』をそのまんま、学園物にしたものなのである。脚本の第一稿を読むと、かなりコミカルな戦争ごっこにしか読めない。この表現には偏見があるかもしれないが、出来上がった映画は、コミカルさを絞り、青春映画のテイストは残しながら、初稿よりかなりバイオレントになっている。

平和な希望ヶ丘高校に、半年に一度、柳生高校のバイク軍団が来襲して乱暴の限りを尽くし、生徒会費三〇〇万を強奪していく。暴力と虐待が学園を荒廃させる。

にも関わらず、事なかれ主義の生徒たちは何もしない。初稿には学校側の事なかれ主義も書いてあるが、映像には教師は一切登場せず、学生対学生の戦いに絞っている。そこで自らも軟弱な生徒会長の石岡英（中村繁之*）は、妹・里未（斎藤こず恵*）の助言に従って、用心棒を雇うことにした。それが、バイクを乗りこなす颯爽たる少女・阿川冴香（宇沙美ゆかり*）だった。ここでも「守られる弱い女」「ヒーローたる男」の図式は、完全に逆転している。

冴香は少数精鋭によるゲリラ戦を提唱し、映画の女性スタントマン・ジャック（村上里佳子。現・ＲＩＫＡＣＯ）、クレイジーな花火屋の娘・ゴゼン（黒羽まゆみ）、女子プロレスの悪役レスラー・カクダン（ソフィー）を雇う。そこに、希望ヶ丘高校を退学になったスケバン・カミソリマキ（速川麻樹）が参

中村繁之——ジャニーズ出身の俳優。身体能力の高さでも知られる。

斎藤こず恵——ＮＨＫ朝のテレビ小説『鳩子の海』でデビューした、元・子役の女優。

宇佐美ゆかり——偶然にも、筆者が住む沖縄県浦添市出身のアイドル。本作の公開直後に帰沖し、現在の消息は不明。

加する。このマキと冴香は、メンバーに加えるかどうかをタイマン勝負で決めるという正統なシークエンスがある。更に柳生高校の生徒相手に売春をしていたコマチ（渡辺祐子）と、中村繁之の妹でパソコンおたくの里未が加わり、七人が揃う。

この作戦に批判的な生徒会副会長・白石ひとみ（今野りえ）*が、「たかが女に何ができるの」とツッコむと、冴香は答える。「たかが女？　どうして自分を卑下するのかな」

冴香の目的は、まさに「たかが女にやられたという屈辱感」を与えて、敵を戦意喪失させることにある。最初の作戦は成功し、七人と、彼女たちに特訓を受けた生徒たちは柳生を撃退する。だが柳生の背後には、悪の権化「豹の目」（蜷川有紀）*が控えていた。作戦を映すモニタの隅に、心霊写真のように映る登場シーンからして、無気味である。

豹の目は、南関東で最大の暴走族のリーダーだ。配下の男子学生を平手打ちにする際、まず、ひとりを這いつくばらせて、それを踏み台にして相手と背を並べる、といった描写が光る。

柳生の反撃が始まり、七人は闇討ちで凄惨なリンチにあう。そこにユーモアはない。コマチは「土手焼き」*にされる。

更に、マキを人質に取って身代金を要求した豹の目は、それでも飽きたらず、

今野りえ――少女ヒーローの世界を支えた、代表的な役者。今後も登場する。

蜷川有紀――演出家・蜷川幸雄の姪。端整すぎるほどの美女。

「土手焼き」――リンチの一種。女性の陰部を火で焼く。

希望ヶ丘高校を潰しにかかる。が、その本心は、冴香との対決にあった。冴香は、以前に豹の目に痛めつけられたことがあり（そのとき仲間が殺された）、しかし豹の目は彼女をかわいいと思い、服従させようとしていたのだ。彼女が冴香にキスするシーンは、ぞっとする妖艶さがある。

そこでようやく、石岡も抵抗する気になり、立ち直ったマドンナたちも駆けつけて、夜の学校で、バイクと肉弾戦の激しいクライマックスとなる。

この映画では、宇佐美ゆかり、村上里佳子などのアイドルが、生々しい戦闘を繰り広げるのも見ものである。さすがに吹き替えなし、ということもないだろうが、全篇本人たちが闘っているように見える出来映えだ。

少女達が、生身で戦う（ように見える）ということは、肉体的なリアリティを持つ。しかも、宇沙美ゆかりのコスチュームは、ＳＭショップから借りたという本物のボンデージルックで、ある種、禍々しい。更に、先に述べたような、あるいはＳＭ的な、あるいはレズ的なシーンが、かえって映画を引き締めている。ポルノの名監督でもある中村幻児監督の本領発揮という所だろう。

初稿では、豹の目を叩きのめした七人と生徒会の面々が、警察につかまって、それでもにこにこしている、という落ちなのだが、映像では、バイクとの激突によって豹の目は車ごと炎上する……という所で目が覚めてみると、それは石岡の夢であり、マドンナたちも不良たちも、同じ教室の生徒なのである。そこへ、冴香が転校してきて、夢の中で言う豹の目が、意味ありげな目で見る、これから何が起こるのか……という終わり方になっている。

この夢落ちになっているところが、公開当時、非常に不評だったのだが、そうでなければ、バスケットのボールなどで戦う「ごっこ遊び」的な部分や、逆に蜷川有紀の車が爆発するシーンが、すべて現実のものとなってしまうのだ。それは、作品を矮小化させる。

遊びとも見える部分と、凄惨な戦いとの部分が渾然としたスリル、生身の迫力をファンタジイの衣でくるんだこの演出に、私は賛成する。少女ヒーローとは、存在自体がファンタスティックなものだからだ。

4-2　『ボクの女に手を出すな』（八六年）東映、バーニングプロ

小泉今日子というと、陽性のイメージがあるが、『踊る大捜査線 THE MOVIE』などのように、幅広い演技力を持っていることは言うまでもない。

そもそも映画デビューが、『花のあすか組！』の崔洋一監督による犯罪映画の問題作、『十階のモスキート』（八三年）だ。

『ボクの女に手を出すな』では、小泉今日子は気だてのいい、天涯孤独の不良として登場する。これが、この映画を本書に加えた理由だ。

何をやっても長続きしない少女、黒田ひとみ（小泉今日子）は、勤めていたスーパーをつまらない理由でくびになり、家賃に困って泥棒を働く。逃げるところを、たまたま通りかかった弁護士・加島和也（石橋凌*）に拾われる。

自らも孤児である加島は、顧問弁護士を勤める富豪・米倉家に、亡くなったばかりの当主の息子・進（山田哲平）の家庭教師として、ひとみを雇い入れてもらう。進は小学一年生なのだが、学校へも行かずわがままのし放題で、庭の錦鯉をつかまえて刺身にさせたりしている。手を焼いたひとみは、ついに切れて、悪ガキの進を池に叩き込む。そのせいで、かえってひとみと進とは心が通い始めるのだが、気がつくと、いつの間にか二人は誘拐されていて（ここが面白い）、自分が犯人にされたひとみは、真の誘拐の実行犯・白木（河原崎次郎）から少年を守りながら、逃げ続ける。この白木、化け物のような奴で、ターミネーターのように何度倒しても復活しながら、執拗に小泉たちを追い続ける。

こうやってストーリーを書いてしまうと、シンプルな話に見えるのだが、監督が『櫻の園』の中原俊、脚本は早くに亡くなった才人・斎藤博（中原俊との合作）ということで、一筋縄では行かない。冒頭、新宿副都心の夜景が見える部屋で、ひとみがローソクに火を点し（電気が止められた）、アジの干物を食べているシーンの情緒とか、ダボダボのズボンにサングラスという不良の服装で歩くひとみの似合いぶりとか、文章にしにくい雰囲気が、よくできているの

石橋凌——元・ロックバンドARBのメンバー。松田優作に見出され、役者の道を進み、バンドを解散する。配偶者は、原田美枝子。

だ。

本作の特徴は、ひとみ・加島・進が、いずれも孤児である、という設定になっていることだ。人を信じない孤独な者が人に利用されていく寒々しさが、全編にあふれている。

「世の中、利用する奴と利用される奴しかいない」と、加島は言う。ゲームのコマのように扱われながら、闘う孤独な者同士のふれ合いが、ごくストイックに描き出されている。三人は、あたかも新しい家族を作ろうとしているようだ。

小泉の知り合いとして出てくるのが、『狂い咲きサンダーロード』の山田辰夫で、後にはテレビのCMでよき父親もやっているが、ここでは持ち役のチンピラを好演している。少年の腹違いの姉は森下愛子。これも不良役の似合う人だ。小泉も含めて寒々とした人びとを、映画は全編、突き放した描写で見せ、きりっとした雰囲気を出している。

ヒーローとは厳密には違うのだが、不良映画の収穫に上げていいだろう。

4-3　早見優の『キッズ』（八五年）松竹富士

小泉今日子と同期の早見優も、この時期、犯罪映画に主演した。またもや奥山和由製作の、『キッズ』である。脚本は塩田千種、監督は高橋正治。

冒頭、夜の横須賀の歓楽街、米兵と商売女がたむろする通りから一軒の店に入ると、その地下で鹿内孝（原田知世の『セーラー服と機関銃』でもやくざとして活躍した）が、密造銃を数えている——というシーンから、すでに凡百のアイドル映画ではない趣だ。

その密造銃、通称「キッズ」が盗まれたことから、定職もなくぶらぶらしている隆一（佐藤浩市）が、捜索を請け負う。彼が出入りしている家が、サキ（早見優）の住む米軍住宅だ。サキは、歌い手だった母が亡くなり、米軍の将校の父も本国へ帰ってしまい、酒場のウェイトレスをして、弟・智（角田英介）を育てている。彼を大学へ行かせようと頑張っているのだが、智は、歳を食った『不良』の隆一に憧れ、怪しい所へ出入りしたりしている。その智が、実は銃を盗んだ犯人だった。学校でいじめられており、銃を持つことで強くなりたかったのだ。

と、ここまでは、ヒーローでも不良でもないが、盗んだ銃を最初に撃ってみるのが、サキなのである。モデルガンか本物か試してみるためではあるが、その姿はりりしい。そしてまたサキは、弟にケジメをつけさせるため、横須賀でも危ないと言われる店へ、自らついていく。

結局、銃の密売を仕切る矢野（小坂一也）によって、智も、思いが通じ始めた隆一も殺されてしまう。カタギとして懸命に生きてきたサキは、復讐に乗り込む。銃を持って家を出る早見優の姿は、緊迫感に満ちている。この辺が、少女ヒーロー映画に加えた所以でもある。

映像は、クレーンを多用し、引きの画を多く見せる。乱闘のシーンも、人が死ぬところも、冷静に、客観的に見ている。そこがこの映画の持ち味だろう。

そして、ずっとパンツルックで働いていたサキが、隆一との思いが通じたとき、ワンピースのドレスを纏って酒場で歌う。そこへ彼の死が知らされ、ひとりの寒々しい部屋で、彼女は下着姿になり、着替えて出ていくのだが、そのときはまたパンツルックに戻っている。少女から女、そしてまた少女へ、という雰囲気が感じられる。フィジカルな表現である。

早見優が英語が話せる、歌がうまい、という長所を、映画は物語に巧みに織り込んで、きっちりとしたバイオレンス映画を作り上げた。

5-1　不良ドラマの衰退

八〇年代も後半に入ると、テレビにおける不良ドラマは、急速に衰退していった。

『少女コマンドーIZUMI』が不発に終わった東映は、枠が月曜に移って、再び三人の不良が戦う『花のあすか組！』を作っており、根強いファンもいるのだが、私には認めがたい。認めがたい、というのはあくまで私個人が、作品と直接に向き合ったときのことで、ファンを否定するつもりなど、最初からない。好きな人が、好き具合を語ればいいのだ。

このドラマで私が冷めたのは、開巻間もなく、あすか（小高恵美）の親友・サチが全中裏によって殺され、それがあすかの原動力になっていることだ。『スケバン刑事』シリーズでも、人が殺されるシチュエイションがなかったとは言わない。しかし細心の注意を払い、特に少女を「殺す」描写はなかったはずだ。斉藤由貴ら＝麻宮サキの不良時代が描かれないように、のっけから重すぎる描写を出してしまっては、安心して楽しむことはできないのだ。

また、話を学生間の権力闘争に絞ったことも、本作ではマイナスに働いている。全中裏もさることながら、あすか自身が「あすか組」を名乗り（メンバーはひとりだが）、「天下を取る」、と言っている。それはヒーローではなく、単なる組織暴力に過ぎない。また、あすかが「独立スケバン連合」という、名前からして矛盾している代物を組織しようとしている抗争劇の、どこに理念があるだろうか。

番組を見ていると、たびたびテコ入れを図っている節が見受けられるが、それは成功したとは言えなかった。

こうして、『スケバン刑事』の系譜は、ひとまず終わりを告げた。

一方、大映テレビは、やはりアイドルの杉浦幸が、不良との二重人格少女を演じる『ヤヌスの鏡』を作ったが、幼少時の体験から、火を見るとぎんぎんの不良に変わる、ファンタスティックな変身物になってしまった。何しろ、バスの中で交通事故の火を見たとたん、演出上ではなく、実際に不良姿に変身するのだ。『不良少女とよばれて』の、伊藤麻衣子の変貌と比べて、より説得力に欠ける。また杉浦幸の演技力不足から、不良のときの台詞は吹き替えになる、という問題なども発生して、この路線は衰退に向かった。『プロゴルファー祈子』の不振も痛い。

なお、映画『花のあすか組！』については、第五章で、たっぷりと紙数を費やして語ることにする。

5-2　何が少女ヒーローを殺したか、しかし……

このように、作品上の問題も多々あったのだが、私は、少女ヒーロー映像が衰退した直接の原因は、別のところにあると思っている。即ち、八〇年代後半からの、バブル景気である。

実のところ私は、バブル景気を悪くは言えないのだ。この現象は、ジュニア文庫のブームも生んだ。その余禄で、私は全く無名で新人賞も取っていないのに、小説家としてデビューできた。* 悪く言ったらばちが当たるかもしれない。

しかしながら、このバブル景気は、それまで社会が、そして少女ヒーロー作品が模索しつつあった、価値観の再検討、家族の再構成といった真摯な問題を、吹き飛ばしてしまった。何しろ、女子大生はおろか女子高生ですらブランド商品が買える（と言われた）時代の到来である。社会全体が浮き足立つのも無理はない。もちろんその中で、この拝金主義的な傾向に疑問を持つ人もいただろう。私のように、本が出たものの、まだレジ打ちのパートで暮らさざるを得なかった人間も、いた。しかし、バブルの前後で、社会の、人生の価値に関する考え方が変わった、と私は感じている。

そして、バブルが崩壊した後、建て前というものは、完全に社会から姿を消した。我慢も、忍耐もどこにもない。正義も、価値観も。特に最近は、「それどころではない」という世情であり、人間の尊厳と真っ向から向き合ったドラマは、忌避さえされているかのように見える。

その中でも、少女ヒーロー作品は、その様相を変えながら、さまざまな形でしぶとく生き延びている。それは私にとって、勇気を与えてくれるものだ。

次章からは九〇年以降の、少女ヒーローの正統な子孫をご紹介しよう。

小説家としてデビュー――現在では、小説家は殆どの場合、何かの新人賞を獲らない限りデビューできない。

第三章　科学と魔術の間に

「私は、この学校の生徒のひとりよ」（テレビ『エコエコアザラク』より）

八〇年代と共に、少女ヒーロー史は終わりを告げた――ように、一旦は思った。

しかし九〇年代後半、少女たちが主人公の映像作品が、次々に現われた。その系譜での代表作、『エコエコアザラク』が黒魔術を使う少女の物語であることは象徴的だ。事実、九〇年代に入ってからの少女ヒーローは、多くは魔術、あるいは高度に発達した科学に裏打ちされたが故に、かえって魔術的に見える神秘さを身にまとって立ち現れるのだから。

一旦、時計を大きく巻き戻し、この文脈での少女ヒーロー作品を網羅していこう。

1-1　『タイム・トラベラー』（七二年一月～二月）ＮＨＫ

平凡な少女が、ある日、超能力に目醒め、それが抑えられずに「イヤッ！」

と叫ぶと、周囲の物や人が爆発する、というホラーに特徴的なパターンがある。

私は長いこと、このパターンの原点を、スティーブン・キングの処女作『キャリー』だと思いこんでいたのだが、『キャリー』の原作が書かれたのは、七四年のことである。それ以前に、日本のテレビドラマでは、すでにこのパターンで作られた物があったのを思い出した。それが七二年、筒井康隆『時をかける少女』が原作の、NHK少年ドラマシリーズ第一作、『タイム・トラベラー』である。

このドラマのインパクトは、今でも語りつがれるほど強烈だった。第一回の放映は一月一日。つまり元日である。ぬるい正月特番のバラエティでも見ようか、という所に、いきなり真っ暗な部屋の中で、謎の男（声・城達也*）が世界の怪奇現象を紹介する無気味な映像に、少年少女は、思わず引きこまれた。そして主人公・芳山和子（島田淳子。現・浅野真弓）は、ラベンダーの匂いをかぐと、悲鳴を上げ、回転しながら暗黒の空間へ溶けていく……というのが、タイムスリップの描写なのである。ちょうどその頃使われるようになったクロマキーというビデオの特殊効果だったが、当時の若い視聴者には、ほんとうに人間が溶けていくような無気味さを叩きこんだ。

ストーリーも、後年、同じ原作で大ヒットした『時をかける少女』（原田知世版）とは違って、超能力をミステリアスに描き、第二次世界大戦の悪夢までを取り込んだ、硬派とでも言うべき内容のしっかりしたドラマである（脚本・

城達也――『JET STREAM』などで知られた、ムードあるナレーター。

石山透）。また、未来人ケン・ソゴルを演じた木下清の、当時では見たことのないほどの美青年ぶりもドラマに花を添えた。

このドラマは爆発的人気を得たが、ビデオテープが残っていなかったため、再放送はされなかった。よく、ビデオテープが高かったので、使い回しせざるを得なかった、という話が広まっているが、実際には、テレビドラマは一回性のもので、再度放映するために取っておく、という発想がそもそもなかった、というのが真相らしい。

その代わり、今度は同じ石山透のオリジナル脚本により、『続　タイム・トラベラー』が放映されたが、話の質は決して落ちてはおらず*、またしても好評を得た。

それから三〇年近く経って、『タイム・トラベラー』は、視聴者がかろうじて、一部の回をビデオ録画していたため、それを元に復元され、ＤＶＤ化された。多くの回ではないが、ファンにとってはたまらないソフトである。

『時をかける少女』の映像化は、この少年ドラマシリーズ版、原田知世版の他に、南野陽子を始めとする各ヴァージョンがある が（あとがき参照）、戦闘映像という本書の縛りがあり、紙数も予定を大幅に超えているため、割愛せざるを得なかった。失礼。

*『続　タイム・トラベラー』――あまりの好評に、筒井康隆の許可を得て、石山透が小説『続・時をかける少女』（鶴書房）を書き下ろしたほどである。

1-2 『テラ戦士Ψ BOY』(八五年)日本テレビ、学研ヤング編集部、東映

菊池桃子の主演作。『魍魎の匣』の監督・原田眞人が脚本を書き、青春映画の監督・石山昭信が監督した。

平凡な高校生・MOMOKO(ウィキペディアや「原作」の記述による表記)は、ある日、サイコキネシスに目醒める。ガラス器を、手を触れずに割ってしまうのだ。

同時に幼なじみのモトハル(井浦秀智)や、数人の少年にもそれぞれに能力が現われ、ついには彼らの許へ、BOYと名乗る存在から、SOSのメッセージが届く。BOYは宇宙からやってきた生命体で、謎の超能力者・フレイム(益岡徹)に囚われているのだ。

BOYを助けよう、と立ち上がるMOMOKOたちの活躍に、彼女が六歳のときの不思議な体験の謎がからみ、最後にはすべての事件が時空の一箇所に収束する。この快感は、日本のSF映画の中でもそれほどあるものではない。多くの超能力作品は、力によって不幸になっていくことも多いが、この映画では、そういった影の部分を一切、描かない。それはそれで、ひとつのストーリーとして成り立っているのだ。

私は、根本的に情念の人間なので、コミカルな味を加えて爽やかに進むこの

作品を、正直、そんなに買っているとは言いがたいのだが、そのストーリー性と映像美には、強い影響を受けている。また、特撮にはデン・フィルム・エフェクトの中野稔やカメラマン・大岡新一、ウルトラシリーズを手がけた特殊美術の井口昭彦などが携わり、たいへん優れた映像表現を見せている。例えば『水』のイメージの美しさなど。

ところで、この作品には謎がある。マイク・スプリングレインという原作者がいて、原作も、作詞家の康珍化《かんちんふぁ》*が訳して学研から出ている。問題は、そのマイク・スプリングレインなる人物が、存在するかどうかだ。

序文でマイクは、「ミス・モモコ・キクチのスタッフが、ニューヨークの私のオフィスに現われたのは、1979年の春である（後略）」とコメントしているが、映画になるまでに六年かかった、というのだろうか。というか、この程度の小説、というと失礼だが、ごくシンプルで内容も薄いストーリーをもらいに、日本ではまったく無名の作家に会いに、アメリカまで行ったのだろうか。また、あとがきで康珍化は彼のプロフィールを紹介しているが、著作権表示は版元の学研のみだ。海外小説に必ずある、著作権の権利関係の記述が一切ない。マイク・スプリングレインの著作には、『ワイルド・ジェシィ』シリーズというSFがあるそうだが、少なくとも日本では刊行されていない。「原作」を読むと、アメリカの作家？　と疑わしい箇所が見られる。

康珍化――菊池桃子への楽曲提供では、名曲『もう逢えないかもしれない』がある。

「野球部の田村先輩もひどかったわネェ。末は大リーガー、最悪江川って言われてたのに、速球はおじぎ、カーブはそっぽ。新聞記者が来てたわよ。別に肩を負傷したわけじゃないのに、七不思議」(改行等は原書のまま)

これは、少なくとも超訳*だろう。

私は、マイク・スプリングレインは実在しないと考えるが、確証はない。ただ、訳者の康珍化は、少年隊の『19』*の原作・脚本も手がけていることのみ記しておく。

1-3 『禁じられたマリコ』(八五年一一月～八六年一月) 東宝、TBS

大映テレビのヒット作『乳姉妹』の後番組として、『積木くずし』の東宝が岡田有希子主演で作った、本格的超能力ドラマである。

この作品については、今までに二度、出版物に書いているので、三度書くのはためらわれるが、いま初めて知った方もいらっしゃると思うので、ざっと書いておくと、一七歳になった少女、杉浦麻里子(岡田有希子)が、実の兄(三

超訳――シドニー・シェルダン『ゲームの達人』などの小説で一世を風靡した、原作をまったく違う話に訳してしまう「翻訳」。

少年隊の『19』――少年隊の3人がタイムパトロールを演じる、時間SFものだが、凝ったわりに、ストーリーテリングが残念な作品。日本一遅いカーチェイスが見られるが、楽しくはない。

上博史）と出逢い、自分が養女だったことを知るが、それと同時に「ポルターガイスト現象」（作中ではこう呼ばれているが、むしろサイコキネシスやパイロキネシスに近い）が発動し、更には麻薬組織に襲われ、怪しげな刑事（峰岸徹）につけ回され、しかも学校で同級生・美也子（生田智子）にいじめられるという、ジョン・ソール*ばりの不幸に襲われ、その度に超能力が意志と無関係に発動、エスカレートしていき、麻里子本人は体が衰弱、人格破壊の危機に見舞われる、というものだった。

大映テレビのような、デフォルメの効いた話と演出なら、気楽に見ていられるのだが、東宝は、この作品をごくシリアスに、悲劇として描いた。その結果、城達也*による冒頭のナレーション、「（前略）このドラマは、そうした超常現象に翻弄されながら、苛酷な運命と闘い、ほんとうの幸せをつかんだひとりの少女の、愛と勇気の物語である」が、実現できない事態に陥ってしまったのだ。

最終部で、麻里子が遭遇した数々の事件の黒幕は、美也子の父親、そして麻里子の実の父・前田（中尾彬）であることが判明する。吹雪の山で前田と対決した麻里子は、ようやく前田を改心させるに至るが、自らは力を使い果たして、雪に埋もれていく。だが、麻里子の実の妹・めぐみ（今野りえ*）がテレパシーで麻里子の居場所を発見、事件に関わった一同が見守る中、麻里子は光に包まれて甦った……。

ジョン・ソール――平凡な少女が怪異に襲われ、最終的には理不尽な死を迎える、という同じパターンの小説をものすごい本数書いたアメリカのホラー作家。

城達也――『タイム・トラベラー』の項参照。

今野りえ――『V・マドンナ大戦争』の生徒会副会長。

こう、文字で書くと、ハッピーエンドかと思われそうだ。しかし、ドラマを通じて演技力をめきめき向上させた麻里子＝岡田有希子が、雪の中から現われたとき、そこにはなぜかショパンの「別れの曲」が麻里子のアカペラで流れ、光に包まれた麻里子は、みじんも幸せを感じさせない、幽霊のような姿と表情だったのだ。

麻里子は、やはり、雪山で死んだ……そう思うしかない結末だった。

あるいは私の解釈の違いで、やはりハッピーエンドだ、誰かにそう指摘して欲しい気がする。しかし、この最終回の放映直後、岡田有希子は謎の自殺を遂げ、番組にからんだ真相不明のゴシップなどもあって、この作品は、遺族の意向で封印されたのだった。

このドラマは、『東宝で最高のSFテレビドラマ』(さるエディターの方曰く)であり、CSででも再放送してほしい気はするが、それも、死者に鞭打つことなのかもしれない。

1-4　『超少女REIKO』(九一年)東宝

城戸賞準入賞作シナリオを、作者の大河原孝夫自身が監督した作品。大河原監督はもともと東宝の助監督であり、初の監督作となった。

この映画を、私は封切り日の初回に観に行ったのだが、モギリ*のおばさんたちが、始まる前から「これはだめだね（興行的に）」と言っていたのを思い出す。また当時、映画評論家の野村正昭さんにうかがったのでは、映画の主演女優は、体格として下半身がしっかりしていないと成功しない、観月ありさは下半身が弱い――とのことだった。興味深いお話だ。

実際に見てみると、映画の中で、九藤玲子こと観月ありさは、確かに立ち姿がどうも落ちつかない。そのせいか上半身から上のカットが目立つ。よって、動きが制限されている。

ストーリーは、単純明快だ。ある高校*に幽霊騒ぎが二六件巻き起こり、エスカレートして行く中、生徒会長・緒方志郎（大沢健）率いるESP研究会が発足するが、幽霊の相手ができるのは、一年生の玲子ひとりであり、そこから延々と、玲子と幽霊の戦いがくり広げられる、そういう話である。

特撮面では、AKIRA壁*を実現しようとしたり野心的で、合成技術も見事なもので、文句はない。ホラー色も、サプライズシーンや特殊メイクによる亡霊の描写など、見るべきものがある。しかし、話が単純過ぎる。必要なシーンが足りない。ESP研究会員は、パソコン担当の新城高史（磯崎洋介）以外、能動的には何もしていないし、玲子にしたところで、驚くほど何もしていない。シナリオにあった校舎の大破壊シーンがないため、地道に霊を追うが、祓って

モギリ――映画の入場券の半券を「もぎとる」人。つまり受付。

ある高校――シナリオにも、「ある高校」としか書かれていない。

AKIRA壁――大友克洋『AKIRA』で有名になった描写。人が『力』で壁にぶつかると、その人を中心に、壁が一定の円を描いてひびが入る。

はいない。しかも、事件の影にいた『真犯人』を倒したのは、玲子ではない。

一番の問題は事件の実相、ひとりの男子高校生を巡る女生徒たちの葛藤という主題が、なおざりにされているところにある。短い台詞での説明はあるが、最低限のドラマは欲しかった。

これで終わりか、と思われた大河原孝夫監督だが、その後、平成ゴジラシリーズを撮ることになる。それはそれで、よかった、と思う。

1-5　『アンドロメディア』（九七年）TBS、ライジングプロダクション、松竹

もしこの作品を、同じ三池崇史監督の『ゼブラーマン』や『妖怪大戦争』（角川映画版）以前に観ていたら、その後の三池作品を観ることはなかっただろう。

そもそも冒頭、砂浜にソメイヨシノの樹が一本、生えているのがなぜだか植物学的に分からない。* そこを思い出の場所にしている人見舞（ＳＰＥＥＤの島袋寛子）と青年・ユウ（原田健二）が、樹の下でファーストキスをする。その後すぐ、舞は交通事故で死んでしまう。

その死を悼んだ父親の俊彦（渡瀬恒彦）はＡＩ、即ち人工知能の開発者なのだが、娘の記憶を開発中のＡＩに転写して、パソコンを通して会話ができるようにする。その直後、俊彦は勤務している会社の殺し屋・黒澤（竹中直人）に

植物学的に――桜の木は塩害で育たないと思われる。

殺されるが、パソコン部のユウにAIはダウンロードされ、そのダウンロードされたノートパソコンを持ってユウは逃げ回る。この映画世界には、バックアップという概念はないらしい。

逃走の過程で、AIは次第に人間らしくなっていく、と言いたいが、ずーっと出ているAIの舞は、ずーっと上半身だけで、パソコンっぽい棒読み台詞を繰り返す。公開年でも充分に時代がかった描写だった。

途中、仲間たち（DA PUMP）が倉庫でダンスを延々踊ったり（説明不能）、はっきり言って顔見せに過ぎないとしか言いようのないSPEEDの他のメンバーの出演があって、いわく言いがたい結末を迎える。バックアップとかダウンロードへの知見があまりにもなさ過ぎる、と言えよう。

ただ、調べると、この映画を撮った頃のSPEEDは、ハンパではなく忙しくて、むりやりスケジュールを空けさせなければならない状態だったことが分かる。それでも撮らなければ、次はないのが映画界だ。脚本はずたずたにカットされ、話の要となるべき渡瀬恒彦さえも出番が大幅に削られ、物語を成立させるほど登場していない。

この映画は、「ひどかった」と言うより、「悲惨だった」と言うべきだろう。それでも未だに生き延びている三池監督のプロ根性には感心した（本気で）。

なお、結末まで触れるかどうか、最後まで悩んだのだが、中古DVDが、まだ買えるぐらいの額だったので、苦悶の末、記述しないことにした。ただし、個人的には、お勧めはしない。

2-1　二本の映画『エコエコアザラク』ギャガ、円谷映像（九五年）

古賀新一原作のホラー漫画『エコエコアザラク』は、何度となく映像化されている。その走りが『エコエコアザラク　WIZARD OF DARKNESS』（九五年）で、黒井ミサを初主演の吉野公佳、友人の倉橋みずきを菅野美穂が演じた。

ゆうばり国際冒険・ファンタスティック映画祭で賞を取り、人気もあるこの映画だが、私はあまり乗れない。レズ描写が濃厚だったり、嘔吐のシーンがあったり、生理的に受けつけないのだ。

それを凌駕するストーリーがあれば、また評価も変わるのだが、武上純希による脚本では（原案は佐藤嗣麻子監督）、校内に閉じ込められたミサほかの人物が、ただ右往左往しているばかりだ。事件の鍵を握る白井響子（高樹澪）とミサとの対決は、八二分の上映時間で、六六分目にようやく始まり、しかも、その闘いは、肉弾戦で勝つという……つまり、クレバーな部分がないのだった。

ただ、ここまで我慢をして見ていると、驚くべきどんでん返しが待っている。菅野美穂のキレっぷりが、かっこいいのだ。菅野美穂のファンには、お勧めしてもいいかもしれない、と言っておこう。

前作の人気を受けた形で作られた二本目の『エコエコアザラクⅡ　BIRTH OF THE WIZARD』は、ミサが魔術を使うようになる前を描いている。今回の脚本は、佐藤嗣麻子監督自身によるものだ。

明治一三年（一八八〇年）、ひとつの村が、原因不明のまま大量虐殺によって消滅した、という所から、話は始まる。うってかわって現代、明るい少女のミサは、学園にも溶けこんでいるのだが、そんなミサを口説こうとした岡崎（斎藤暁）が惨殺され、危険がミサにも迫り、謎の男、斎呀（四方堂亘）に助けられる。怪異の『もの』は、友人、高梨翔子（白鳥智恵子）の父親に憑依して、ミサを狙い続ける。

そのうち、斎呀は消滅した村の話を始め、村の魔女、霧江（冨永アミナ）がミサを狙っていることが分かる。

クライマックスの対決は、流血の破壊戦になる。徹底的に壊し尽くす。その迫力をどう評価するかが問題だろうが、私には、前作の肉弾戦と、あまり変わらないという印象だった。

天本英世が、ミサを守る一族の長老で出ているので、吉野公佳と天本英世のファンは、見るべきかもしれない。

こうして、私には肌合いの合わなかった二本の映画だが、一定の成功を収めたようだ。結果として、歴史に残るべき少女ヒーロー映像が生まれた。テレビ『エコエコアザラク』である。

2-2 テレビ『エコエコアザラク』(九七年二月〜五月)
円谷映像、ギャガ、テレビ東京

二本の映画版に続くテレビ『エコエコアザラク』は、九〇年代に限らず、少女ヒーロー映像の代表作となった。それによって作られたのが、テレビ東京(以下「テレ東」と略記)の『エコエコアザラク』である。後に記す事情で放映が頓挫したため、かえって人気は沸騰した。

主人公、黒魔術を操る黒井ミサには佐伯日菜子が起用されたが、このシリーズの成功は、まずこの佐伯日菜子にある、と言っていいだろう。毎回のオープニングで無気味な呪文を唱える声、アップで目を大きく見開いたときの異様な表情で(ホラーなのでいい意味で)、これから何が起きるのか、期待させるのに充分だった。

さて、その第一話(脚本・小中千昭、監督・清水厚)で、ミサは私立聖ヶ丘高校に通っている。学園では、自殺が続いているのだが、その現場にミサがいたことで、同級生の柳郁男（小林正善）、待井博美（三田あいり）、棟丘丈人（北川悠仁*）の三人は、ミサに疑問を抱く。最初の疑問は、そもそもミサがいつ転校してきたか、誰にも分からないせいだった。

現場に描いたサトールの方陣*について問い詰められたミサは、初めて話す。

「落書きなんて、学校だったらどこにでもあるものでしょう。どこだって、いつだってそうだったな」

ミサの漂泊と孤独を端的に表わした台詞だが、ここではまだ、佐伯日菜子の演技は硬い。

その間にも、三人は能動的に、事件について調べる。単なるザコキャラではないのだ。この物語が、佐伯＝ミサという希代のキャラを得たことに甘んじず、ひとりひとりの人物像や、行動力が絡んで行くように、小中氏は細大の注意を払っている。

その独自の捜査により、三人は事件の誤った「真相」にたどりつき、逆に危機を招く。

この第一話でのミサは、次のような台詞を話す。

ミサ「魔女なんかじゃないからね」

北川悠仁——現在は「ゆず」のヴォーカル。いや、ゆずはふたりともヴォーカルですが。

サトールの方陣——英文字をまさに正方形に描いた、黒魔術の道具。

博美「もう、この学校、いなくなっちゃうの？」
ミサ「私は、この学校の生徒のひとりよ」

あくまでも、普通の高校生、ただ、ちょっと魔術を知っているだけ、というのがこのテレビシリーズにおけるミサの立場である。彼女は邪悪な目的では、決して力を使わない。

第二話（脚本・小中千昭）でも、ミサの魔術は攻撃のためには使われない。学園でのミスコンに当選確実と言われた小平麗（桂木亜砂美）は、ミサの人気に脅威を憶え、呪いをかけるが、ミサが携えているニード*の力で、呪い返しに遭い、破滅する。一歩まちがえれば、凡百の復讐譚になりそうな所を、ミサの天然ボケに近いキャラクターや、計算され尽くした怪奇の作劇で、いつまでも印象に残るエピソードに仕上げている。

しかし、続く第三話（脚本・岡野ゆうき）で、ミサは富沢先生（堀川早苗*）を救うために闘うが、その闘いは魔術を使う者以外には理解し得ないもので、学園を去らざるを得なくなる。

この三話の中で、ミサは第五章に詳しく述べる「異物」として充分に機能している。学園はブレザーの制服なのに、ひとりだけセーラー服を着ているといった定石ながら細かい描写、そして、「魔女じゃない」と言いながら、学園での

ニード――魔力を持った、ペンダント。

堀川早苗――フジ日曜朝枠の『不思議少女ナイルなトトメス』に主演した経歴を持つ。

事件に巻きこまれ、黒魔術を使わなければならなくなり、そのために学園を去らねばならない寂寥感。その感情の微妙な動きを、佐伯日菜子の初々しい演技がみごとに表わしている。

四話以降も、スタッフのテンションの高さは見てとれるが、もっと興味深いのは、その闘う、あるいは救う相手は、主に女性だ、ということである。『FIRST SEASON』一三話で、ミサと深い関わりを持つ男性は、ザコキャラを除けば八、九人なのに対して、女性は二〇人を超える。魔術には女性がよく似合う。

前半一二話の掉尾を飾る『ヘカテ』三部作（脚本・村井さだゆき、監督・服部光則）では、東京を舞台として、闇の女神・ヘカテ（麻生真宮子*）とミサとの、命を賭けた対決が繰り広げられるが、村井氏*は、小中氏同様、ミサの明るい面を引き出している。

事件を調べている細野京介（山本陽一）に、すでにミサが都市伝説と化している、と白昼のカフェで言われるが、「都市伝説？ バッカじゃない」と一笑に付す。時々占いをバイトでやっているが、「普通の女子高生だよ」と言い放つのだ。京介は思わず、「普通じゃないだろう」とツッコむ。その前夜、ふたりは偽のミサが黒魔術で滅びるのを見たばかりであり、そのときミサは冷静に、「黒魔術では、ことばは絶対の力を持つ」、と言い切っているのだから。

麻生真宮子——別名・麻生真美子。アイドルとしてデビュー、現在、自民党の都みらい創生支部長。

村井氏——一緒に仕事をした人間（テレビ『吸血姫美夕』）を呼び捨てにするのは抵抗があるので、村井氏と小中氏には「氏」をつけた。

昼の明るいミサと、夜の闇に包まれたミサとの二面性を、この若さで表現できたのは、佐伯日菜子の天性の才能と、若手スタッフの持つ瑞々しい感性によるものだろう。

さて、以下の文章は陰鬱な話なのだが、記録として留めておかねばならない。テレビ『エコエコ』は不幸な作品としても知られる。表現の激しい規制を受けたからだ。

九七年の二月から六月にかけて、後に「酒鬼薔薇聖斗」で知られる「神戸連続児童殺傷事件」が起きた。特に被害者の頭部を切断する、という猟奇的な犯行手段が怖れられ、それを受けて、テレビ局の過剰とも言える表現の規制が行なわれた。具体的に言うと、頭、首を連想させるものは一切、ドラマなどに登場させてはいけない、というものだった。局ごとに対応の多少はあったものの、極端な例では、ドラマ中の美容院でウィッグなどを載せる台（人の頭の形は、まあしているが）が映り込んでいるため放映が延期になった、というのは、当時聴いた話だ。

そのような騒ぎの中でやり玉に挙がったのが『エコエコアザラク』だった。詳しい事情は知らないが、とにかくホラーだ、ということが問答無用で否定されたらしい。一クールを終えた所で劇画原作者・梶研吾を監修に迎え、脚本陣も一新されたが、結局、二六話中一八話を終えた所でテレビ放映は打ち切りとなった。

　よって、熱心なファンはビデオソフトやLDを買って見たのだが、私は、二クール目のバッドテイストぶりに辟易して、*最後までは見ていなかった。

　今回、ようやく最後まで見たが、とにかく悪趣味なのだ。悪人の若者たちが、罪もない男女を車でひき殺し、血で『マヌケ』と地面に書き、顔にまで落書きする――という書くだけでも憂鬱になる事件があり、それに対して魔術による復讐があるのだが、単なる異常者なら、それを裁くべきなのは、魔術ではない。あくまで警察だ。

　警察を信じない、という人がいるのは知っているし、警察によって被害者の係累が救われるか、というと、そうは限らないだろう。しかし、だからといって私的制裁を加えていたのでは、犯人と同じレベルに自分を貶めることになる。魂を安売りしてはいけない。

　今、詳しく見て、つくづく思うのは、ミサは何と戦っていたのか、という問題である。私の持論なら、ミサは関わり合う人間の、人間ゆえの愚かさや邪念、そう言ったものと闘っていた、と言ったら、納得してもらえるだろうか。人間の愚かさと戦う、という展開は、『スケバン刑事』に通ずるものがある。そこが本作を少女ヒーローに加える所以だ。

バッドテイスト――文字通りの「悪趣味」。過剰な暴力や残酷シーン、下ネタなども挙げられる。それはそれで、ひとつのジャンルなので、否定はしない。ただ、前半との落差は大きかった。

実際、テレビシリーズは好評だったらしく、同じ佐伯日菜子主演で、劇場版が作られた。『EKOEKOAZARAK III MISA THE DARK ANGEL』(九七年)である。

うーむ……あくまで譬えとしておくが、九四分ほどの映画で、三〇分、何も起こらなかったら、席を立つ人がいてもおかしくない。少なくとも、私はそう思う。

で、この映画、実際何も起こらない。今回のヒロイン・木下亜夜(七海彩夏)が悪夢を見て、現実の世界で人が襲われるまで四〇分、敵が現われるまで五八分……といちいち時刻表を書いてもしかたがないが、とにかく延々待たされて、真相に入った瞬間、終わってしまう映画だった。

脚本監修には、テレビシリーズ後半の監修者、梶研吾が当たり、七月鏡一、林壮太郎が脚本を、監督もテレビシリーズの上野勝仁が撮っているが、テレビなら正味二五分で片づく話を、四倍に引き延ばした感は、どうしても否めない。

2-3　『エコエコアザラク〜眼〜』(〇四年一月〜三月)
エイベックス、円谷映像、テレビ東京

『エコエコアザラク』は、今世紀に入って〇四年、再びテレビ化された。

この作品の解釈と評価は、人それぞれだと思う。かなり難解で、ちょっと眼をそらすと、重要な展開上のヒントを見逃してしまいそうなのだ。私個人は、そういう作品もあるべき（「あってもいい」ではなく）と思っているが、紹介のしかたは難しい。

本作でのミサ（上野なつひ）は、一年分の記憶を失っており、自ら「黒井ミサ。魔女」と名乗る。それに絡んでくるのが、南淵高校でのイケメン、岸田を巡る少女たちの競り合いと呪い、それとは全く別な、邪眼を持つグラビアアイドル・山中博美（来栖あつこ）がその力で仕事を得る様子、さらに私立探偵、田上寛（渡辺いっけい）の調査と介入、そして結末では、都心臨海の再開発を進める加茂康夫（西田健）と、さまざまな人物による独立した「眼」に関する物語が語られ、その合い間で放浪するミサは、やがて自分の真の過去を知ることになる。

ストーリーラインが幾筋も独立して進み、時にからみ合う本作は、あえて説明をせず、文字通り、見る人それぞれに、解釈をゆだねているところがある。それはそれでいいし、小中千昭、村井さだゆき、岡野ゆうきの佐伯日菜子版『エコエコ』初期エピソードを書いた三人による脚本は（今回は、小中氏がシリーズ構成を務めている）、質の低いものではない、と思われる。小中氏の手がけた作品では、『serial experiments lain』* に相通ずるものがある。決して散漫な

*『serial experiments lain』——九〇年代を代表するアニメ。サイバースペースと日常の高校生活の間でさまよう、内気な少女・玲音の物語。シナリオブックが出ているが、お勧め。

物語ではないことは、すべての要素がひとつにまとまって、クライマックスになだれ込む結末を見れば、分かるだろう。

ただ、特に中盤に至るまでは、散文的であり、そこらの作品と同じく気楽に見ていると、置いていかれてしまう、ということは、言ってもかまわないと思う。私は本シリーズを三回見ているが、まだ、理解し尽くした、とは言えない。どうか、これからご覧になる方は、二度、三度と見ていただきたい、と思う。

2-4 三本の映画『エコエコアザラク』（〇一年〜〇六年）

今世紀に入ってからの『エコエコアザラク』は、映画でも数本が作られている。

まずは、〇一年四月の『EKOEKO AZARAK エコエコアザラク』（ギャガ・東映ビデオ・円谷映像）。ミサを演じたのは加藤夏希。かなり原作に近い顔立ちである。脚本は、八〇年代に『星空のむこうの国』の脚本や、数多くのジュニア小説、特にコバルト文庫で活躍した小林弘利、監督は、『ケータイ刑事』シリーズなどで活躍した鈴木浩介（俳優の鈴木浩介とは別人）。

八王子の山中で起きた若者たちの惨殺事件から、ひとりだけ生還した少女・黒井ミサ（加藤夏希）は、事件の記憶を失っていた。彼女を疑う刑事たち（諏訪太朗、津田寛治）や、ミサを直観的に魔女と決め付け、執拗にいたぶるテレビディレクター・前田（遠藤憲一）によって、ミサは窮地に立たされる。

一方で、イギリスにいるミサの父は、母を殺して自分も死んだらしいが、このエピソードがなぜ入っているのか、特に納得のいく説明はない。同級生の仁美（大谷みつほ）や、精神病医の田上（光石研）は、ミサを救おうとするが、暴走する前田は、行きずりの女子高生をミサに仕立て上げ、魔女としてテレビに出演させる。そのおかげで、一度はミサを信じてくれた同級生もまたパニックになり、ミサは学校を逃げ出し、仁美や田上、仲間のケンジ（高野八誠）らと共に、テレビ局へ向かう。そこで前田にサディスティックに挑発されたミサは、不意に事件の記憶、自分が本物の魔女であることを思い出す。

刑事たちも詰めかけ、事件の関係者全員がスタジオに集まったとき、ミサは呪文を唱える。意味ありげなスタジオのドアのアップ。いよいよミサの力が発動……と思ったとき、映像はドアのアップから、いきなり街頭のテレビへと変わり、テレビ局で関係者全員が惨殺されたことが告げられ、ドラマは終わる。

いやいや、そこまでいたぶったら、ミサが実際に映像上で惨劇を引きおこす、負のカタルシスでしょう？　と思うのだが、ほんとうにこの作品では、クライマックスが肩すかしされてしまうのだ。これには参った。

ただまあ、加藤夏希や遠藤憲一のファンなら、それなりには楽しめるのではないか。

続いては、〇六年の『エコエコアザラク　R-Page』『B-Page』の二本立て。制作はエイベックスエンターテインメントと円谷エンターテインメント（旧・円谷映像）。

『エコエコアザラク』を描くとき、難しいのは、具体的な事件を描くことだ。テレビシリーズの面白さを味わった私には、なぜできないのか分かりづらいのだが、少なくとも映画化された『エコエコアザラク』は、どれも、事件そのものが物足りない。人物に着目して言うと、ミサが想像以上に、何もしないまま終わることが多い。

今回のミサ（近藤成美）も、黒魔術の結界が破れ、悪魔・エゼキエルが地上に降りたことを受けて、謎のリーダー（ＩＺＡＭ*）を始めとする黒魔術集団によって、どこかの地方都市に遣わされるのだが、驚くほど何もしない。彼女だけではなく、一年前から問題となっている神父（篠井英介）の死について追う、ジャーナリストの山内《やまのうち》隆（虎牙光輝）も、なんとなくうろちょろしているだけで、ふっ、と気を抜くと、いなくなったことすら見過ごしてしまう。前編に当たる『R-Page』では、悪魔の降臨に関わったらしい修道女・成瀬梢（伊藤裕子）が破滅して終わり、後編の『B-Page』では、そもそものエゼキエルの正体について、まあまあ意外な結末が待っているのだが、その頃には、観客は本題へ

ISAM——263ページ参照。

の興味を失っているのではないか、という疑いがある。

　ミサを演じた近野成美は、あごがしっかりしているが、そう悪くはない。しかし、例えば後編に出る野村宏伸が、ＤＶＤケースのキャスト紹介では「リョウの弁護士」となっているのが、映像のほうでは「医師」になっており、結果的にはそんなことどっちでもよくなっている。そういう混乱がある作品で、個人的には、これでいいのかなあ……と不安になる。


　こうして、それぞれ難点はあるが、何度となく劇場版映画化されてきた『エコエコアザラク』だが、最後に原作者・古賀新一が自ら制作に関わった二本の映像版『エコエコ』について、触れておくとしよう。やや、語りすぎた感はあるのだが……。

2-5　古賀新一による『エコエコアザラク』

『エコエコアザラク』の原作者、古賀新一には、今までに直接関わった映像作品が二本ある。

　一本は、〇七年の「画ニメ」と呼ばれる作品だ。東映アニメーションの制作となっているが、原作・脚本・原動画が古賀新一であり、果たした役割は大きいと思われる。もともとＤＶＤ発売のために作られたが、劇場公開もされている。

この作品だが、絵は殆ど動いていない。アニメではない、静止画などをカメラワークで見せる作品は、楳図かずおの『猫目小僧』などがあるが、それよりも動いていない感じだ。

幸いにして、合計二三分で二話、という構成なので、それほど苦痛ではないのだが、ほぼ完全な紙芝居を見せられてもなあ……と、思わないではない。

それを無理やり棚に上げて言えば、原作の、特にミサに関わるブラックユーモアの部分が映像化された、初のエコエコアザラク、と言ってもいいのではないか、と思う。これはこれで貴重だ、とは言える。

監督は長江俊和だが、きわめて古賀新一のプライベートフィルムに近いできばえだ。

もう一本は、一一年に古賀新一が原作・脚本・監督をして、山口ヒロキが監督補・編集を務めた、『エコエコアザラク 黒井ミサ　ファースト・エピソード』（制作はジェネオン・ユニバーサル・エンターテインメント）である。

この作品では、伝説の大魔術師・ガンガーガム（栩原楽人）に、ミサ（前田希美）が闘いを挑まれる。ガンガーガムは、魔術師集団をあやつり、ミサを翻弄する。それに対して、ミサの叔父が、ガンガーガムを倒すためのある道具を発見し、ミサにそれを遣うよう、事細かに指示するのだが、ミサはなぜか、その術の使用を拒絶する。この意味が分からない。忌避する理由が描かれていないのだ。

もっと分からないのがガンガーガムの行動で、女子高生を数人拉致するが、その後は、その辺のチーマーっぽいあんちゃんの仲間たちと、ひたすら飲んで騒いでいるだけなのである。作中では「サバト」と説明されているが、そんな大したものには見えない。

結局、ミサは叔父を信じ、山奥へ行く。そこで魔術師集団が攻めてくるのだが、事件はあっけなく終わる。何が『ファースト』なのかも、明らかにはならない。

六一分という時間を、監督はもてあましているように見える。また、ガンガーガムとの対決が、直接のものではない。ミサとガンガーガムは、一度も向き合わないのだ。

あと、これは書くべきかどうか悩んだが、前田希美のビジュアルも弱い。主役の顔になっていないのだ。これは、本人と言うより、製作サイドの責任だろう。

まあ、制作現場がきつかったのだろうな……としておくしかなさそうだ。

長くなったが、これが二〇一四年九月現在、映像化されている『エコエコアザラク』の全てである。

ここで、再び佐伯日菜子のテレビ版『エコエコアザラク』に立ち返ると、この番組の好評で、テレビ東京は、『ねらわれた学園』『七瀬ふたたび』と、少女ヒーロー作品を連発する。これから、それらを見ていこう。

3-1 『ねらわれた学園』前史

この章はテレビ東京版に時系列を合わせているため、『エコエコアザラク』の次は『ねらわれた学園』になる。

『ねらわれた学園』は、もともと関耕児が主役の話で、最初に映像化された、NHK少年ドラマシリーズ『未来からの挑戦』*（七七年）では、関耕児が主人公となっているのだが、先に触れた角川映画『ねらわれた学園』（八一年）から先は、同級生の楠本和美（角川版では薬師丸ひろ子）が主役となっている。これも角川＝大林の先駆けである。なお、『未来からの挑戦』は、一部だが復元されたDVDソフトが出ている。

『ねらわれた学園』の、そもそもの主題は、ファシズムへの抵抗である。眉村卓の原作では、具体的には耕児の父の、次の台詞で表わされる。

*『未来からの挑戦』――原作は眉村卓の『ねらわれた学園』と『地獄の才能』。

「ちがうね」

父は一語一語くぎるようにいった。いつになく、鋭い目になっていた。「取り締まるものと取り締まられるもの、正しいものとそうでないものを、どういう基準で決めるんだね？　こういうことは、ひとりでにエスカレートする。生徒たちはいまのところ、そのパトロールなるものが、正しい側に立っているように考えているのだろうが、やがて、正義の名のもとに、いろんなことがおこなわれるようになる。みんなはそのたびに、まあこの程度まではしかたがないと一歩ずつ譲歩し、あるときはっと気がつくと、身動きできなくなっているんだ。それが、ファッションというものだ。耕児たちの学校は、いまその道をたどりはじめている。やがて、お互い同士が警戒しあい、信じあえなくなるような状態がくるかもしれない。その意味で……私は危険だと思うね」（角川文庫より）

これが現在の世相に通ずることは、誰にも否定できない、いや、否定してはいけないことだ。未来社会を良くする、という名目の許、学園をファシズムで支配しようとする高見沢みちる、その背後にいる未来人・京極と、耕児・和美ら自由を守る者との闘いのドラマなのだ。

『未来からの挑戦』以降、このテーマは薬師丸ひろ子版、原田知世版、そして、ここに紹介する新田恵利版のドラマに受け継がれている。ここでは、まず、あまり語られることのない新田恵利版を紹介しておこう。

新田恵利版の『ねらわれた学園』(八七年、フジテレビ・東宝)は、いわゆる月曜テレビランドの一本のせいか、ウィキペディアにも詳しい記述はない。しかし、このドラマの企画は亀山千広(現・フジテレビ社長)、石原隆の『踊る大捜査線』コンビ、監督が『禁じられたマリコ』の萩原鐵太郎ということで、信じてもらえないほど、生真面目に作られている。脚本は奥村俊雄。

ドラマの初めから、和美(新田恵利)や耕児(津川俊之)の通うセイリョウ学園*は、高見沢みちる(藤代宮奈子*)の率いる生徒会パトロールによって、厳しい規律の締めつけに遭っている。そんな中、冒頭五分ほどで、和美の超能力*は発動し、みちるは未来から来た京極(京本政樹)と、学園を改造すべく話し合っている。いい滑り出しだ。

原作にある程度忠実なのは、このドラマでは、和美はここぞというときにしか超能力が使えず、また、ラストのみちるとの対決でも、勝つことはない。その代わりに耕児が行動力を発揮して、生徒たちを団結させていく。ひとりひとりでは、みちるの超能力に屈してしまうが、みんなが一緒に闘えば、みちるにもさばききれない、という、ファシズムへの抵抗として考えれば、至ってまっ

セイリョウ学園――聴き取った限り、『星稜学園』辺りが妥当かもしれないが、今までのところ、確定する証拠は見つかっていない。

藤代宮奈子――前に説明した通り、『スケバン刑事　風間三姉妹の逆襲』などに出演している。『太陽にほえろ！』への出演歴もある。

超能力――番組内でそう呼ばれているのでそれに従う。

とうな物語である。

結局、京極は学園支配を諦めるが、「我々が狙う学園はいくらでもある」、と捨てぜりふを残し、みちると共に消える。ラストシーンでは、和美は、他の学校の制服を着たみちるとすれ違う。余韻が残る結末である。

新田恵利は、想像されるほど大根ではないが、女優として大きく出られるほどの演技力はない。または学業と仕事の両立で多忙だったのか、あまり前面には出ていない。そのせいか、たとえば和美の妹には、萩原監督の『禁じられたマリコ』や、『V・マドンナ大戦争』で脇役を務めた今野りえが配されるなど、少女ヒーローの観点から見ても、おもしろい作品になっている、と私は思う。版権の問題などがあるのかもしれないが、ぜひ再放送して欲しい作品だ。

3-2　映画版『ねらわれた学園 THE MESSIAH FROM THE FUTURE』

（九七年三月）ギャガ、円谷映像

『ねらわれた学園』を、私は主演女優で識別しているのだが、村田和美の『ねらわれた学園』には映画とテレビ版があり、相棒の関耕児が柏原収史であることまで同じながら、ストーリーと設定がまったく違うので、ここでは「映画版」としておこう。

『1997年11月11日
我々、新人類が世界を支配し始める……。
その第一歩がこの学園である』

こんな文章が、パソコンのモニタに表わされる所から、話は始まる。そのことばに呼応するように、学園（私立飛鳥山学園高校）の中で、生徒たちが次々に、超能力に目醒める。トランプの札を当てたり、複雑な計算を難なくこなしたり、バスケットボールのゴールを連続して決めたり……。

一方、生徒会長に就任した高見沢みちる（佐伯日菜子）は、規律を守り、高校生らしい学園にする、と宣言していたが、すでにその行き過ぎた厳しさは問題になっている。生徒のひとり、杏子はハッとする。「（今のみちるは）高見沢さんじゃない！」

しかし、その杏子は校舎の屋上から落ち、病院に運ばれる。だが翌日になると、クラスの生徒たちは、杏子という生徒の存在そのものを、なかったことにしている。それだけではなく、見舞いに行ったクラスメイトのサツキは拉致され、和美が家へ訪ねていくと、親からそんな子はいない、と言われてしまう。

ひとつひとつの出来事が起きる度に、和美は「いやな感覚」を覚えるようになる。なぜか、事件が起きる度に、ノイズが聴こえるのだ。和美と耕児を始めとする生徒たちはノイズの源を探ろうとするが、次々と生徒会のパトロールにつかまり、消される。

講堂で、みちるは演説する。

「二〇八〇年代には、全人類の二〇パーセントが新人類、という時代になります。そして、悲劇が始まります。その二〇パーセントの新人類が、世界を支配し始めるのです」

残りの八〇パーセントは家畜同然になる、とみちるは語る。その原因が、この学園にある、と。

和美は気づく。「あの人（みちる）、人間じゃないみたい。（中略）心がないの」

かくして、物語は、とびきり強い能力を持つらしい和美と、みちるとの対決になる。しかしそこで、思いがけないメサイア＝救世主*が現われる。

七八分という短さと、おそらくはかなりの低予算を、脚本（映画『エコエコアザラク』の佐藤嗣麻子と監督の清水厚の共作）と監督は逆手に取り、人けのない校舎や、がらんとした講堂などを異様なものに映してみせた。また、無駄のない、引き締まった話にもなっている。

それにも増して好評だったのは、高見沢みちる役の佐伯日菜子である。ややこなれていないが、甘い所のない風貌で、主役を圧倒した。この映画が『エコ

救世主――実は、関耕児は未来から来たタイム・パトロール員で、事件みちるの過去改変を阻止し、和美の記憶をなかったことにして、も消すのだった。

エコアザラク』のミサ役につながる、ともされる。
たいへん気持ちのいい映画で、ぜひ見ていただきたいので、結末については、注にのみ記すことにした。この辺の線引きは判断が難しいのだが、原作とはまるで違った、納得のいく結末である。

3-3　テレ東版『ねらわれた学園』（九七年八月〜九月）円谷映像

村田和美が主演の『ねらわれた学園』は、テレビでも、テレビ東京系列で土曜深夜に放送された。メイン脚本家は『エコエコアザラク』の村井さだゆき氏であり、小中千昭氏なども参加している。

この壮大なドラマを、一項目で説明できる自信はないが、なんとか取り組んでみよう。

物語は放課後の一里塚学園高校。居眠りしている西澤響子*（三輪ひとみ*）から始まる。壁新聞では、高見沢みちる（馬渕英里何）が生徒会長に当選したこと、学校地下で（ライナーでは学校付近で、となっている）で縄文遺跡が発掘されたことが示されている。

新聞部のサイトに、谷山先生と響子の密会写真が掲載され、先生は休職処分になる。響子の親友、和美（村田和美）は抗議に押しかけるが、相手にされな

西澤響子――『ねらわれた学園』での彼女は、杏子と響子のふたつの表記がある。ここではできるだけ、それぞれの作品に当たってみたが、ウィキペディアでしか確認できないヴァージョンがあることにご留意されたい。原作では、響子。

三輪ひとみ――『D坂の殺人事件』（九七年）の小林芳雄少年役や、数多いホラー映画に出演した。

い。一方、関耕児（柏原収史）は、コイントスで七七回、表を出す。響子の一件で、和美と耕児が口論中、パソコンのモニタから怪しい光と共に、胎児のイメージがあふれ出し、ふたりは頭を抱える。異常が収まってみると、新聞部のサイトでは、響子の顔のモザイクが取れて、素顔が映っている。放課後のカラオケで、和美は響子に、不倫はよくない、と説くが、響子は取り合わない。

その響子は、学園へ来ると、指先にシャーペンを立てることができるようになっている。他の生徒も、蛇口の水流を曲げたり、煙草にひとりでに火を点けたり、次々に怪現象を起こす。さらに響子は、世界史の時間に当てられるが、答をとめどなく語り始め、露骨に異様な様子を示す。

「九八年六月一〇日、一五のフィールドによる情報統制管理実験開始。九九年五月二八日、五ヶ国同時クーデター勃発。二〇〇〇年一二月三一日、粛清。二〇〇一年一月一日、暫定的世界政府樹立」。語り終えて、響子は微笑む。身のすくむ和美。

……とまあ、これだけの内容が第一話三〇分に詰めこまれている。村井氏の脚本は、異様な状況を、説明なしにぶつけてくる特徴があるが、このテレ東版『ねらわれた学園』では、その異能が最大限、発揮されていると思う。

その後、ストーリーは学園の異常さと響子の不可解な様子、そして高見沢みちるの異様な言動と、回を追うにつれて奇怪さが増していく。第四話では、掲示板に生徒会からの「お知らせ」が貼り出される。「7月1日付けをもって従来の校則は全て廃止されました。以降、本学園は自立共鳴システムによって運営されます。」

和美はみちるに迫るが、常に無気味な微笑みをたたえたみちるは、得体の知れない力で、和美を圧倒する。話し合っているうちに、和美は汗まみれになり、鼻血を流す。微笑むみちる。「今のあなたの悩みとか迷いとか、いやな気分とか、そんなの全部、消えちゃうのにな。崇高にして深遠な、あの人の思考（シキ？）*に触れさえすれば」

生徒たちは生気をなくし、異常な行動を取るばかりだ。教員たちも、怪しい言動をしている、と担任の岡嶋先生は語る。職員会議にみちるが出席し、岡嶋先生は排除されたのだ。その岡嶋も、異様な言動を始める。やがて、和美までがみちるの力に支配されたように見える。

難解な物語は、しかし、やがてひとつの線へと収束する。事件の背後にいる京極の、あまりにも奇怪な正体と、高見沢みちるとの関係へと。私のノートでは、五ページにわたって記録したその結末は、今までの『ねらわれた学園』を圧倒するものだった。ここに記したいが、どう詰めても、著しくバランスを欠くので、割愛せざるを得ないことを、お許しいただきたい。いたずらに難解なだけではなく、全てのことに理由がある、とだけは言っておこう。

シキ？——この『ねらわれた学園』では、数箇所、聴き取れない箇所がある。私の能力不足によるものか、台詞が難しすぎるのかは、いまのところ不明。

ただ、単なる娯楽として見ると、次のような会話が頻出することを、お断わりしておく。

みちる「でもなんでだろう。あと一歩で臨界値超えるはずだったのに。和美の力って何？」
和美「私の力じゃないよ。分からない？　小数点二〇位以下の誤差が、ストレンジャートラクターを生むんだよ」
みちる「思い出すべきだった。進化はいつも、偶然に支配されてたんだもんね」

和美は主役であっても、ヒーローというわけではない、とも言えるのだが、この作品、そして『ねらわれた学園』全体は、本書に掲載すべき価値がある、と思うのだ。このテレ東版も、できれば二度、三度と見ていただきたい作品である。話が「濃い」のだ。

作品の密度に筆が追いつかなかったことを、ここにお詫びするが、最後にひとつ、この作品が「ノリノリ」で撮られた証拠を残しておこう。第三話で、和美たちが地階へ行こうと階段を降りていると、踊り場に、なんの説明もなく小さな男の子が座っていて、和美たちはそれに気づいていない、というカットがあるのだ。これはスタッフの遊びだったのだが、作品の異様なムードと相まって、テレビ局には「オバケですか?」と、問い合わせの電話が多数寄せられた、という。この作品が、SFというよりホラーに近いものであることを示すエピソードだと思うのだが、いかがだろうか。

『ねらわれた学園』は、本書に収録したものの他に、角川映画によるアニメ版があるが、今回は、言及する余裕がなかった。アニメの中で少女ヒーロー映像を探ると、私の能力では到底、追いつかないのである。これもまた、お許しいただきたい。

4-1　少年ドラマシリーズ『七瀬ふたたび』(七九年) NHK

なぜこのタイミングで、『七瀬ふたたび』が出てくるかなのだが、当初の予定では、テレ東版『七瀬ふたたび』だけを紹介するつもりだった。それが、挙げられるだけの作品群を精査しよう、という気持ちになったため、ここでは『七瀬ふたたび』を、全バージョン、紹介することにした。

筒井康隆が原作のドラマは、『時をかける少女』といい、本作の前に当たる『家族八景』といい、映像化回数が多く、この『七瀬ふたたび』も、五回、映像化されているのだが、その理由は、いずれも女性主人公の話であり、その女性が魅力的であることと、原作に忠実に描かれているのが、魅力なのかも知れない。

先に書いたように、『家族八景』の続編に当たる本作は、都会での生活に疲れて旅に出たテレパス・火田七瀬（多岐川裕美）が、旅に出た途中の列車が土砂崩れに巻きこまれて乗客が死ぬことを予知するところから始まる。その汽車には、同じように超能力を持つ画家、岩渕恒夫（堀内正美）と、少年ノリオ（新垣嘉啓）が乗り合わせており、三人は、前の駅で列車を降りる。七瀬は、車内の乗客にも汽車を降りるよう呼びかけようとするが、予知の通り、歯牙にもかけられず、最低限、自分たちの命を守ることしかできない。

こうして知り合った七瀬たちだが、超能力者は迫害される運命にある。テレパスである七瀬やノリオ、予知能力者の恒夫は、常人には力を知られないように、生きていくしかないのだ。

とりあえず、恒夫は北海道へ旅立ち、七瀬とノリオは東京へ行く。「ふたりの存在を不自然にしないためには、雑踏が必要だった」と、ご存じナレーションの神・芥川隆行が語るからそうなのだろう。七瀬は、とりあえず現金収入が欲しいため、バーのホステスとして働くが、そこで透視能力を持つ会社社長に出会い、迫られる。それを助けるのが、黒人のウェイター、ヘンリー（アレクサンダー・イーズリー）で、彼は七瀬の命令を受けたときだけ、力を発揮する。

七瀬はヘンリーの上位自我と呼ばれる存在なのだ。『御主人様』、と言えば分かりやすいだろうか。

その会社社長をやっつけたため、七瀬はフリーの記者、山村（高橋長英）に目をつけられる。都会に居づらくなった七瀬たちはフェリーで北海道へ行くが、そのフェリーの中で、殺人未遂の事件に巻きこまれ、窮地に追い込まれたところを、タイム・トラベラーの漁藤子《すなどり》（村地弘美*）に助けられる。

やがて彼らは、北海道に安住の地を見つけるが……これ以上の話は、原作にほぼ忠実なので、せめて原作だけでも読んでいただきたいが、七瀬たちは、超能力者の存在を認めない、邪悪な集団に追いつめられる。

石堂淑朗の脚本は、非常にスマートなものである。記者の山村が、七瀬たちの存在を明るみに出そうとしたとき、恒夫は語る。

「どうしても分かってもらえないんですね。僕たちには、あなたが武器としているペンとカメラを奪うことは容易にできます。そんなことをしたくない」

この台詞で、山村は全てを悟り、カメラのフィルムを抜き、原稿を捨てる。そして七瀬たちの協力者として働くのだが、物語の最後で森に倒れていた山村は、ガソリンスタンドに停めていた車の許に戻ったとき、店員のことばから、自分が一ヶ月間、気を失っていたらしいことを知る。山村は内心で呟く。

「あのできごとは、ほんとうにあったことなんだろうか。ほんとに七瀬って女

*村地弘美——龍角散のCMで、マドンナ役として評判になった、それこそ美少女。「横溝正史シリーズ」の『仮面舞踏会』にも出ている。

の子は、いたんだろうか」

そこへ芥川隆行のナレーションが入る。

「これで、物語『七瀬ふたたび』は終わった。七瀬が三たび、諸君らの前に現われるかどうかは、誰も知らない。作者、筒井康隆を別にして」

そして物語は、すぱっ、と終わる。

このドラマが始まる二年前、本作の続編、『エディプスの恋人』*が発表されているので、その気になれば、続きを知ることは可能だったのだが、当時の私は、そんなことには思いもよらず、ショッキングなラストシーンに茫然としていた記憶がある。

少女ヒーローというには、やや設定年齢の高いらしい*（映像で語られたことはない）七瀬だが、少年ドラマシリーズ、フジテレビ『木曜の怪談』枠など、ジュブナイルのドラマ枠で光を放った、というかショックの大きかった本作は、敢えて紹介すべきものと考える。スタッフも、『少年ドラマシリーズ』の制作・黛叶、演出の佐藤和哉などが参加している本作を、少女ヒーロー作品とすることに、さほどの無理はないだろう。

時間軸が錯綜するのでためらわれるが、『スケバン刑事Ⅲ』で扱われた、運命共同体となった小集団が、自分たちのための「家族」を作ろうとする試みは、この七九年では、迫害と阻害しか得られなかった。恒夫は、山村に正体を明か

『エディプスの恋人』——単なる続編とはいえない、「怖ろしい」物語である。

年齢の高いらしい——原作での七瀬は二〇歳となっている。

したときに言う。「あなたは世間の好奇心ってものを、軽く見過ぎているんじゃないですか」

この、超能力者がその能力が故に不幸に陥る、という設定は、九二年〜九三年の『NIGHT HEAD』*や、宮部みゆき原作の『クロスファイア』（映画は〇〇年）などにも引きつがれる、超能力ものの定番とも言えるのだが、どれを見ても、ハッピーエンドになることは、できない。

長いこと、その理由を考えていたのだが、オラフ・ステープルドン『オッド・ジョン』*（三五年）の昔から、超能力者集団は孤独だった。その系譜を……と書いたときに、ごく単純な答が出てきた。どんな人間であれ、他人に本心を読まれることを好みはしない（と、私は思う）。自分の頭の中でぐらいは、あるいは奔放な思考や妄想までも、制御不能に思い巡らせてしまうものであり、それを「本心」と呼ぶべきではないだろう、と思うのだ。

電車の中で、向かいに座っている女性の足がきれいでも、「きれいな足だなあ……」と思ったとして、それが相手に分かった場合、不快に思われないとも限らず、しかし、それは散漫な妄想のかけらに過ぎない。そして、それを知られることは、決して望ましいものではない。

超能力者は、この『七瀬ふたたび』の中で言われているように、「普通の人たちとの断絶の辛さ」に縛られている。それが故に、切ない存在である。『七瀬ふ

『NIGHT HEAD』——豊川悦司、武田真治の、それぞれの出世作となった深夜ドラマ。超能力を持つ兄弟の、放浪と迫害を描く。メインの脚本・演出／飯田譲治。

オラフ・ステープルドン『オッド・ジョン』——迫害された超能力者と権力との闘いを描く。日本での訳出は六七年。

たたび』は、そこに生まれる切なさ故に愛されている作品なのかもしれない。

4-2　フジ『木曜の怪談』枠『七瀬ふたたび』（九五年～九六年）

「神様。なぜ超能力者をこの世に遣わされたのですか。人類を試すためだったのでしょうか。それなら、もしそうだとしたら神様、人類はまだまだです」

原作『七瀬ふたたび』の幕切れ寸前に七瀬が吐く言葉であり、NHK版の同作でも、ラスト近くの七瀬の台詞として、印象に残るものだが、ここにご紹介する、『木曜の怪談』枠の『七瀬ふたたび』（制作はセントラルアーツ、フジテレビ）では、その台詞の前の部分（原作で）が、口調を変えて使われている。「神様、どうして超能力なんていう突然変異を人類に与えたのですか。私たちが死んだ後で、もっと多くの超能力者たちが生まれるのですか。人間を自然淘汰するために、この世の秩序を壊すために……私たちは、生きていてはいけない存在なのですか」

この部分が、『七瀬ふたたび』の肝となる命題、即ち、なぜ超能力が存在するのか、それになんの意味があるのか、という問題への解答である。だが、フジテレビ版『七瀬ふたたび』は、それを無定見に引き写したわけではない。なぜなら、右の台詞に続く、重要な七瀬のモノローグが、カットされているからである。

「じゃ、その人たち（超能力者）は普通人を自然淘汰するの。ねえ。どうなの。なんとか仲良くやっていくことはできないの。ああ。そんなこと、わたしにとってはもうどうでもいいことだわ。でも、その時は、お願いだから、その人たちにわたしたちのような苦しみを味わわせないでね。迫害される苦しみを、できるだけ柔らげてあげて頂戴」

七瀬たち超能力者が、どうして人類と共存できないのか、については、前の項で触れたが、このフジ版では、「よけいな」台詞をカットして、私たち人類が、超能力者とは結局共存できないものなのだ、という厳しい結末を見せている。少なくとも、私はそう思う。

ドラマだけを見ていると、フジ版『七瀬』は、NHK版の半分の長さ（三〇分×六話）ということもあり、ダイジェストのように見えてしまうおそれがあるが、実際に見ると、原作を忠実に活かして描かれた作品である。

生活のために水商売を始める七瀬、そこで起こるダイヤモンド紛失騒動、いきなり船に乗って旅に出る七瀬たち……殆どが原作通りである。ラストシーンで、先ほど紹介した台詞を呟いた後、七瀬は、仲間たち超能力者が幸せに生きられるパラレルワールドを幻視しつつ、意識を失っていく、そこまでも忠実に描かれている。

このフジ版『七瀬』が、どことなく盛り上がりに欠けるように感じるのは、おそらくは、その忠実さ故であり、行間を描き出す力に欠けているのだろう、と私は思う。もうひとつの理由は、私が七瀬役の水野真紀を、あまり好きではないからかもしれない。

しかし、それは大きなお世話というものであり、これはこれで、立派なひとつの作品なのである。

4-3　テレ東版『七瀬ふたたび』（九八年四月〜七月）テレビ東京・円谷映像

九八年の『七瀬ふたたび』は、ソフト（ＶＨＳ）で見ると、全一二話が三話ずつ四巻に分かれており、「本作はシリーズ（全４巻）ですが、各巻ストーリーが完結していますのでどこからでもお楽しみいただけます」という注意書きがある。ずいぶん大胆なお言葉だが、私には、そうは思われない。

第一巻「対立概念」で描かれるのは、都内のクラブに仕掛けられた時限爆弾を予知する七瀬（渡辺由紀）、ノリオ（安達哲朗）、恒夫（谷原章介）の三人の奮戦だが、予知能力者の恒夫は、「未来は変えられない」、として事件への関与は消極的である。最初の回で、ノリオが原作及び今までの映像と違って、年齢がかなり高くなっている（中学生だろうか）ことや、恒夫がかなり高名なイラストレイターであることなどが示される。結局、恒夫が時限爆弾を解除したのに、クラブはガス爆発で爆破されてしまう。

第二巻「上位自我」では、七瀬は透視能力を持つ西尾と、念動力を持つヘンリー（SLY　ATAGA）に出会い、クラブに現れた強盗に絶体絶命の危機に陥るが、ヘンリーの力で強盗は相討ちになって死ぬ。七瀬に迫った西尾も、ヘンリーにより、惨殺される。七瀬は、超能力を持った者を殺して回る機関の存在を知り、海外へ出ようとする。

第三巻「心的力域」では、海外へ行こうとした七瀬、ノリオ、ヘンリーの三人は、パスポートを持っていない、という問題に気づくが、偽造屋の黄（ウォン。演じるのはでんでん[*]）に殺されそうになる。黄は彼らを臓器売買にかけようとしたのだ。

一方、狙撃手に撃たれそうになった七瀬は、タイム・トラベラーの漁藤子（篠原直美）に出逢い、その力で時をさかのぼり、事件をないものにしようとするが、……そこから先が分からない。私の知人は、この作品を「シュール」と表現していたが、実際のところ、七瀬たちが何度も時をさかのぼることや、事件を追う松井刑事（若松武史）の追及などは、話が込み入りすぎて、正確に理解することは、私にはできかねる。しつこい追及の末、松井刑事は七瀬に、「君は超能力者じゃない」、人の心が読めるという妄想があるだけ、と告げて、七

＊でんでん——お笑い芸人を経て、味のある脇役として活躍中。本書の読者には、黒沢清監督『CURE』の、交番の警官を想起されたい。

瀬を解放し、自らは死んだらしいのだが、それすら明らかには分からないほど、話は入り組み過ぎている。

そして第四巻「涅槃原則」では、藤子の叔父で獣医の漁連平（筒井康隆）が七瀬たちに理解を示し、みんなで北海道の牧場へ逃げよう、と提案するが、飛行機のチケットを取ってしまったことから居所を探られ、死ぬ。恒夫も、ここへ来て急に、七瀬への愛を叫んで死ぬ。七瀬たちは、不気味な殺し屋の（という設定らしい）子どもたちに会う。この社会への「革命を起こそう」、と子どもたちのリーダーは言うのだが、藤子が未来からタイムトラベルしてきて、五分後、七瀬たちが襲われることを告げる。「七瀬さんは、普通の人間と（超能力者が）共存するための架け橋」、という言葉を残して絶命する藤子。ノリオとヘンリーは、敵の力で、鉄骨のようなものの下敷きになり、瀕死の状態だ。機関のリーダーと、七瀬、そして七瀬に命じられることで力を発揮するヘンリーとの激闘があり、七瀬はノリオを逃がす。「あなたは生き延びなきゃだめ。ここで闘いが終わったわけじゃないの。私たちの闘いを他の能力者に伝える使命があるの」

ここで映像は、七瀬たちの幸せな生活の様子を描く。だが、気がつくと、それはノリオの幻視だ。現実のノリオは道ばたでアクセサリーを売っている。

そして、七瀬たちがどうなったのか分からないまま、話は唐突に終わる……。

こうして四巻を通して見た、私の結論を言えば、「どの巻から見ても、よく分からない」、というのが正直な感想だ。私はすでに、村井さだゆき脚本の「ねらわれた学園」という難解な映像を見ている。しかしあれは、一本の太い筋を通した上での意図的な難解さであり、この作品とは大いに異なる。何しろ、どこから見ても同じだ、と言うのだ。筋も何もあったものではない。

実際、私は大いに当惑している、としか言いようがない。

4-4 『七瀬ふたたび』NHKドラマ8版（〇八年）

ドラマ8は、四五分枠のドラマシリーズであり、『七瀬ふたたび』は全一〇話で作られた。正味時間の（現在）最も長い『七瀬』である。

このドラマでは、七瀬（蓮佛美沙子）には両親がいる。父親の火田精一郎（小日向文世）は、超能力を（ドラマでは「未知能力」と呼んでいる）研究していたが、ある日、研究をやめ、実験に参加した七瀬の記憶を封印し、名前も母の旧名に変えさせて逃がし、自分も姿を消したのだった。

倒れた母の葬儀の夜、七瀬はいきなり、人の心の声が聴こえるようになる。一方で、刑事の高村（市川亀次郎）は、若い女性の連続殺人を追っていたが、青年、恒介（塩谷瞬）に目をつける。こうして、事件は動きだす。

遺品を整理していた七瀬は、父が自殺したとの新聞記事を見つけるが、父の勤務先に、その記録はない。死の謎を抱えたまま、七瀬は列車に乗り、そこで、今までにくり返されてきた、列車事故から朗（原作ではノリオ）とふたりが逃れるシークエンスが広げられる。

七瀬は、勤めていた老人ホームに行くが、すでに列車の一件は、みんなに知られており、お年寄りたちも、おびえている。七瀬は老人ホームをやめて、生前の父を知っている大学准教授、漁藤子（水野美紀*）に逢い、そのせいで藤子は七瀬がテレパスだと知る。

そうこうしているうちに、七瀬は、マジシャンとして「クエスチョン」というバーに勤めている恒介と出逢い、また、気のいい友人、真弓瑠璃*（柳原可奈子）に上京を勧められる。こうして、七瀬は恒介の働くバーでバイトを始め、そこへ、施設に送られそうになった朗も合流し、店長（北村総一朗）の養子となる。更に、店のバーテン、ヘンリーこと岸谷直人（郭智博）は念動力、また漁も、自らがタイムトラベル能力を持つことを知り、超能力者集団となって、邪悪な超能力者、西尾正人（今井朋彦）、またその所属する超能力者集団、パクス・シエンティアと戦うことになる。

こうして見ていくと、今回の『七瀬』は異色作と言えるかもしれない。原作に忠実なのは、列車に三人が乗り合わせるところだけで、後は奔放なまでに、

水野美紀――フジ版の七瀬。水野真紀とおまちがえなく。

真弓瑠璃――原作のヘニーデ姫。

膨大な情報量のオリジナルなドラマが展開される。『魔夏少女』『家政婦のミタ』を書いた脚本家、伴一彦と、真柴あずさによる脚本は、しかし、サスペンスもサプライズもない（私が見る限りは、だが）。たとえば、高村刑事の追及を逃れるため、七瀬は真っ向から事実を知らせ、高村は納得する。藤子に高村は、「もともと、彼らの敵になったわけじゃない。事実が知りたいだけです」と知らせる。

このドラマ8版『七瀬』では、藤子が非常に大きな存在として描かれるのだが、そこで説明されるタイムトラベルの実相は、なかなかつかみにくい。また、今回は上位自我の関係にない（ついでに外国人でもない）ヘンリーは、殆ど活躍の場を失っている。

しかし、物語の芯は、他人の心に直接語りかけることのできる七瀬による「なぜ、超能力が生まれたのか」、という大きな問題になっている。ラスト近く、七瀬はテレパシーで、人びとに話しかける。

「昔、未知能力（台詞のまま）が眠ったのは、未知能力に頼らなくても、お互いを理解できるようになったから。きっと、そう。でも、再び私たちが目醒めた。みんなが心を閉ざして、自分以外の人を分かろうとしなくなったから」

これはこれで、超能力のひとつの解釈だろうが、私は、賛成しかねる。それは、人類史上、ことばなしにお互いを理解できる時代があった、とは思えないからだ。

しかし、そのように描くことを、否定するものではない。物語に希望を与えるのは、脚本家の良心であり、そこまでを否定してしまったら、人間の持つ善なる要素をも否定しかねない。

ただ、カタルシスを基本的に作らない作劇は、強いストレスをもたらすものであり、もう少し、途中でなんらかのカタルシスをもっと加えても、損はない、とは思う。フェリーで海へ落ちた女の子——このドラマでは少女になっている——を助けるシークエンスはあるものの、それはそれだけの話と、私には見えてしまう。そもそも、一行がフェリーに乗る必然性は、殆どないのだ。後付けの理由であり、必然性が感じられない。このドラマには、そういう箇所がいくつかある。

先に書いたように、このドラマは膨大な情報量を持っているので、私の読み違い、という可能性は捨てきれない。申しわけないとしか言いようがない。

4-5　映画『七瀬ふたたび』（一〇年）－ＭＪエンタテインメント

芦名星主演の映画『七瀬ふたたび』は、二〇一〇年、筒井康隆作家生活五〇周年作品として作られた。オーディオコメンタリー（音声解説）によれば、映画は脚本から一〇年の時を経てようやく作られ、当初は筒井康隆が出演する予定だったが、体調などの問題で、出演しないことになった、という。

ＮＨＫドラマ８版同様、この七瀬は、原作を大きく改変したストーリーになっている。

物語の冒頭で、七瀬とノリオ（今井悠貴）とヘンリー（ダンテ・カーヴァー＊）はすでに北海道の七瀬の別荘に結集しており、また、この作品では岩淵了（田中圭）となっている画家の青年とも、すでに出逢っている。海外のカジノで一儲けした七瀬が帰ってくるところがファーストシーンだが、その帰ってきた空港で、七瀬は、超能力者を殲滅させようとする謎の集団の狙撃手に撃たれ、危うく難を逃れる。

また、漁藤子（佐藤江梨子）ともすでに出逢っているのだが、このことは大きな意味を持つ。物語の最後に、藤子が必死の思いで時を遡ると、それはまだ、彼らが集結したばかりの、北海道へ向かうフェリーの船着き場なのである。即ち、七瀬たちは、その気になれば北海道の山荘へ行かず、平和のうちに隠れ住むこともできるのだ。

その平和なヴィジョンを感じて、それでもなお、七瀬は北海道へ行くことを決意する。それは、「立ち向かうべき、私たちの未来」だからだ。正体を一切現わさない謎の組織は、いずれは超能力者を滅ぼすのであり、それを阻止する

＊ダンテ・カーヴァー——ソフトバンクのＣＭに、犬の息子役で出ている。

のは自分たちしかいない、という覚悟を、七瀬は決めるのである。コメンタリーで小中和哉監督も言っているとおり、この七瀬は、最も漢《おとこ》らしい七瀬となっている。ならば、大胆な改変も認められるべきだろう、と私は思う。

本書は、いたずらにネタバレをしてどや顔をすることだけが目的ではないので、ストーリーの紹介は、この程度にしておく。小中和哉監督は、手書きのアニメーションや心の声をタイポグラフィで表わすなど、数々の実験的手段を用いて、短い時間（一〇五分）で『七瀬』の世界を新たに書き起こしている。一〇年の間に、脚本は伊藤和典に、協力として村井さだゆき、猪爪慎一を加えて鍛えられ、納得のいく佳作として仕上げられている。

何度となく見たい『七瀬』であり、少女ヒーロー映像の代表作のひとつに加えられるべき作品と言えるだろう。

なお、この映画のＤＶＤには、「七瀬ふたたび　プロローグ」として、中川翔子*が監督をした、幼女時代の七瀬を描く短篇が加えられているが、そこには七瀬の母として、多岐川裕美が出演している。松浦亜弥の『スケバン刑事』で出演した斉藤由貴は、全く映画本編に寄与していないが、ここでの多岐川裕美は、作り手の敬意が感じられる起用のしかたであることを、伝えておく。

中川翔子——父親の中川勝彦も、大林宣彦の『ねらわれた学園』などに出ている、本書とはゆかりの深い人。

5-1 石橋けいの『アテナ』（九八年四月～六月）

ジャパン・ヴィステック、ＪＶプロデュース、テレビ東京

超能力少女について描いたドラマで、私がいちばん好きなのは『禁じられたマリコ』、次がこの『アテナ』である。絶対手に入らない作品（『アテナ』は中古ＶＨＳならあるが、値段はとてつもなく高い）だからほめるのか、って？とんでもない。私がご紹介しなければ、葬り去られてしまいそうだからだ。

さて、『アテナ』だが、設定自体は目新しいものではない。舞台は現代のパラレルワールドに設定されており、人びとの生活も現代のものだ。ただ、この作品世界では、バイオ技術を中心に急成長したＷＡＤ（work and days?）社*が事実上、世界を支配しており、主人公、麻宮《あさみや》アテナ（石橋けい*）と両親も、その極東支社の企業城下町・当内市*に住み、父はＷＡＤ社に勤めている。

この秀逸なドラマで、ひとつだけ問題なのは、こういう前提となる設定が、ソフトのメイキングでしか分からない（しかもＶＨＳテープしかない！）ということだ。こればかりは、責められてもしかたあるまい。あくまでテレビドラマなのだから、設定は「おまけ」ではない。

しかし物語は快調に進む。アテナ、一七歳が朝、学校へ出かける日常の光景のスケッチが、その後の闘いを引き立てる。こういうドラマには必須の描写だ

work and day 社――ＶＨＳソフトのメイキングでこう呼んだように聴こえるが自信はない。

石橋けい――『女優霊』『ウルトラマンティガ』と、一時代のジャンル映像を彩ったヒロイン。現在（二〇一四年九月）も、ＣＭなどで活躍している。

当内市――一〇話で一カット、字として出てくる。トウナイ市と呼ばれている。

が、ことばにし難い所で、ごく自然に描かれている。しかも、そこからアテナの『力』が覚醒のきざしを見せるのは、タイトルから測って五分であり、一方で、アテナへのいじめの兆候も現われている。日常世界を丹念に描いていながら、全体のスピードは速く、密度も濃い。

息をつく間もなく、ドラマにはもうひとりの重要人物・シュウ（松尾政寿）が現われる。白い服をまとい、年の割には童顔と思える彼は、体は二〇歳だが実年齢と精神年齢は四歳であり、ＷＡＤの研究室で、保育園にあるようなおもちゃで遊びながら、研究員の椎名マドカ（神保美喜）に溺愛されている。彼もまた『力』を持っている人間だ。

この物語は、二つの要素、即ち、アテナが『力』に覚醒することと、シュウが外界、そしてアテナに興味を持つことから始まり、対決になるのだが、記憶にとどめたい点がある。

それは、シュウは常に母親を求めており、『アテナ』はマドカとアテナの、母性によるシュウの取り合い（アテナは自覚していないが）の物語だ、ということだ。一見ありがちに見えながら、実はこうした設定は斬新なものだ。

もう少しストーリーを追ってみると、アテナは覚醒し、その不安から、超常現象同好会の部長・大沢ヒロキ（窪塚洋介）に助けを求めるが、ヒロキは面白半分というのでもなく、アテナを庇護し、一緒に問題に立ち向かってくれる。

少女が戦士で、少年が庇護者だ、というのは、一般的に見て、役割が逆転してはいないだろうか。しかも、その少女は、母親でもあるのだ。本書をお読みの方にとっては、さほど珍しいことではないかもしれないが。

シュウは数個のサイコロにカップをかぶせて振り、すべての目を揃える。椎名はシュウをほめる。「（ごほうびに）何が欲しい？」ときかれて、シュウは答える。「アテナ」。「どうしてアテナが欲しいの？」「どうしてだろう」「私じゃだめ？ 私のすべてをあげる」

ここだけ切り取ってみれば、女としての取り合いの構図も描けるだろう。実際にシュウは、「アテナをはさんで三角関係か」、と監視役の研究所員には冷やかされる。

しかしシュウは、四歳の子どもである。そしてアテナは、シュウをおとなの男とは、決して見てはいない。アテナがシュウに感じるのは、深いあわれみの情であり、シュウが椎名に焚きつけられて、超能力対決を求めても、アテナは中盤まで、積極的に闘おうとしない。戦闘描写ができないわけではない。作劇上、逃げているわけでもない。

アテナと椎名は、さながらユングの言うグレートマザーのように表と裏を表わしている。アテナがシュウとの対決を避ける一方で、椎名は、アテナという『母』を見つけたシュウの、無軌道な言動に取り乱すばかりだ。所員が言う。

「椎名先生の動揺は、シュウのことというよりも、シュウの興味をそそったのが、アテナだからではないでしょうか」

そのアテナを生み出したのも、シュウと同じく椎名である。実際に、ふたりの卵子を提供したのが椎名なのだ。ただ、アテナは子宮の中で生まれ、シュウは実験室のシャーレの中で生まれた。椎名は、彼らの出生にまつわる忌まわしい記憶から、アテナを消し去ろうとしている。アテナの『力』は、母親に殺されようとしているアテナの、必死の抵抗とも言えなくはない。母と娘、いや、母と母の、葛藤むき出しの対決だ。

そしてまた、真相が明らかになり始めたとき、アテナは自分の育ての親を救うため、WAD社へ向かおうとする。

「『力』がなくなったって証明できれば、パパやママが自由になれるでしょう？私も自由に……」

親子の関係は、少女ヒーロー映像では多くの場合、良好なのだが、このドラマでは、それがより前面に押し出されている。物語の根幹に関わるからだ。

終盤、物語は謎の存在タンタロスや、超古代人、ハンライ（黄雷）一族などが登場して、ややまとまりを欠くが、それでもアテナは言う。

「守るべきものって、私の中の私自身なんじゃないかな。ほんとうの勇気って、誰かに立ち向かうことじゃなくて、逃げようとする弱さと闘う、ってことだよね」

あくまでも、自分自身の「弱さと闘う」アテナ。この物語は、少女ヒーローならではの、母性の物語なのである。

石橋けいは、役にのめりこみ、メイキングのインタビューでは、完全にアテナとして語っている。役に魅せられた「少女」の姿が、そこにはある。

キャストでは、椎名と対立する兵藤役の並木史朗、また、アテナの唯一の友人・リカの大谷允保（現・大谷みつほ*）らが好演し、スタッフ面で見ると、『軍師官兵衛』の脚本家、前川洋一が書いているが、むしろ、『世にも奇妙な物語』などを手がけた鈴木貴子の脚本が秀逸だ。

『アテナ』は現在、中古のビデオソフトが出回っているが、あまりにも高いので、積極的にはお勧めできない。なんとかソフト化されないものだろうか……。

5-2 『サイバー美少女テロメア』『美少女新世紀GAZER』

『アテナ』と同時期に、やはり超能力系の少女ヒーロー映像が作られたが、その出来は物足りないものだった。しかし、個人史ではないので、拾っておく。

九八年四月〜六月に、テレビ朝日で放映された『サイバー美少女テロメア』は、円谷映像ではなく円谷プロダクション*が制作、深夜、ウィークエンドドラ

大谷みつほ——ウィキペディアで『アテナ』のヒロインと書かれているが、単純な確認ミスだろう。

円谷映像と円谷プロ——円谷プロから独立した、円谷粲が設立したのが円谷映像。

マ枠で放映された。

この作品、制作協力にグループコダイ*が入っているため、タイトルが実相寺昭雄監督*の肉筆、特撮スーパーバイザーに高野宏一*、美術スーパーバイザーに池谷仙克*と豪華な顔ぶれが揃っているのだが、それらがまったく機能していない。その象徴として、フェミニンなボディスーツを着ている点が挙げられる。

ボディスーツは、『V・マドンナ大戦争』のように、禍々しい戦闘服として描く場合もあるが、このドラマでは胸や太股をいたずらに誇張し、少女を「美少女」に貶めたデザインだ。また、このスーツを通して九条アサギ（つぐみ）、橘レナ（嘉門洋子）、月島イツミ（三輪ひとみ）の超少女三人組のデータが、彼女らを管理する門倉清之助（中丸新将）の元に送られる設定だが、それも物語に殆ど寄与していない。つまりは、鑑賞用の衣装である。

その身体表現や描写で、コスチュームを超えるべきだった、と私は思うのだが、この放映枠は、古い言い方で言うと「お色気路線」が売りなので、しかたないところがあるのかもしれない。描写でも、三人はふだん制服姿だが、むやみに制服を破られ、ボディスーツ姿にさせられる。その描写が、歯がゆい。

第二の大きな問題点は……いや、こちらが重要なのだろうが、「平凡な女子高生がある日、超能力が覚醒」したアサギたちは、門倉の研究所に幽閉されるのだが、必死に逃げ出す。で、その後どうするかというと、何もなかったかの

グループコダイ――円谷プロ系列の人脈によって設立された、特撮プロダクション。

実相寺昭雄――特異なカメラワークで知られたカリスマ的監督。『ウルトラセブン』『姑獲鳥の夏』など。

高野宏一――円谷プロ生え抜きの、特技監督、監督。『ウルトラ』シリーズなど。

池谷仙克――同じく円谷プロ出身の特撮デザイナー。『シルバー仮面』が有名。

ように高校に登校する。なぜ門倉は、学校で捕まえない？　『アテナ』のような、丹念なカセは仕掛けられていない。理由がないのだ。

学園SFを成立させる上で重要な、この問題を、ドラマはなおざりにしている。『テロメア』に私が乗れない理由は、そこにもある。

細かい所ばかりつついているようだが、一般的に、細部に気を配らない作品は、全体がガタガタになる傾向にある。「神は細部に宿る」、ということわざがある通りだ。

おなじみの、Amazonの中古市場では、『テロメア』は一巻三八〇〇円台（一五年一月現在）で四巻だ。私個人は、このドラマは、見なくても何らあなたの人生には影響しない、と思っているし、本書の主旨からして、ストーリーを詳しく追っていくのが筋かもしれないが、いまのところ、その気にならないのをお許しいただきたい。少女ヒーローには、煎じ詰めると、エロはいらないのだ。

おなじく、テレビ朝日のウィークエンド枠で放映されたのが、『美少女新世紀GAZER』（九八年八月～九月、円谷映像）、全六話である。

ある日、近所の森林公園に隕石が落ちたときから、主人公・三笠萌（吹石一恵）の平和な日常が壊れ、やがて国家を揺るがしかねない陰謀に巻きこまれていく、といった話だ。

劇画原作者でもある七月鏡一を原作に迎え、学研ムー編集部、UFO研究家・並木伸一郎を協力に迎えた本作品は、その気になればいくらでも面白くなる物語を、脚本が台なしにしている代表例である。

とにかく、話が動かないのだ。『アテナ』が一〇分でやるところを、数話かけて描いていて、実に歯がゆい。第一話の中盤、夜、UFOを見に山へ行った高校生たちに、怪光が迫り、萌だけが何かを感じる。そこへ自衛隊らしい一隊が襲いかかるのを、殺人犯として指名手配されている結城コウ（宇野智史）が助ける。これだけで一話三〇分を使っている。悠長すぎないか？

その後、コウは萌を謎の男・キリガミ（堀内正美）の手から助けるために連れて逃げ、キリガミの部下で怪しい力を持つリオ（真野きりな）と戦うのだが、リオは萌の友人たちに取り憑いて萌を殺そうとし、コウは萌を護るために、彼らを倒し続ける。

その間、萌はずっと悲鳴を上げて逃げ惑うだけだ。コウがリオの力によって倒されてもなお、泣き言を言うばかりで、こんな女子護る意味があるのか、と思ってしまうほどだ。

第四話、即ち後半の回に至って、リオがコウを襲うのを見た萌は、唐突に「あなたを信じる」と言い出すのだが、それも泣き言をたっぷり言った後のことだ。そして萌が、選ばれた人間として覚醒するのは、実に最終話、六話のことなのだ。

最終話、話のごく初期から、萌を護ってくれようとしていた親友、ひとみ（須藤温子）が、ＵＦＯ騒ぎのあった羽衣山でキリガミの部下、紀美子（長宗我部蓉子）に射殺されたとき、不意に怪光が迫り、覚醒した萌はひとみを生き返らせる。そしてリオとコウは相討ちになり、キリガミたちはおそらくコウの最後の力で死ぬ。「おそらく」としか言えない。明確に描かれていないからだ。

ラスト三分というところで、事件は終結した。しかし、ＵＦＯに関わる組織が、キリガミの背後にはいたらしい。らしいというのは、萌がナレーションで、自分たちが組織を追って旅に出る、と言うだけだからだが、その組織の名が『ＧＡＺＥＲ』だ、と示した所で、ドラマは終わってしまう。ラストシーンで、力を得た萌が金色の目になってひとこと。

「ずっと、見守っててね」

見守ってきた結果が、これなのだ。

この物足りない物語の責任がどこにあるか考えてみたのだが、監督が清水厚、上野勝仁の、円谷映像系の深夜ドラマを支えた人たちだ、ということから、おそらく脚本に問題があったのではないか、と私は考えている。

5-3　『仮面天使ロゼッタ』（九八年七月〜九月）円谷映像、テレビ朝日

この本で、変身物を扱うかどうかについては、悩んだ。変身ヒーローを扱うなら、フジ日曜朝の『美少女仮面ポワトリン』『有言実行三姉妹《シスターズ》シュシュトリアン』などにも触れなければならないからだ。好きなのは大好きだが、そこに踏みこむと本が倍の厚みになってしまう。

そこで、ここでは、『エコエコアザラク』の命脈として語れる深夜枠作品に限って紹介することにした。

『仮面天使ロゼッタ』は、それこそ平凡な女子高生、神あすか（吉井怜*）が戦いに巻きこまれ、ロゼッタとして覚醒、宿敵・デュアトスの怪人たちを倒していく……という物語だが、この作品が優れているのは、あすかの父・健一郎（潮哲也*）も変身ヒーロー・神仮面《じんかめん》ファラオンであり、その力を受け継いでロゼッタが戦う、という構造にある。第一話の冒頭、深夜の街で吸血怪人に出逢ったファラオンは告げる。

「月の光を背に受けて、闇にうごめく悪を断つ。神仮面ファラオン、ここに見参！」

しかし、朝が来れば、彼は冴えない父親である。その父がストーカーではないか、という疑惑を抱いたあすかは、夜、健一郎の後をつけ、彼が追っていた女とばったり出会うが、逆に襲われる。そこに健一郎が現われ、「娘に手を出すな、デュアトス」と切り出す。

「フッ、伝説のヒーローも娘の命は惜しいか。その甘さがお前の限界だよ、ファ

吉井怜――清純派アイドルとしてデビュー、本作で初主演を果たすが、その後、急性骨髄性白血病にかかり、一時は死すら噂されたが、骨髄移植によりカムバックする。

潮哲也――『快傑ライオン丸』など、特撮ヒーローとしても広く知られる。

ラオン」

まあ、そんなもんだろうなあ、と思う間もなく、健一郎は昂然と答える。

「違うな。それが私の強さだ、デュアトス」

かつて宮内洋は、「ヒーローに家族はいない」、と言った。しかしファラオンは、家族がいることが何よりも尊く、誰よりも強くなれる理由だ、と言い放つのである。

そして、その言葉を受けて変身し、敵を倒したロゼッタ＝あすかに、健一郎は、デュアトスが人類四〇〇〇年の敵であり、神家が代々、戦う宿命にある、と話す。

「だからといって、お父さん、お前にデュアトスと戦えとは言えない。ひとりの父親として、お前には女らしい、平凡だけど穏やかな一生を送って欲しいと思ってる」

宿年の戦いを、父の代で終わらせたい、と願う健一郎。しかしデュアトスは、あすかの日常に忍びこんできた。悩むあすかは、父に思いをぶつける。

「父さん、あたしに化け物退治させたいんでしょ。なんであたしなの。不公平じゃない。ロゼッタって誰よ。あたしって一体何?」

この「本音攻撃」を、健一郎は真っ向から受け止める。

「あすか、お前はお前だ。自分の道は自分で決めればいい。だけどな、人は何かをするために生まれてきたんだ。それが何かを知るために、今やれることを全力でやる。お父さんもお母さんも、あすかをそういう子に育てたつもりだ」

　そしてあすかと母・敦子（樋口しげり）を人質に取られ、ファラオンは変身を解く。

「お父さんは、ファラオンだから戦っているんじゃない。たとえファラオンにならなくても、人間の自由と平和を守るために、お父さんは戦う。デュアトスがそこにいる限り。絶対に負けない！」

　その力強い言葉に応えるように、あすかはロゼッタに変身し、新たな必殺技を放つ。

「お父さん、ごめんなさい。……決めたの。だってお父さんにあんな一生懸命な姿見せられたら、覚悟決めないわけにはいかないでしょ。かっこよかったよ」

「普通の女の子に戻れなくなるぞ」

「普通ってけっこう、大変だもん」

　深夜にヒーロー番組をやる、というのは、大人を納得させることでもある。かつてのオタクは、気がつくとそれなりに年を取り、社会の一員になっている。その大きなオトモダチに発する、これが作り手のメッセージだ。あるいはまた、父の台詞にもこのようにある。

「人を蹴落として偉くなるより、人の痛み、人の悲しみが分かる人間になりなさい。私たちが特別な力を与えられているのは、人を守るためだ。傷つけるためではない」

『アテナ』に通じる「守るために戦う」が、ここでは父によって発声される。『ロゼッタ』は、平凡な女子高生がヒーローになれる「夢」を叶えたのと同時に、父親だってヒーローになれる、いや、それにも増して、男は家庭を持つことでより強くなれるのだ、と説いている。このドラマの眼目は、ここにある。

ただひとつの疑問は、終盤からの展開である。なぜか奇妙な暗さが見受けられるのだ。最後に家族が揃ってカレーを食うシーンの、あの暗さはなんだろう。私には、解釈できない。

しかし、『ロゼッタ』は好評を得たようで、九八年、『仮面天使ロゼッタ 漆黒のフレイア』（脚本・野添梨麻、監督・清水厚）が、ビデオ発売を前提として放映された。外伝と言うのが妥当かと思われる。

神健一郎は、ある夜、謎の仮面天使が若い男女を惨殺する現場に遭遇する。当然ながら、あすかであるはずはない。翌日、健一郎の会社には新しい女性部長・野嶋珠紀（夏目玲）が赴任し、あすかの通う青雲女子高校二年B組には、少女・真宮鏡子（吉川茉絵）が転入してくる。

やがてデュアトスの怪人が健一郎の前に現われ、健一郎は神仮面ファラオンとなり、ロゼッタも加わっての闘いになる。一方、青雲女子高では、怪しいマントの人物が、放課後、次々に教職員を襲い始める。その魔手はあすかにも及び、あすかがロゼッタに変身すると、怪人物も仮面天使フレイアとなって闘いを始める。あすかはフレイアについて父に訊きたかったが、健一郎は野嶋部長に振り回されて、闘いどころではない（ここが『ロゼッタ』らしいところだ）。あすかも、イケメン美術教師・沢村祐一（岡本光太郎）に淡い思いを寄せ、混乱する。ここまでが五〇分。感覚としてではなくとも、充分に長い。

そこから話は急展開する。沢村は怪人に変身し、鏡子はフレイアに変身する。あすかはロゼッタとなって怪人を倒すが、また別の怪人が現われる。ロゼッタはフレイアと共に闘い、友情が生まれる。と思う間もなく鏡子は「あの学園には用がなくなった」、と去る。計、七四分。

私は、『ロゼッタ』の企画、原案の畑澤和也プロデューサーには比較的に好意を持っているのだが、この作品については、拍子抜けした、としか言えない。なぜ、九〇年代以降の少女ヒーロー映像では、主人公が何もしない作品が多いのだろう。予算がどう、とか言うべき問題ではない気がするのだが。

5-4　『千年王国Ⅲ銃士ヴァニーナイツ』（九九年）テレビ朝日、円谷映像

『ヴァニーナイツ』を制作したのは、『仮面天使ロゼッタ』の畑澤和也プロデュー

サーであり、その個性が存分に発揮されている。しかし、それは決して、視聴者に優しいものではなかった。
VHSソフトの第一巻（一話しか入っていない）では、パッケージに一話のあらすじが書いてある。

藤田和幸はアニメ、パソコン、フィギュア好きのちょっとオタクな青年。中3の妹、愛美にバカにされながら平凡な生活を送っている。そんな和幸がリストラで会社をクビになり、酔っ払って帰宅すると、ホームヘルパーの格好をした見知らぬ美少女が「お帰りなさい」と迎えてくれた。驚いている暇もなく、愛美に「カレシを紹介したい」と呼び出される。しかし待っていたのは見知らぬ黒服の男だった。男は和幸に「君のミレニアムセイバーを俺にくれ」と怪しく迫ってくる。ミレニアムセイバーとは何か？

……長い。
いや、長いのが全部悪いとは言わないが、まとめる能力への疑問がある。実際、この物語の縦軸となる、ミレニアムセイバーや、謎の組織アゴル・モア（関連書に記述の通りの表記）は、ガイドブックを読んでも頭に入らないほどの、細かい設定がなされている。テレビを見ただけでは分かりづらいのだ。

そのせいか、また、『仮面天使ロゼッタ』でもかいま見られた、映像の印象の暗さのせいもあってか、せっかくの、三人の美少女がおたく青年を守るラブコメ特撮（この一文だけで、作劇上は殆ど充分だ）という陽性の話が、なんとも言えない、のどに刺さった小骨のような感覚に邪魔される部分がある。

それでも、毎回の敵のユニークさや、迫り来る巨大な悪の予感につられて、見ていると、終盤から物語は驚愕の展開を見せる。

以下、あまりにもネタバレがはばかられるので、ちょっと気になる人は、飛ばしてください。

（以下ネタバレ）コメディリリーフとして活躍していた、和幸（渡辺慶）の妹・愛美（山川恵里佳）が、全二〇話の一六話「フジタ・マナミ」の結末で、いきなりそれまで関わらなかったヴァニーナイツたちとアゴル・モアとの闘いに巻きこまれ、死んでしまうのだ。なんの伏線もなく。

ホラーなら、思いつくような展開だ。それはそれでよしとしてもらわなければ、ホラー書きの私としては困る。しかし、『ヴァニーナイツ』は特撮ヒーロー映像であり、ヒーローものにカタルシスを求めるのは、無理な注文ではないだろう。こちらにも、心の準備をさせてもらわねば、到底受け容れがたい展開である。しかも、続く一七話では、墜死した愛美の死体まで見せている。

映像はその後も陰鬱な展開を続け、愛美同様コメディリリーフ的存在だった大家さんは敵の魔術師に変じて……これ以上は、書くに忍びない。まるで違うシリーズを見ているかのようだ。

そして最後の三話が訪れる。これを読みたくない人は、ほんとうに飛ばしていただきたい。

負の力に目醒めたアレスト・ホルンこと和幸は、敵の虐殺を虚ろに見つめる。三銃士のラビエル・ヴァニーこと加賀美あいり（永井流奈）が倒され、アリエス・ヴァニーこと守野ありす（栗林みえ）とラハミエル・ヴァニー、浅木あきら（益子梨恵）はアゴル・モアの拠点である超高層ビルへ向かう。なぜかあいりは病院で孤独に死ぬ。

グランドクロス（黄道十二宮上で四つの惑星が十字形に並ぶ配列）のときを迎え、ありすとあきらは塔の中で戦うが、そのとき、死んだはずのあいりがラビエル・ヴァニーとなって現われ、敵、アモルを倒す。しかしもうひとりの敵、テリエル・ヴァニーの正体は、あきらの姉、あずさであり、あいりによって自分を取り戻す。

「これ以上、取り返しのつかないことを起こさないために、私は来たの……最後の力で」、と告げてあいりは今度こそ、ほんとうに死ぬ。

そのまま、あずさを加えた三人は、アレスト・ホルンとして覚醒した和幸を止めに向かう。あきらとあずさは小者の足を封じ、ありすを先に行かせるが、自分たちは刃の前に敵と相討ちになって倒れる。ありすだけが塔の最上階へたどり着くが、和幸は異形の者に変貌している。あわやというときに、和幸は普通の人間に戻る。なんの記憶もないようだ。ありすは変身を解いて近づくが、和幸は無邪気そうに言う。

「エクスカリバーに一〇〇〇人の血を献げなければならないんだ。あとひとり分の血が必要なんだよ。……ありす」

ありすを刃で刺す和幸、いや、アレスト・ホルン。

そして最終話「わたしだけのアレスト」。この最終話は、難解極まりない、と言われている。物語を実質上構成した畑澤プロデューサーも、明快な回答は避けているようだ。公式ガイドブック『千年王国Ⅲ*銃士ヴァニーナイツ大百科』（ケイブンシャ）には、畑澤氏の考える結末の意味が載っているが、それが「正解」ではない旨、記されている。

従って、ここに私が書くのも事実ではなく、ひとつの解釈に過ぎないことを記しておく。

ありすはヴァニーナイツとして和幸と戦うが、すでに和幸の中からは、魂が消えている。そこでありすは変身を解き、語りかける。過去の和幸との日々、

Ⅲ――同書奥付による。正式には、剣を三本組み合わせたロゴ。

楽しかった思い出を。

「そこまでだ」と止めるアレスト・ホルン。しかしありすは、なおも思い出を語り続ける。思い出のこもったオルゴールの音色を聴いて、苦しむアレスト・ホルンの顔が和幸に変わり、「俺を殺して！　早く！」と叫ぶ。しかし、ありすには和幸は殺せない。最後のときを覚悟したとき、和幸は自らを刃で貫く。「なんで！」叫ぶありす。「これでいいんだ」と苦しみながら言う和幸。笑みを浮かべ、和幸はありすの腕の中で目を閉じる。

魔剣エクスカリバーをグランドクロスに献げた、一連の事件の首謀者、天野蕎生は謎の力によって倒され、超高層の塔も崩れていく。

そこで画面は、唐突に、物語の最初から流れているアニメ「千年王国記アレスト」の画面へと変わる。寝ぼけている和幸は妹、愛美に起こされる。窓を爽やかに開ける愛美。しかしそこは、なんと、崩れたはずの超高層ビルの最上階なのである。ありすの声がかぶる。

「私、バカみたい。なんでもかんでも、なくしてから、それがどんなに大事だったか気づくの」

あわただしい朝のひとときを。テレビでは、あきらが婚約したニュースを流しているが、そのテレビの画面が鏡像であることに、和幸は気づく。テレビだけではなく、新聞も雑誌も、裏返しの文字だ。

洗面所で歯を磨いた和幸は、大量の虫を吐き出す。再び、ありすの声がかぶる。

「最初は、幼稚園の頃。ママに作ってもらったうさぎのぬいぐるみ。手作りで、みっともなくて、友達にバカにされたから、公園に置いてきちゃったの。そしたらその夜、さみしくて眠れなくて」

再び画面が変わると、死体が歩くとどきどきする、という話を友人と和やかにしている制服姿のあいり。和幸は異様な感覚に襲われて、頭をかきむしる。

「頭の中で、変な虫が暴れている」。その手は血に染まっている。

坂の上から、冒頭の通りにバッグを引っぱって降りてくるありすは、バッグを蹴り倒す。和幸の目の前でバッグが開き、アレスト・ホルンと化した和幸が出てくる。「それ、私の一番のお気に入りなんです」。茫然と見ている和幸の首筋に食らいつくありす。だが、ありすの声は語る。「あいりちゃんもあきらさんも、こんな闘いに巻きこむんじゃなかった」。その声に応じて、血塗れのあいりとあきらが愛美を糧としており、そしてアレスト・ホルンに食らいつかれるありす。突如、夏なのに寒さに震える和幸。

そして映像は、唐突に、地球から離れていく四つの光へと変わる。ありすの声がかぶる。

「次の日、公園に行ってみたんだけど、もううさぎさん、いなかったの」

ここでエンディングが流れ、そこにまた、ありすの声。

「ママは、笑ってもうひとつ作ってくれたけど、あのうさぎさんは、どうしちゃったのかな。……ママにもっと親孝行しておけばよかった。パパに反抗ばっかりするんじゃなかった。……あいりちゃんもあきらさんも、こんな闘いに巻きこむんじゃなかった。和幸さん、私、自分の気持ちに気づいたの。ほんとうの気持ち。もっともっと早くに気づいていればよかった。……あなたが、……私はあなたが、誰よりも……」

白い衣をまとったありすが、キスをすると、白一色の世界で裸の和幸が目醒める。そこは、おそらくは千年王国らしい。きょとんとする和幸に、ありすは、にっこりと明るい笑顔で言う。

「あなたが……私は、あなたが誰よりも、……好きです」

そこへ過去の映像の断片が無数に流れて、千年王国らしい構築物(毎回のオープニングに登場する)に、テロップ『千年後に逢いましょう』。物語は終わる。

(ネタバレここまで)

最初にこの最終回を見たとき、私はそれこそきょとんとしていた。多くの視聴者の拒絶反応も、まったくその通りだと思う。

しかし、特に『七瀬ふたたび』(と言うか『エディプスの恋人』)の洗礼を浴びた今、この結末を見ると、これは、ありすの主観による、和幸の死と再生のイメージを表わしたものではないか、と思う。和幸の自我がそこにはなく、頭の中で虫がわき、仲間たちをもダークなイメージでしか見られない和幸は、文字通り、寒い世界に行ってしまったのであって、それを取り戻したありすは、宇宙のどこかにある千年王国で、和幸を目醒めさせたのだ。……と、思う。

もし私の解釈に妥当性があるとしたら、これは、戦士である少女が、眠れる王子様を守った、文字通り、少女ヒーロー映像とは言えないだろうか。

この最終回に（特にラストのイメージ映像に）拒否感を表わした人が多いのは、分かる。ただ、私が思うには、ビデオの時代、何度も見なければ分からない映像作品も、あっていいのではないか、とは思う。

番外編／二〇年目の三月二一日

（ご注意・高橋由美子、武田真治版の『南くんの恋人』の内容を、詳しく書いています）

本書では、「ヒーロー」としての少女を描く映像を取り上げているが、友人であり、少女ヒーロー映像への造詣も深い、イラストレイターのＴＡＮＫさんに、二〇一四年三月二一日（ブログ掲載時）は高橋由美子・武田真治の『南くんの恋人』が終わって二〇年目に当たるので取り上げるべき、というご意見をいただき、いい機会なので、番外編としてご紹介する。

九四年にテレビ朝日で放映された『南くんの恋人』(原作・内田春菊、脚本・岡田恵和)は、「少女ヒーロー」ものとは正反対の構造を持っている。つまり、かよわい少女を少年が、人生を賭けて守る、という、「白馬の騎士もの」なのだ。

この、(ことばは悪いが)ベタな骨格をいかにして成立させるか、は言うほど簡単なことではない。なぜなら、すでに「かよわい女子」という概念が、昔のものになっていたからだ。男女雇用機会均等法が施行されたのは、八六年四月のことだ。また、実写ドラマを特撮まで広げて考えても、八九年には『仮面ライダーBLACK　RX』が終わっており、唯一、戦隊シリーズがあった他は、九六年の『ウルトラマンティガ』を待たねばならなかった。しかも『RX』は、平成のライダーと比べれば、まったくメジャーな作品ではない。

そんな中で、八〇年代半ばからの少女ヒーローラッシュを経て、ドラマの中でも、少女はたくましく描かれるようになった。白馬の騎士は、普通の設定では成立しなかったのだ。

そこで選ばれたのが、『南くんの恋人』である。普通の女子高生、堀切ちよみ(高橋由美子)が、ある日、トラック事故に巻き込まれ、なぜか身長一五センチになってしまう。「現実の世界」で、彼女がひとりで暮らしていけるわけがない。

誰かが助けてやらねば、食事も風呂も、トイレにも行けないのだ。

そんな少女だからこそ、これも普通の男子、幼なじみの南くんこと南浩之（武田真治）は、守ってやろうとする。原作では、性的な描写があるのだが、ドラマの中ではあくまで純愛となっており、実際、ふたりはキスが精一杯だ。

DVD－BOXの武田真治インタビューによると、最初の二話、三話ぐらいまでは、コメディの要素を重視していたが、次第に純愛ものになった……とあるが、これはあくまで武田真治の見解だ、と私は思う。なぜなら、二話で、ちよみを部屋に匿っている南の部屋へ、姉の涼子（中村綾）が「元気づけに」行ってやろうとすると、父親の高田純次が、「よしなさい」、と強く言う。この台詞の思いがけないシリアスさは、いまの高田純次からは想像もつかないものであり（TBS系列の二時間サスペンス「窓際太郎の事件簿」や、土曜ワイド劇場の十津川警部シリーズの近作を見ている人には、あまり違和感はないと思う）、また三話では、南に近づいた野村リサコ（千葉麗子）が、ラブコメを超えた台詞を吐く。

「あの子（ちよみ）はね、女を武器にして男に甘えるのよ、いざとなるとね。自分で解決できないことが起こると、男を頼るの。そういう子なの。それをね、ちゃんと計算してるのよ（後略）」

そう言われたとき、ちよみは南のポケットの中にいて、何も言い返せない酷薄な状況にある。ただのラブコメに、こんな台詞が出てくるだろうか。

あるいは、同じ三話で、南の部屋にはちよみにサイズの合うリカちゃん人形の服があり、そのアリバイのためにリカちゃん人形も置いてあるのだが、それを見つけた涼子は南に言う。

「現実の女の子は思い通りにならないもんね。（中略）でもね、リカちゃん人形とは、ほんとうの恋愛をすることも、エッチすることもできないの」

そのシーンは、確かにコミカルには描かれているのだが、いま、まさに人形と同じ立場にいるちよみには、残酷な台詞である。

それを受けて、南は、最初はリサコとの間で揺れていたのが（武田真治も、そう語っている）、次第にちよみに優しくなり、それがかえって、ちよみを悩ませる。リサコとの三角関係も、リサコが言ったとおり、小さくなるのは「卑怯」であり（同じ立場にはなり得ないから）、元に戻って、ひとりの女の子として南に接したい、と強く願う気持ちになる。

それだけなら、単なるラブストーリーと言えないこともないのだが、第七話のラストで、南の部屋に上がり込んだリサコが、「隠れてないで出てきなさいよ！」と挑発してきたとき、意を決したちよみは、リサコの前に現われる。

秘密はばれてしまった。しかしリサコは、何も言わない。帰り際、「私、南くんのことが好きなんです」と、南の家族に告げて立ち去るリサコ。母・暁子

（岡本麗）と涼子は無邪気に喜んでいるが、父、隆之（先に書いた高田純次）だけは、暗い表情をしている。この作品では、南の父、高田純次と、ちよみの父、堀切信太郎こと草刈正雄の熱演が、ドラマにリアリティを与えており、ふたりが信太郎の経営する喫茶店「ROUTE66」で語り合うシーンの、火花の散るような演技対決は、見直すと意外なほどに短いのだが、強いインパクトを与えてくれた。

第八話で、南とちよみはカラオケへ行くが、そこで歌われるのは、高橋由美子の持ち歌ではなく、当時、同時期にアイドル歌手だった中山美穂&WANDSの「世界中の誰よりきっと」（九二年）である。また、ちよみを胸のポケットに隠した南がリサコと映画を観に行くシーンで上映されるのは、『もうひとつの原宿物語』*（九〇年）だが、これも出演者とは関係がない。すべてがタイアップになってしまう現在では、考えにくいような演出である。

その後、リサコは南（とちよみ）をラブホテルに誘うが、性的な意味はなく、ひとのじゃまが入らないで話せる所だからだ。ここで初めて、生生しい台詞が語られる。「セックスもできない人と暮らしていくわけ？」南は「そのために生きてるわけじゃないだろう」とフォローするが、リサコの毒舌は止まらない。「結婚しても出産もできない。南にそんな思いをさせて平気なの？」

そこで、まだ多少揺れていた南は、はっきりと告げる。「いいんだよ。確か

＊『もうひとつの原宿物語』――空木景の少女小説を原作にした映画。MOE文庫（MOEは「萌え～」ではなく、イラストレイター・永田萌を指す）刊。私が原稿を持ちこんだのが、この映画の前後であり、「映像化できるような小説を書く」ように言われた記憶がある。

にいま（リサコが）言った通りかもしれない。でも、俺はそれでいいんだ。いつか元に戻るまで……たとえ戻らなくても、俺は、ちよみと一緒にいたいんだ」

この台詞に、リサコは敗北を悟る。九話で、ちよみと直接、電話で話したリサコは、南への思いを語り、初めての失恋だった、と告げる。しかし、その通話の内容を、南の父は聴いていた！（親子電話だから。このドラマでは、「できる女」のリサコの母・百合子（田島令子）だけが携帯を持っている）茫然とする父。

夜になって、南の部屋を訪ねた父は、小学生のとき、彼女と駆け落ちした経験を、訥々と話す。駆け落ちはしたものの、うまく行くはずもなく、諦めた父は、彼女を連れて帰った。「彼女を最後まで、守ってやれなかった。あのとき、帰らなければな、って、いまでもときどき思うんだ」

そして、最終の一〇話では、……。


（以下結末までのネタバレ）ちよみが小さくなったそもそもの原因、人けのない道でダンプカーにはねられて死んでいる、ショッキングなシーンから始まる。それはちよみの夢で、ふたりは卒業旅行で長崎に来ているのだが、ちよみのモノローグがある。

「ほんとうに、怖いぐらい幸せだった。私がずっと、心の中で願っていたことが、どんどん叶っていく」

しかし、そこでちよみはふらつく。疲れたと言うより、体がふわっと軽くなるような、そんな……」

「何だか不思議な感じがした。

ちよみは南に言う。

「ねえ、南くん。うまく言えないんだけど、私はもう、死んでるんじゃないかな。あの事故のときに、ほんとはもう……」

これが、ラスト二〇分にして語られる、「真相」である。南は何度も「やめろ！」と言うが、ちよみは自分が小さくなってからの二ヶ月ほど、幸せだったこと、心の中にあった願いが全部叶ったことを伝える。

「きっと、神さまか何かがね、このまま死んじゃうんじゃかわいそうだから、最後に、ちょっとだけ、おまけみたいなもんでさ、私の望みを、叶えてくれたんじゃないかな」

南は反発する。

「俺はいやだからな。それより、他にやんなきゃいけないこと、いっぱいあるだろう。ルート66、*一緒に行くぞ。それに、ほら、ガキの頃、約束したろう？　おじさんとおばさんと同じ教会で、結婚するって。それに……」

しかし、ちえみは微笑む。「ぜいたくすぎるよ」。南には、もう何も言えない。

ルート66――アメリカのハイウェイ。かつて信太郎がバイクで走ったことから店の名前になっており、南もそのことに心酔している。

そして旅行の帰り、急速に元気をなくしたちよみは、子どもの頃、ジャングルジムから落ちた所を南に助けてもらった、思い出の公園へ立ち寄ってもらう。そこで、南は初めて言う。

「俺は、ずっと、ちよみが、堀切ちよみが大好きだ」

「よかった」

そして、ちよみは、息絶える。

信太郎に殴られる南。ちよみを無事に帰せなかったのだから、当然の罰だ。しかし信太郎は、自分のバイクのキーを、南に渡す。公園で、南はつぶやく。

「ちよみ、お前、俺のために、小さくなって一緒に生きてくれたんだよな。ちよみが好きだって、なかなか言えない俺のために」

そして南は、アメリカへと旅立つ。空に、ちえみの笑顔が見える。南はつぶやく。「ちよみのバカ、そんなにでっかくなりやがって」

信太郎は、婚約者の朝倉真知子（響野夏子）に指輪を渡す。リサコは母親と共に、イギリスへ旅立つ。南の家族は平凡だが幸福な日常を送っている。

こうして、純愛のドラマは完結する。語弊を招く言い方だが、ちよみが命を落とした以外のことでは、いや、ちよみも含めて、すべての人間が幸せをつかんでいる。（ネタバレここまで）

武田真治は、インタビューに答えて、言っている。

「一〇話のラストシーンは、言うまでもなく、かなり……角度を変えてみるとすごく残酷かもしれないんですけど、僕らは、……このドラマに携わったすべての人たちは、あれはハッピーエンドだ、と自信を持って言えます」

一〇話の脚本打ち合わせには、高橋由美子、武田真治も参加したそうなのだが、いまの言い方で言えば、このラストは、ハッピーエンドではないかもしれないが、トゥルーエンドであることはまちがいない。

ここに記したことは、このドラマの、ほんの一部でしかない。リサコの生い立ちと、そのせいで歪んだ人格の物語、ちよみを心から愛しているが、そのせいで空回りする竹原直人（岡田秀樹）の物語、信太郎と真知子の大人の愛の物語、中盤でちよみを助けてくれた女子大生、東山真理絵（西田ひかる）の物語……ドラマは幾重にも重なっている。いま気づいたが、ちよみと南の、幼児の頃のエピソードも拾えていない。

しかし、いくら紙数を費やしても、語りきれない濃密な物語なのである。またCSなどでの放送があることを、祈ってやまない。

しかし、この枠（テレビ朝日、月曜夜八時）は、子どもの視聴者が多かったのだそうで、その子どもたちから「かわいそうだ」、という声が多数寄せられたため、九五年四月、「もうひとつの完結編」が二時間枠で放映された。

率直に言うと、このドラマは、ハッピーエンドだ、ということ以外にあまり意味はない。即ち、天国から舞い戻ったちよみが、小さい体のままで南と結婚する、という物語で、主な登場人物が再登場してドタバタをくり広げるのだが、顔見せのドラマに過ぎない。

ただ、本編の放送中、大人の私でも思わず泣いてしまうような切なさのドラマは、トラウマに近い感情を持たせるものとも思えるので、子どもたちには、このもうひとつの完結編は、必要なものだったかもしれない。

この作品の、最初の最終話を初めて見たのは、当時、年に一度、かみさんと春休みに行っていた奥多摩渓谷の国民宿舎であり、そのときの川の音がまざまざと甦ってくる。それまで、旅先ではテレビを見なかった私たちは、最初の最終話を見て、しみじみと涙を流した。一九九〇年代、ドラマはまだ、私たちの人生に寄り添っていた。

「南くんの恋人」は、この他に、石田ひかり版、深田恭子版があるが、ここでは、敢えて触れない。なぜならきょう*は、高橋由美子演じる堀切ちよみの没後二〇周年だからである。

6-1　『六番目の小夜子』（二〇〇〇年四年～六月）ＮＨＫ

*きょう――『少女ヒーロー読本』は、二〇〇三年にe‐novelsで発売された後、二〇一四年にブログで新しく書き直したが、そのブログの日付のこと。

恩田陸の出世作を、ＮＨＫが脚本・宮村優子（『エヴァ』の声優、宮村優子は別人）で映像化した作品。

世間では、一定の周期で、都市伝説というものが流行るようだ。学校の怪談も、都市伝説のひとつと言っていいだろう。

『六番目の小夜子』は、西浜中学という学校で、一五年にわたって続いている謎の存在、『サヨコ』の伝説にまつわる、アーバン・ファンタジイである。

学園に伝わっているサヨコ伝説は、次の通りだ。三年ごとに、ある生徒がサヨコとして、現在は使われていない北校舎の、戸棚の鍵を渡される。サヨコは、三つのことを果たさねばならない。一、サヨコは始業式の朝、サヨコが無事、引き継がれた証拠に、正面玄関、掲示板の下に、紅い花を活けなければならない。花瓶も戸棚の中にある。二、サヨコはサヨコを演じなければならない。これは、文化祭で『サヨコ』という芝居を上演することにあたる。三、サヨコは、次のサヨコを指名しなければならない。この三つを、誰にも知られることなく、やってのければ、『大いなる扉』が開く……というのがルールだ。

六番目の今年、サヨコに指名されたのが、２‐Ａの関根秋（山田孝之）だった。だが、自分がサヨコになってみたかった、同級生の潮田玲（鈴木杏）は、鍵を譲ってもらって、サヨコになろうとする。しかし、ひと足先に、誰かが紅い花を飾っていた。それと同時に、亡くなった四番目のサヨコと同姓同名の、津村沙世子（栗山千明）という神秘的な少女が転校してくる。紅い花が活けられたことで、生徒たちはサヨコ伝説を信じるが、自分の他に「サヨコ」がいることを知った玲は、沙世子に不審なものを感じ、正体を探ろうとする。

恩田陸の原作『六番目の小夜子』は、かなり難解なものである。私の頭が悪いだけかもしれないが、敢えて難解さを残したことで、名作となった、そう思える。そしてこのドラマも、数多くの謎をはらんでいる。それは、私たち視聴者にだけではなく、作中の人物にとっても、不可解なものだ。

初めに紅い花が活けられたとき、始業式で校長先生が話している最中、天井から照明器具が落ちてきて、あやうく校長に当たりそうになる。留め金がゆるんでいた、という説明はあるのだが、すでに紅い花を見ている生徒たちは、サヨコが現われたのではないか、とうわさする。

そして、玲の弟が公園で不良たちに襲われたとき、偶然、沙世子が通りかかり、結果、不良たちは、野犬に襲われて倒れ、弟と沙世子は無事なのだが、なぜ、犬が不良だけを襲ったのか、合理的な説明はない。最大の問題は、『大いなる扉』が何か、ということで、これは（私の見る限り）、明かされないまま物語は終わる。

その、説明がない、というもどかしさは、もう一度見てみたい、という心理につながる。実際、このドラマは五回（記録的な回数だ）、地上波で放映され、

CSのミステリチャンネル（現・AXNミステリー）でも放映された。

謎の存在、サヨコを、それに翻弄される生徒たちは、不気味さと共に、どこかわくわくするものを感じる。「青春」ということばを、うかつには使いたくないが、不安定さ、それとは裏腹の冒険心、そして伝説そのものも、まさに青春の中でこそ光り輝くものだ。あるいはそれを「中二病」と呼ぶのかもしれないが、主人公たちはまさに中二なのであり、世界は無限の広さを彼らに見せている。この世界の持つ不思議さと、それゆえの酷薄さは、彼らが体験するにふさわしい。

要するに、「大人になるな」、ということだ。私個人は、早く歳を取りたい、と若い頃から思っていて、その通りになったのだが、もっと思春期を正しく（過ちも含めて）味わっていればよかった、と思うことがある。その、ひりひりするような感覚が分かる、若者のためのドラマである。

ドラマの中で、原作とはまったく違う役割を果たす、花宮雅子（松本まりか）が言う。

「淋しいんだよ、サヨコは。たったひとりで、誰にも気づいてもらえなくて。私だって淋しいもの。誰にも気づいてもらえなくて」

雅子は学級委員であり、クラスでも目立つ生徒なのだが、それはあくまで客観的な、冷たい視線で見た場合でしかない。雅子もまた、世界の中に自分がいる、と大声で叫びたいのだ。

その苦しさと、そして、作品を見ての推測だが（自分がそれを味わった事がないので）、それゆえに光り輝いた思春期の一時期を、ドラマはみごとに描き出して見せた。

キャストについても、触れておかねばなるまい。主役の鈴木杏は、放映時の実年齢、一三歳だが、すでに少し脂がのって、肥りかけている。しかし、ときに無神経なほど快活な潮田玲役には、はまっていた。津村沙世子の栗山千明は、モデルから女優に転身したばかりだったが、九九年の『死国』、二〇〇〇年の『バトル・ロワイアル』で、映像でも注目が大きかった。この作品でも、ときには神秘的であり、ときにはナイーヴな沙世子役を好演している。

しかし、私たち（誰が「たち」なのかは言うまい）が注目したのは、花宮雅子の松本まりかだった。この物語を少女の側から見た場合、三番目の主人公、と言うべき雅子は、ショートカットとえくぼが特徴的な、理知的に見える容姿であり、その雅子が感情をあらわにするところに、このドラマの「痛み」が集約されている。

『六番目の小夜子』は、いまもＤＶＤソフトが販売されており、また、ストーリーの詳細には触れる必要がなかったので触れなかったが、このドラマは、玲の幼なじみの秋とその家族の物語でもあり、担任の黒川先生（村田雄浩）の物語でも、沙世子と祖母（富士眞奈美）との物語でもあり……重層的な物語を持っている。

そして、学校そのものの、物語でも。

私の子ども時代の転校先、二度目の小学校では、三階が塗りつぶされた階段があり、その階段の上に『×××様』という女生徒（怖さのせいか、名前を思い出せない）が住んでいる、という言い伝えがあった。そうした恐怖は、学校にはつきものであり、誰にも消せないものなのだ。私の頭の中の小学校には、その『×××様』と、大掃除で初めて見たネズミ、いじめ、廊下の天井にある積層電池、そして、これこそ書くことのできない秘密などが、並列している。

それが学校というものなのだろう。

6-2　『深く潜れ　～八犬伝2001～』（二〇〇〇年）NHK-BS

私は、NHKの良い視聴者ではない。地上波の受信料は払っているが、BSともなると、すっかりお手上げだ。よって、BSのドラマとして制作されたこのドラマも、かろうじてCSで見ることができた。

二〇〇一年夏　今ではない「いつか」　ここではない「どこか」

物語の最初は、そんなテロップで始まる。

二〇〇一年春、奇妙な風貌の男、小田一（テリー伊藤）のサイコセラピーを受けている、平凡な短大生、井上香美（鈴木あみ。現・亜美）。彼女は高校時代、それこそごく普通の女子高生だったが、同級生の孤独な少女、阿保朋子（小西真奈美）と友人になる。事故で記憶を失った香美は、クラスやサークル（ソフトボール部）の中で孤立していき、それと同時に、阿保と仲良くなっていく。阿保は、無表情に言う。「恋人同士だったんだよ、前世で」「誰が?」「あたしと、あんたが」

その前世に興味を持ち、阿保にも興味を持った香美は、阿保とやや過剰なほどに仲良くなり、高校を出てからは、一緒に部屋を借りて暮らすことになる。香美には家があり、母（高橋恵子）を含めた家族もいるのに。しかし、小田に「で、彼女はあなたの恋人ですか」ときかれた香美は、「んなわけないでしょ」と一笑に付す。そう、この物語は、香美と阿保の、友情と愛情のぎりぎりのところで成り立っているのだった。

あるいは、恋人だ、と認めてしまえば、ふたりの関係はもっとうまくいったのかもしれない。しかし香美は、阿保が語るふたりの前世の夢をより深く知りたくて、小田に助けを求めたのだった。

こうして、小田の導くままに、香美と阿保、引きこもりの青年、及川昭人（千原靖史、現・千原せいじ）と、その弟で脳天気な正人（千原浩史、現・千原ジュニア）、孤独な男の子、野崎翼（明石亮太郎）、やや精神が幼い雰囲気のシングルマザー、宮川弥生（猫田直）、そしてほんとうに平凡な主婦、田淵祥子（天田貴子）の一行は、香港の九龍城砦にも似た、奇怪な廃墟の立ち並ぶ島（ロケ先は長崎の軍艦島こと端島）へ向かう。この頃から、阿保はひどく冷淡になっていて、小田を全く信じていない。

ここで問題なのは、八犬伝と名前をつけた以上、八人の仲間が集まるはずなのだが、八人目が誰なのかは、はっきりしない。普通に考えれば小田だが、彼はみんなとまるで立場が違いすぎる。七人は前世で敵と戦ったそうだが、その仲間を裏切ったブラックと名づけられた存在が誰なのかが、結局分からない。なお問題なのは、ブラックが誰か、という問題は、ほぼ、ドラマにとってはどうでもいい。

そう。このドラマで問題なのは、香美と阿保の関係性と、残るメンバーがなんのために出てきているかが、ほとんど描かれないところだ。第三話「覚醒」（脚本・神山由美子、藤本匡介。シリーズを通してこのふたりの共作）で小田は、みんながソウルメイト（前世の魂の友）だ、と語り、次のように告げる。

「そもそも、数ある前世の中で、なぜ特定の前世を見るのか、考えたことはありますか。何かそこに、意味があると思いませんか。そして皆さんは、たまたま二〇〇一年という年に、たまたま私というセラピストの、門を叩いた。これは単なる偶然ですか。……ことわっておくが、私は神を信じない。基本的には無神論者だ。しかし、運命は信じる。その運命という力が、みなさんをここへ集めた。私には、そうとしか思えないんですよ」

そして次第に、七人はひとり、またひとりと、前世の夢に覚醒する（おかしな日本語だが）。ただ、その夢は、細かい所でひとりひとりが食い違っており、ほんとうの前世かは分からないままだ。と、いきなり、廃墟の上に立つ阿保が、メガホンで叫ぶ。「我々は、ここへ遊びに来たのではない！」

これは、かなり演劇的な演出であり、これまでの展開も、それが演劇だと思うと、にわかに親しみを増してくる。軍艦島という舞台の中で、それぞれの前世にしがみついた人びとの舞台劇。台詞はレトリックによって、その現実性を失う。そこに意味を求めるのではなく、各人のドラマを分からないものは分からないまま、身をゆだねていくしかない作劇。

ひとり、消えた阿保を捜して、島へ残った香美は、阿保の霊に逢う。

「香美、あたし、淋しい。ひとりで淋しい。ひとりで淋しい。だから、だから香美もあの堤防の上から……そしたらずっと一緒だから」

阿保の死を信じない香美の前で、阿保の霊は淋しそうに消えていく。すると、もうひとりの香美が現われて、阿保の居場所を教えてくれる。

　時が経って、香美はピザ配達のバイトで、阿保、という家に向かう。出迎えたのは阿保だが、なぜか明るく、妖艶なチャイナドレス姿の阿保は、いまはイギリス人と住んでいる、と語る。翌日、仲間たちがアジトにしている正人の家に、香美が行ってみると、阿保がいる。

「どうして？」

「あたし、覚醒したんだもん」

　そこで事態は、ますますの混乱を迎える。小田はすでに自殺しているが、一同の前に、まったく同じ人間が、木村と名乗って現われる。これをどうしてみんなが納得したのかは、私には分からない。そこへ、戦士たちの裏切り者だったブラックが、胡乱な服装の青年（京本政樹）として現われるのだが、一同に拒絶され、そのシークエンスだけで消え、その後一切出ない。阿保はこの事態を打開する道具として、ムーンストーンのペンダントを出すが、これの意味も分からない。

　こうして、分からないことを多数、残したまま、ドラマは終盤を迎える。

（以下結末のネタバレ）阿保は、雨の降る坂の途中で、道に座りこみ、香美も背中合わせに座る。そう。ふたりはずっと、互いの背中だけを見てきたのだ。

阿保は言う。「香美、ほんとにずっと一緒にいられると思う？　それって、それってすごく難しいよ。だって、私たち、もうすぐ二〇歳だよ。（中略）あたしには見えるの。一〇年後、すっかり香美のことなんか忘れて、前世のことも忘れて……そうなる位なら……」

「それしかないのかな」

そしてふたりは、夜のビルの屋上に立つ。お揃いのボーダーのシャツを着て。だが、ふたりとも、死ねない。錯乱する阿保を、香美は優しく抱きしめる。「たぶんね、私たち、これでも生きられるんだよ。そして、誰かと結婚して、子どもが産まれて、お母さんになって……そしたら、こう言うの。私たちみたいな子を見て、『変わってるね』って。『あの子たち変わってるね』って」

阿保はうっすらと笑う。「お別れだね、しばらく」。香美は応える。「今度はいつ？　一〇〇年後？　一〇〇〇年後？」

こうして、七人の転生者たちは、平凡な日常に戻っていく。香美に好意を寄せていた正人は、大阪へ帰る前に、香美に電話する。「ねえ、どこへ行くの」「来世でな」

ドラマはすとん、とそこで終わり、クレジットの後に、自殺したはずの小田＝木村＝中川喜一（が、最後の名前）が甦って、また、人を集めてセミナーを開いているところが入るが、これはあまり意味のない結末だ、と思う。七人の、中でも香美と阿保との関係性は固まったのだし、その他の人びとの問題や関係性も、明らかになったのだからだ。（ネタバレここまで）

このドラマを見る人は（ＤＶＤが出ている）、結局、なんだったのか、どういう話だったのか、首をかしげるのではないか。実際、見ていて稚気に近い感覚を味わうところも多い。ただ、見れば見るほどに、『迷宮』（そういうサブタイトルの回がある）を味わう実感もまた表われてくる。

『深く潜れ』は、私の中では、難解ながら佳作、と、わけが分からないのでアウト、の間ぐらいのところに、いまのところは、ある。しかし、それこそ中二病のようなモチーフと、つじつまを合わせようとしないすとん、とした感覚は、否定することができない。

そこまで分からなくても、同じ台詞を繰り返して言うのに代表される、それこそ独特の台詞回しや、アバンギャルドな演出は、楽しめるのではないか、と私は思う。キャストも、小西真奈美がまだとんがりきっていた頃の、硬いキャラクター作りで、楽しい。

ただひとつ言うなら、なぜ「八犬伝」にしたのかは、分からない。最初に「八犬伝」という企画があったのだろうが、おかげで、目立たない人物が最低ひとり、できてしまったし、犬が登場するが、殆ど何もしないからだ。

6-3 『光の帝国』（〇一年一二月）NHK―BS

前にも書いたように、NHKのドラマは、あまり細かくチェックしていないのだが、このドラマはCSで見ることができた。恩田陸の『光の帝国～常野物語』が原作。脚本・飯野洋子。

春田家は、旅行関係のフリーライターだが主夫でもある父、貴世誌（小日向文世）、稼ぎ頭の母、大学教授の里子（檀ふみ）、高三の記美子（前田愛）、弟の小学生、光紀（村上雄太）の、のんびりした家だ。それが、貴世誌が取材先で大ケガを負ったのと時を同じくして、記美子は何かの光を、光紀は幻視を見る。貴世誌は奇跡的に蘇生するが、光紀は限りなく物が記憶できる能力に目醒める。記美子は未来を幻視する能力を持つ。

貴世誌は、光紀の力について、言う。「それはね、なるべく、他の人には隠したほうがいいことなんだ」。即ち、力が明らかになると、騒ぎになって危険だ、と。NHKのSFドラマは、超能力を持つことのネガティヴな面を前へ出したものが多いが、このドラマも、その傾向が強く押し出されている。同時に記美子は自動車事故のヴィジョンを見て、実際にそれは現実になるのだが、幼なじみの倉沢泰彦（中村勘太郎。現・勘九郎）は、日本で交通事故は年間八〇万件あるのだから、偶然だろう、気にするな、という。ちなみに、前田愛と中村勘太郎は、このドラマがきっかけとなって結婚した。

姉弟の能力は高まり、記美子は、街角でクマに遭遇する、というあり得ないような幻視をするが、実際に、ラーメン店のマスコットの、クマの剝製に出会う。光紀は学校で特技を披露するが、エロ雑誌を読み上げて見せたもので、担任の大畠先生(酒井敏也)に叱られる。貴世誌は、ドラマの初めから出ている、怪しい老人、ツル先生(笹野高史)に相談をする。ツル先生は言う。

「危険だ。早くに目醒めた者は、それだけ早くポキリと折れて、命を落とす危険性も大きい」

そして、より深刻なのは、記美子のほうだ、と言う。なぜなら、ツル先生や貴世誌たち、常野の一族で予知能力が目ざめたのは、一〇〇年ぶりだからなのだそうだ。

何も知らない里子に、真相を話すべきだ、とツル先生は貴世誌に言うが、貴世誌は気が弱く、なかなか切り出せない。

時を同じくして、記美子の前には、謎の女、矢田部薫(鈴木砂羽)が現われ、「あなたを助けられるのは、私だけ」、と謎の言葉を残して去る。

ツル教授が言うのには、常野の一族が正体を隠しているのは「学習してしまったからだ」、ということである。常野の力は権力に利用される。「人びとは幸せになれない。我々は沈黙した。我々は決めたのだよ。ただひたすら穏やかに、慎み深く、一切の権力からなるべく遠ざかって生きていこう、と」。記美子は反発する。「私はなんのために、この力を持って生まれてきたんですか」

納得のいかないまま、記美子は薫に誘われて競馬場へ行き、薫は記美子に馬を当てさせ、贅沢三昧を尽くす。しかし記美子は、その生活に、納得はしない。謎の男たちのせいで、自分の殻に閉じこもってしまった薫を助けるために、記美子は薫の記憶に踏み込む。

九〇年代の子役ブームの中で、ひときわマニッシュな魅力を放っていた前田愛が、最後に残した少女ヒーロー映像が本作である。泰彦とのキスシーンはあるものの、物語はあくまで硬派に、常野一族の力を軸に、一度はその力のおかげでばらばらになりかけた家族が、その力のおかげで家族として、より結束を深める、というポジティヴな物語になっている。彼らが今後、どう生きていくかは分からないが、ツル先生は言う。「子どもたちは、我らにつかわされた希望の光だ。我らの流れをくむ者が、進むべき道を探し求めることであろう」。そしてドラマの最後は、記美子のナレーションで終わる。

「みんなで智恵を出せば、未来だって変えられる。私はいま、そう信じ始めているのです」

本作は、あまりスケール感のない、小粒の話だが、その指し示すところは明るい。超能力は、一概にネガティヴなものではなく、智恵によってポジティヴになり得る、という結論はすがすがしい。なかなか見る機会の少ない作品だが（ソフトは出ていないようだ）、愛すべき佳作として、記憶に留めたい。

7-1　日テレ土曜九時枠と『聖龍伝説』

それまで連続ドラマシリーズとして、『池中玄太80キロ』や『ポケベルが鳴らなくて』などで知られた日本テレビの土曜午後九時枠が、一変したのは、九五年の『家なき子2』のヒットからだった。それまで、家庭向きのドラマが多く、放送回数もまちまちだったのが、若者向きのドラマを年四作放映するようになったのだ。

その傾向は、『家なき子2』の後に『金田一少年の事件簿』が入ったことで、この方針を盤石のものにする。『銀狼怪奇ファイル』、『透明人間』、『サイコメトラーＥＩＪＩ』……目指す所は、明らかである。

この傾向は、二〇〇一年の『明日があるさ』（浜田雅功主演）から変わり、迷走を始める。その中から、いくつかの快作も生まれるのだが、私も全てを見ているわけではないので、少女ヒーローの観点で、知っている中から選んだもののをご紹介しよう。

まずは、九六年一〇月～一二月の『聖龍伝説』（脚本・大石哲也、羽原大介）だ。この枠で、『家なき子』の大ヒットにより一気にブレイクした安達祐実が、『家なき子2』の後に主演した作品である。

冒頭は、このようなナレーションから始まる。

「森羅万象、この世の全てに光と影があるように、表裏一体の拳法が、武術の聖地、中国に存在した。その名を幻龍拳と聖龍拳。邪悪な幻龍の野望が、正しき（「その？」*）聖龍拳の教えを闇に葬り去ろうとした。そして世紀末、天が割れ、地が裂け、その混乱を治めんとし、中国三〇〇〇年の歴史に語り継がれた奇跡の救世主がいま、甦る。世に言う聖龍伝説の幕開けである」

このドラマ主演のとき、安達祐実は一五歳。安達祐実というと顔が大きい印象があるのだが、このときにはまだ、きりっとした顔立ちと、体とのバランスが取れている。また、本人がアクションの訓練を受けているらしく、顔が本人と判別できるショットでも、素顔でアクションを演じている所が多い。よって、映像のアングルなどに、ヴァリエイションが生まれている。エンディングでは、太極拳らしい型を見せているが、さまになっている。

また、このドラマは、敵の幻龍拳の刺客と闘いながらも、安達祐実分する冴木聖羅はぎりぎり学園生活を送っているのだが、学園内での騒動（主に、高飛

*「その？」――実際には、この部分が何と言っているのか、私には聴き取れない。いちばん近そうなことばを当てはめておいた。

車な女、神楽坂佐織こと榎本加奈子によるもの）は、あまりしつこくなく、本筋を邪魔してはいないように、私は思う。

ところで、このドラマを楽しむためには、痛い描写を我慢しなければならない。痛い、と言っても、いわゆる「イタい」ではなく、言葉の通りの痛みだ。第一話にのみ登場する聖羅の父、冴木勇次（千葉真一が、「J.J.SONNY・千葉」という名前で特別出演している）は、相手の急所を鍛えた指でえぐって殺し、敵は血を噴き出して死ぬ。聖羅本人は、直接に人を殺す描写は殆どないのだが、たとえば怒りが頂点に達したとき、敵の女の、顔と筋肉を断ち切り、もう二度と元へは戻らない、という非情な制裁を加える。

正義の側がこれだから、敵の攻撃も容赦ないもので、聖羅などは、ふつうの顔より敵の爪で切り裂かれた顔でいるほうが多いぐらいだ（誇張です、念のため）。血しぶきが飛び、顔が傷だらけになる。遊び気分で見るには、ハードかもしれない。

その聖羅は、冒頭で説明した聖龍拳の唯一の伝承者だが、敵の幻龍拳一味が狙っているのは、彼女の命ではなく、彼女が持っている聖なる水晶玉と、聖羅の母・聖華（五十嵐淳子）の喪われた記憶である。それが揃ったとき、大いなる宝「天使の涙」が手に入るのだという。そして聖華は、行方不明になっている。水晶玉の謎と、聖華の行方を捜すために、父と娘は旅をしてきたのだ。

その父も、幻龍拳の刺客に殺され、入れ替わるように、僧侶の格好をした老師（片岡鶴太郎）が現われる。老師は聖羅を鍛え上げていく。その過程で、次々に刺客が現われ、そのたびに特訓を繰り返して、聖羅は敵を倒していく。しかし、廃車置き場に住み、ほんとうの住所を隠している聖羅の居場所を、数少ない友人の美咲（遠藤久美子）は、親から継いだラーメン屋の借金、四〇〇〇万と引き替えに売ってしまう。聖羅は老師に助けられるが、美咲は幻龍拳の刺客・百舌（又野誠治*）の手にかかって、意識不明の重態に陥る。

闘いの過程で知り合った先輩、速水麗一（鳥羽潤）との友情（愛情ではないところがすがすがしい！）、上杉祥三ら魅力ある敵たちとのハードなアクションによって、この物語は、正しい道を進んでいく。必ずしもハッピーエンドではないが、芯が通り、圧倒的に正しいのだ。

こういう物語は、一話完結で定型化されることも多く、事実、聖羅は自分が倒した相手に、「さあ、懺悔の時間だよ」と言って、秘密を吐かせたりはするのだが、そのフォーマットを前面に押し出さないのが、東映との違いである。しかし、この物語を通して見ることができれば、その爽快感を味わえるだろう、と思う。

全ての事件と謎とは、収まるべき所にきれいに収まる。もっと評価されていい作品だと思うが、これ以降、安達祐実は、この枠に出ることはなかった。残

* 又野誠治――『太陽にほえろ』のブルース刑事。

念としか言いようがない。

しかし、このドラマは、正しい少女ヒーロー作品と、私は断言するものである。

7-2　『三姉妹探偵団』（九八年一月〜三月）日本テレビ

佐々本綾子（鈴木蘭々）、夕里子（吉川ひなの）、珠美（野村佑香）の三姉妹は、新居に越してきたが、引っ越し早々、家は何者かに放火され、父・佐々本周平（高田純次）は行方不明になり、おまけに火事の後からは、女の死体が出てくる。三崎警部（長谷川初範*）率いる警察は、一連の事件の犯人は周平の仕業だと断定する。その間にも殺人事件は次々と起こるが、事件は二転三転。結局、全く意外な人物が犯人だと分かり（何しろ推理の材料がない）行方不明だった周平は、海外に出かけていたことが分かるが、出かけた先のカメルーンで、怪しい男たちにピストルを突きつけられる。三姉妹は、焼け跡にテントを張って、当座の生活を始める。これが、一〜二話のストーリーである。二話分なのだ。

あまりに薄い内容だ、と思われるかもしれないが、その通り。三姉妹の役者や、刑事役の河相我聞のファンでもなければ、話の薄さに驚くかもしれない。ファンと言えば、端役で谷原章介も出ている。

八〇年代の『スケバン刑事』シリーズもともかく、前の年、九七年の『Ｆｉ

*長谷川初範——『ウルトラマン80』に主演した。

VE』でも切れのいい脚本を書いている橋本以蔵の作品とは、とても思えない内容だ。以下は、私の個人的な言い分である。

一般に、ドラマの話が薄い場合には、次のような理由が考えられる。

一、脚本家にやる気がない。

二、やる気のある脚本に、チェックがうるさく入る。

三、やる気はあるが、作風が変わった。

橋本以蔵の場合を考えると、九九年から始まる『地獄の花嫁』シリーズでも、乗りのいい脚本を書いていたので、作風が変わった、とも考えにくい。

では、他の可能性はどうか。第一話で、三姉妹のこんな会話がある。

「なんでこのパーティーに関係者全員が出席してんの」

「こんなシチュエーション、ドラマでもないよ」

そういう台詞をドラマで言うことに、私は違和感を感じた。実際、そのパーティーには、父の上役（谷隼人）から珠美の担任（赤坂泰彦）まで、文字通り関係者全員が出席していて、その中で意外な人間関係が明らかになり、犯人が見つかるのである。これは赤川次郎の、ことに初期作品では顕著で、冒頭に主要な人物が全員出てきてその中に犯人がいる、という特徴がある（『三毛猫ホームズの推理』などもそうだ）。

おそらくは、この辺りが橋本以蔵の本音なのではないか、と思われないでもない。原作と、あるいは製作サイドとの、乗りの違い。自分が「これならできる」、と思えたプロットの否定……憶測しているときりがないが、赤川次郎原作の作品では、ありがちなことなのである。大林宣彦監督の『ふたり』『あした』、大林版の二時間サスペンス『三毛猫ホームズの推理』や相米慎二監督の『セーラー服と機関銃』のような成功作はあるが、どちらも、原作を大胆にアレンジしている。そこがうまく行かなかったのではないか。

というのが私の、あくまで憶測である。

ともかく、薄ーいミステリだと思うと、時限爆弾を止めるために、赤と青の線のどちらを切るか、というサスペンスではおなじみの要素*に、新しい例が加わる、冬ならではの温泉話に幽霊を載せるなど、ありがちな要素が盛り込まれていて、まったく面白くないわけでもない。その面白さを「発見」するには、三姉妹が温泉へ行くことになるまでに約一三分かかって、まだ事件が始まらない、といった展開に耐える必要があるが。

ちなみに、時限爆弾の出てくる第三話には、SHAZNA*のIZAMが本人役で出演しており、この作品で吉川ひなのと出逢って、結婚した。

なお、同じ赤川次郎原作では、「4姉妹探偵団」（〇八年）という作品がテレビ朝日で放映されているが、今回は詳細を確認できなかった。

赤と青の線――私が初めてこのパターンを見たのは、映画『ジャガーノート』（七四年）だが、その後、同作を超えるスマートな解決策を見たためしがない。私自身、『メイド刑事』（原作）で挑戦し、失敗している。

SHAZNA――ビジュアル系バンドの代表格。IZAMはヴォーカル。二〇〇〇年、活動停止。

番外編／『君といた未来のために』（九九年一月〜三月）
日本テレビ／5年D組

脚本・大石哲也、吉田智子のオリジナル作品。

一九九九年一二月、世間は二〇〇〇年の到来で大騒ぎだった。二一世紀が始まるのは二〇〇一年からだから一年早いのだが、「二〇〇〇年」という語感の良さ、そして「二〇〇〇年問題*」などもあって、すでに大騒ぎだったのだ。

その一二月の三一日、鬱屈した高卒の少年、堀上篤志（堂本剛）は、父親、弘志（内藤剛志）との決裂から、幼なじみの山岸由佳（遠藤久美子）と流星群を観に行く約束をキャンセルし、たまたま街角で『忘れ物の森』という映画のポスターを見かける。それは子どもの頃、母親と見た映画だった。ポスターを見た瞬間、路地の向こうを、亡くなった母・裕美（真行寺君枝）が歩いていたような気がした篤志。一方で、サングラスをかけた謎の娘・蒔（仲間由紀恵）にも接触する。そう、このドラマは、篤志を巡る3人の女性との出逢いから始まるのだ。

それはさておき、なんとなく『忘れ物の森』を観に、映画館に入った篤志は、映画の中の『イカルス・モンゴルフィエ・ライト*』という呪文を唱えた瞬間、心臓が止まって、あっけなく死んでしまう。しかし、気がつくと彼は、四年前

二〇〇〇年問題――当時のコンピュータは、年号を下二ケタの数字（二〇一四年なら一四）で管理していたため、〇〇年は九九年の前になってしまい、コンピュータの動作が混乱することになるのではないか、という問題。金融機関などは、念のために帳簿を紙に刷り出すなどの措置を行なった。結局、大きな混乱はなかった。現在はコンピュータ内部で四ケタ管理しているため、その部分では問題は起きない。

イカルス・モンゴルフィエ・ライト――レイ・ブラッドベリの短篇のタイトル（『スは宇宙（スペース）のス』創元推理文庫収録）。

の一九九五年一二月二三日にいた。行きつけの喫茶店へ行ってみると、死んだはずの友人、シゲ（青木伸輔）や、気のいいマスター（篠井英介）がいる。シゲは一九九九年の秋、競馬で借金を重ね、自殺していたのだった。

「もし、生きていくなら、これから起こるできごとすべてが、最初の人生と同じように繰り返されるんやろうか」

　とりあえず、篤志はたまたま覚えていた有馬記念の馬番号を当て（一度は経験した人生なのだから、「当てた」わけではないのだが）、目指す大学（「ソウケイ」という名前）にも受かるが、父親は、「運だけでいい気になるな」、と冷たい。そのまま家を出た篤志は、会社を興す。

　なぜ四年も前の馬券の番号を知っているのか、つっこみたい所だろうが、それはドラマの本筋には関係ない、と言える。また、放映当時、このドラマはアメリカのSF『リプレイ』（ケン・グリムウッド）に似ている、と言われたものだが、『リプレイ』の解説にあるように、この設定は「陳腐」なものであり（例えば、西澤保彦の『七回死んだ男』（九八年）も見逃せない）、私も、陳腐だとまでは言わないが、すでに型として定着している設定に、何を盛り込むか、が勝負だと思う。

　そういうわけで、会社を興した篤志とシゲは、ヒットするはずの商品（たまごっちなど）を次々に先行して発表し、金にあかせて贅沢三昧を続ける。しかし、由佳との仲は冷めていき、代わりに、金持ちの令嬢、さやか（小嶺麗奈）と仲よくなる。人生は変わり始め、由佳はアメリカへ写真の勉強をするために留学し、銀行員の父親は、篤志の資産管理をさせて欲しい、と土下座までする。念のために断わっておくが、この時代、土下座という下司な習慣は、ほとんどなかった。

「俺は親父に勝ったんや……」

しかし、篤志が気まぐれでヒットさせたヴィジュアル系バンドが大ヒットしたのが、最初の人生でヒットするより一年早かったのと、シゲがそれについて愚行を行なったため、篤志は一転、人生のどん底へ叩き落とされる。失意のまま、皮肉にも篤志と関わらないことで成功した由佳と、二度目の一九九九年一二月三一日、流星群を見に行った篤志は発作に襲われ、「イカルス・モンゴルフィエ・ライト」とつぶやきながら、倒れる。すると時間が戻り始め、篤志は三度目の人生を送り始める……。

どこが「少女ヒーロー」なのか、と言われるかもしれない。私も同意見だ。それが、この物語を番外編にせざるを得なかった理由でもある。

しかし、そこに蒔と、邪悪な形でリプレイを繰り返す黛裕介（佐野史郎）というふたりのプレイヤーがからむことで、篤志はいやでも運命に翻弄されていく。黛は言う。

「時間というものは絶対的なものだ。誰もそこから逃れることはできない。でも、その時の流れからはみ出すことで、僕らは絶対になり得た」

だが三回目の、教訓を活かした地道な人生を大事にしようと思った篤志は、そのことばに反発する。

「そやったら、この運命と闘ったるわ。超人やのうて、人間としてこの人生を生き抜いて、お前がまちごうとること証明したるわ」

こうして三度目の人生を生きていく篤志。由佳はアメリカへの留学から帰ってきている。このシーンで、由佳こと遠藤久美子が見違えるほどきれいになっていることを、記憶されたい。「これからは、ずーっと篤志のそばにいる」、と言う由佳。なんということもなく、けれどだからこそかけがえのない人生を送ってきた篤志。いつまでも続けたい人生だったが、黛の邪悪な陰謀で、三回死に、四度目の人生を送ることとんになる。

転生を繰り返しながら、運命と闘う篤志と蒔。その前に立ちふさがるのが、黛だ。この黛の存在感と、篤志と蒔、ふたりのプレイヤーの闘いが、物語の本筋を語り、また、細部も精巧に描かれる。人当たりのこよなく良いマスターが、どうやら裏社会に関係していたらしい、という小さなエピソードなどは、なくても困らないが、あって悪いものではない。

物語の結末がどうなるかは、想像の範囲内にあると思うし、敢えて明かさないが、最後の篤志の人生は、ちょっと凝った形で、前向きに進む。蒔と篤志との関係も、すがすがしいものだ。

いや、このドラマ自体が、すがすがしい、と言っていいだろう。人生には限りがある。それをどう生きるか決めるのは、個々の人間の意志次第だ。もちろん、すべての人間が、「いい」人生を送れるかどうかは分からない。けれど篤志は、運命と闘い、その意味での勝利を得た。蒔も同じだ。

ドラマの最後で、蒔と篤志は別れる。「今度逢うときも」「きっと笑顔でいようね」。彼らには、その笑顔の人生を送る権利がある。文字通り、人生をやり直したのだから。

この物語の主人公は、あくまで篤志だ。けれど、蒔と由佳というふたりの少女が介在しなければ、篤志は人生をやり直すことは、できなかっただろう。

さて、土九枠は、いったん過去へ戻る――。

7-3 『P.A.プライベート・アクトレス』（九八年一〇月～一二月）日本テレビ、5年D組

脚本・野依美幸。

「生まれ変わっても、私でいたい……」

ビルの屋上にある看板を、向かいのビルの屋上で読んでいる、小早川志緒（榎本加奈子）。看板にはその文言と、笑顔の女優、永沢さゆり（萬田久子）の笑顔。志緒は、続いてつぶやく。

「生きるべきか死ぬべきかそれが問題だ。……そんなことで悩むなんて、ハムレットってやっぱりバカね」

彼女が底抜けの楽天家だということを、まず示しておいて、そんな彼女を日青プロダクションの社長、二階堂義孝（岩城滉一）がスカウトする。息もつかせず、赤坂泰彦のナレーション。

「Perfume of love.I saw a child playing beside the river.* 天才的な演技力を持つ少女、小早川志緒、セブンティーン（テロップでは「十七歳」）。実は彼女、清純派女優、永沢さゆりの隠し子である。彼女が演じるステージは、テレビや映画ではなく、現実世界。依頼を受け、報酬と引き替えに個人的なある人物を演じる、女優。少女がセーラー服を脱ぎ捨てたとき、人は彼女をこう言う。プライベート・アクトレス」

もう、このナレーションだけで、話が分かってしまう、密度の高いオープニングなのだが、とにかくそういうわけで、志緒は毎回、現実のある人物を演じ、それが結果として、事件の解決につながる、という構成になっている。

代表的な回を挙げてみると、「P．A．３（つまり第三話）もうひとりの自分」

＊ Perfume～――小室哲哉率いるバンド、gloveによる主題歌『Perfume of love』の一節。

辺りはいかがだろうか。

放課後の、詩の朗読会ですっかり退屈している志緒に、二階堂から電話が入る。指名した依頼人は響野鈴香、一七歳（水川あさみ）。詩のサイトで出逢った、海人（井澤健）という男子とメール交換をしていてデートに誘ったが、イメージが違いすぎるので代わりにデートしてくれ、と。そんなの自分で行けば？と言う志緒に、鈴香は顔の、ひどいやけどの痕を見せる。

しかし、待ち合わせのミュージカル会場に、海人は来ない。メールの内容から、海人は鎌倉にいる、と察して向かった志緒は、そこで万引きをしている青年と会う。それが杉浦海人だった。海人はごりごりの受験生で、予備校の校長である父（大竹まこと）の、広告塔になっている。追い払われる志緒。

鈴香に責められた志緒は、予備校に行ってみるが、海人の態度から、彼が、鈴香の知っている海人ではないことを察知する。志緒の母、さゆりは、メールの内容から、発信者はかなり年上の、芸術家、と断定する。

手がかりを求めて、志緒は再び杉浦邸へと向かう。「あなた、東大へ行って、官僚にでもなるつもり？」「それも悪くない。別にやることもないし」「死んでるんだね、あなた」「え？」「生きてても、死んでるってこと。そうやって一生、生きて行くんだね。親の顔色うかがいながら」。そこで志緒は、海人には画家の祖父、遊人（天本英世）がいることを知る。療養所で長いこと寝たきりの遊人は、鈴香（つまり志緒）に逢って喜ぶ。

一方、海人は予備校で、模試の最中、時限爆弾を起動させる。彼は、父の広告塔になっている自分にうんざりしていたのだ。例によって赤と青の線があるが、まあまあそこそこスマートに解決され、志緒は、海人とその父に、祖父の話を語る。ここでようやく親子、祖父と家族の絆が結ばれ、海人は亡くなった祖父の代わりに、本物の鈴香へ逢いに行く――。

ここで紹介した土九のドラマの中でも、この作品はずば抜けて、主人公、志緒と母親、さゆりとの仲が良く、ドラマのバランスも良いし、内容も濃い。

最終話、新人俳優に扮した志緒が、任務を終えたとき、さゆりは志緒を女優にさせたがったが、志緒は断わる。

「今、こうして、私はここに生きてる。それだけで充分よ。P．A．が好きだから。P．A．やってる今の自分が好きだから。今のママが好きだから。そんで、今の二階堂さんが好きだから。今のまんまがいちばんいいの」

「生まれ変わっても私でいたい？」

「もちろんよ」

ウィキペディアによると、榎本加奈子は『家なき子2』での驕慢な憎まれ役が受け、ブレイクにつながったとある。スタッフには大変礼儀正しいそうだが、そうでなければ、同じ土九枠で二本、あるいは三本の主役（『F・i・V・E』を、一応主役に含めて）を演じることはなかった、とほぼ断言できる。スタッフに嫌われて続編がなく消えていった、というのも、よく聴く例だ。

ちなみに、ウィキペディアに載っている設定、ストーリーは、殆ど原作（赤石路代のコミック）によるもので、ドラマとは大きく違っている。

この『P.A.』における榎本加奈子は、明るく好感の持てる役作りで、見ていて気持ちがいい。陰惨な事件もなく、ドラマ全体が明るい、楽しめる一篇である。

7-4 『バーチャル・ガール』（〇〇年一月～三月）日本テレビ

大石哲也のオリジナル脚本である。

冒頭、霧をバックに、コンピュータ風の文字*が現われる。

「1986_12_24_nagano」

霧の中を逃げる幼い女の子・早川リサと、その母、ひかり（村上里佳子）。リサを残して、ひかりは爆死する。

「6_hours_later_tokyo」

夜の東京。ホームレスが集まる所へ、リサがぼろぼろになって現われる。

「1995_12_31_tokyo」

コンピュータ風の文字——いまは分かりにくいだろうが、黒バックに緑の英数字。

違法カジノらしい所で、ワークファッションの、ニヒルな少女に成長したリサが、金を賭けて格闘ゲームに挑み、勝つ。負けた相手に襲われるところを、瀬名（陣内孝則）に助けられる。六歳から一五歳までの九年間、リサは施設にいたが、飛び出したのだった。

陣内は、心理カウンセラーだが、オフィスの奥の部屋にはスチームパンク風の、ヘッドセットのついた椅子がある。それがＶＲ２０００。ひかりが遺したこのマシンには、リサだけがアクセスできるよう、プロテクトがかけられていた。

そこへナレーション。「人の心をバーチャル・リアリティで再現する、驚異のソフト、ＶＲ２０００。（It's called cyber space.）＊その電脳空間を自由に飛び交い、心の底に隠された愛や憎しみ、そして真実を追う少女、早川リサ。そんな彼女を人はこう呼ぶ。（Welcome to amazing（以下不明）＊、Virtual Girl」

ここまでで、物語のメイン・プロットは説明され尽くしている。これ以上の説明はいらない。抑制の効いた物語だ。

……と言いつつも、その抑制に一抹の不安を感じながら見ていると、病院で薬剤の横流しを巡って、殺人が起こり、現場にいた女の子が、口がきけなくなっている。瀬名はリサに、ＶＲ２０００で女の子の心に飛び込め、と。命ずる。

ＶＲ２０００に乗ったリサの目には（心には）、公園が見える。それでも、何も見えなかった、と言い張るリサだが、テレビのニュースから女の子の映像

＊「It's called cyber space.」英語が流暢すぎて聴き取れないため、たぶんこんな感じではないか、ということで書いておいた。

＊「Welcome to amazing（以下不明）」この部分も、聴き取れなかった。

を思い出し、証拠の人形を見つけ出す……。

このドラマと、先の『P．A．プライベート・アクトレス』とは、『スケバン刑事』と『少女コマンドーIZUMI』との関係に似ている。『P．A．』や『可愛いだけじゃダメかしら？』*など、はっちゃけた印象の演技が多い榎本加奈子だが、ここでは声を押し殺し、笑うことも殆どなく、ハードなミッションをこなしていく。そのストイシズムは美しい。

しかし、ここでも、全体は『少女コマンドーIZUMI』同様、地味、という問題に突き当たっている。色づけをはぎとってしまうと、単調な展開で、話の量が少ない。

それともうひとつ、VR2000というものが、どうしてすごいのか、映像からは見えて来ないのだ。機械なしでも普通の捜査や訊問で、単純に解決できる話にしか見えない。

コンピュータというものが、昔なつかしいテープの回転している壁一面を覆った機械のイメージから、現代的、あるいは近未来的なイメージへ変化したのがいつか、は断言できないのだが、九〇年代の後半でも、例えば脚本家が打ち合わせの席でノートパソコンを広げる光景*は、物珍しく感じた。そういう時代とのきしみの中で、本作は生まれたのかもしれない。

ただ、榎本加奈子は、いい。立体は、光と影とから成り立つものだが、本作

『可愛いだけじゃダメかしら？』——～九九年、テレビ朝日で放映されたコメディ。榎本加奈子と山口紗弥加の友情を描く。

脚本家がノートパソコンを～——九十年代末に出逢った脚本家では、小中千昭氏と武上純希氏がそうだったと記憶する。

は、榎本加奈子の影の部分のうまさを、引き出している。

その光と影とを味わうのは、しかし、けっこう難しい。何しろ、榎本加奈子の出演するドラマのＤＶＤは、〇四年の『虹のかなた』だけなのである。そしてこの年、榎本加奈子は元・野球選手の佐々木主浩との不倫が発覚、翌〇五年には結婚、引退することになる。

前章の台詞を借りて言えば、……。

「サキ。女っていうのは、どうしてこうスカッとしねえんだろうな。男の甘い台詞ひとつで、簡単に転びやがる。だからおいらは、みんなにナンパな真似を禁止したんだ」

「けんどなあ、たい子さん。このうちだって、うつくしゅう着飾って街へ出て、素敵な恋を夢見ることもある。それがまた、おなごのかわいい所でもあるんやないやろか」

どちらが幸せかは、私には判断できない。

本章は、長くなりすぎた。最終の第五章に至るまでに、『スケバン刑事』の命脈を引きつぐ作品をご紹介したいのだが、章を替えたほうがよさそうだ。

まだそんなに少女ヒーローってあるの？　あるんです、これが。

第四章　少女刑事その後、プラスアルファ

「一年前は、力をコントロールできなかったの」（『魔夏少女』より）

1-1　『セーラー服刑事』（八七年）　OCEAN50

一部で、カルト的に愛好されているらしい作品。理由は後で説明する。ビデオソフトから、簡単な手段でＤＶＤ化されたらしく、見ていると画面下にフレームノイズが入る。全五巻。

巻頭、こういうテロップが出る。

「この物語の主人公達はあくまでも君達にいる素人の娘達を起用、制作の途中にテレビ番組のレギュラー出演の話が決まったりはしても決してスターきどり（原文のまま）はしません。勿論、アイドルになっても自殺なんてもってのほか、生きる尊さを知っています。この世に生まれた以上思いっきり生きましょう」

スター気取りは誰か知らないが、アイドルで自殺した人と言えば、『スケバン刑事』の遠藤康子*（八六年三月二九日没）か、こちらのほうがより妥当らし

遠藤康子——斉藤由貴の『スケバン刑事』で、海鎚三姉妹の末子・亜悠巳役を演じた新人アイドル。定説では、売り出しに当たり、彼氏との絶縁を迫られ自殺した、と言われる。

い『禁じられたマリコ』の岡田有希子（八六年四月八日没）ということになる。

いずれにしても八六年で、それから間もなく作られたものらしい。

死者を冒瀆する権利は誰にもないし、その上、素人の芝居を見せられてはかなわない。しかし、そのまま見ていると、次には走る車窓から見える空をバックに、ナレーションが入る。

「この物語は、ある日、超能力を身につけたエスパーとして、三人の女子高生、AYU、YUKA、KAZUの、セーラー服刑事誕生の物語です（原文のまま）。もしも、君たちに超能力が身についたとしたら、まずは、何をする？」

言いたいことは置いて、その女子高生が何をするのか見守っていると、三人の女の子がひとりずつ、たぶんAVのように*、自己紹介をする、イメージビデオみたいなものが六分四〇秒入る。お断わりしておくが、AVではないし、一切、お色気のシーンはない。

それはまあいいとして、ドラマがいつ始まるのかと思っていると、三人がショートパンツ姿で、三分一六秒、延々、走る。剣道の修業中らしく、次には道場でのけいこが四分……。

で、とにかく（「とにかく」としか言いようがない）三人はなんらかの超能力に目醒めるのだが、すかさずナレーションが入る。

「そのときAYUは、自分が超能力を身につけたエスパーであることを自覚し

*たぶんAVのように——信じてくれなくても一向にかまわないが、私はAVというものを二本しか見たことがない。あの編集センスについていけないのだ。

た。そして、正義のために戦う戦士になる決意をするのであった」

そんなシーンはどこにもない。彼女ら*が刑事として活躍する場面もない。結局物語は、だらだらとした日常の映像と、映像で実現されないストーリーのナレーションによる説明に終始し、謎の日本刀を巡る攻防が、起きたのかこれから起きるのか分からないうちに、唐突に五巻で終わってしまう。制作が中断したらしい。

脚本・監督は山前五十洋。彼自身の、現実の娘は倉木麻衣。そう、このビデオのまさしくカルト的な評判は、幼児の倉木麻衣が出る「微笑ましい」シーンがあるからなのだ。

もうひとつ挙げるとアドリブの天才と言われた声優の広川太一郎がなぜか第三巻だけ、ナレーションをしている。なぜこういう作品に参加したのか。謎は深まるばかりだ。

なお、このDVDが売れたせいか、「新・セーラー服刑事」というオリジナルビデオも発売されているが、それを追う忍耐力はなかった。

1-2 『ルーズソックス刑事』（〇〇年二月）TBS

TBS深夜枠『悪いオンナ』の中の一篇である。

*彼女ら――ほんとうに素人を使っているらしく、巻ごとに「女優」が代わり、役名も変わる。

『悪いオンナ』は、文字通り悪女を主人公として描くオムニバスのシリーズだが、本作は、警視総監の孫娘で中学三年生の銭形紅子（平山綾。現・あや）が、刑事として悪女を捕らえる、全四話の推理ドラマだ。

脚本家が、若手の新人（とおぼしい。各話で脚本家がちがう）であることも手伝ってか、毎回の事件と推理はあまり冴えているとは言えない。また、紅子が本物の刑事であることを、相棒になる刑事・山中八五郎（岡本光太郎）が認めるまでに、第一話の一三分までかかるのが、なんともまだるっこしい。問答無用の強引な説得力がないと、こういうドラマは成立しない。

問題のひとつは、紅子の決めゼリフ*が長すぎる所にもある。

「摘むべき花は悪の華、この世に咲いた悪の華。××××、やっぱりあなたが犯人ね。愛かお金か男のためか、女ってのは貪欲な生きもんだね。けどね、世の中には掟ってものがあるんだよ。たとえ世間が見逃しても、悪いオンナはこの紅子が許さない」

測ってみると五〇秒にもなるこの台詞は、平山あやの滑舌が悪いせいもあり、弛緩してしまっている。また、そのシーンは中華料理店で（一話は）語られるが、照明が消えてスポットライトが当たり花火があがる、というこの分野には欠かせないデフォルメシーンで、八五郎が「この照明はいったいどこから？」といった様子を見せるのも、この手のドラマに必要な『覚悟』が足りな

＊紅子の決めぜりふ——二話以降、若干のアレンジが見られる。

い。ヨーヨーを見た悪役が「桜の代紋！」と驚くような強引さが必要なのだ。

それを踏まえた上で、本作はまだ磨かれない少女刑事ものの原石としての可能性が見られる。事件の捜査も、例えば被害者の口から甘酸っぱい匂いがするから、青酸化合物による毒殺だ、と見破るなど、ミステリ要素は高い。

少し書いておくと、日本ではしばしばアーモンドの匂いとされる青酸化合物だが、これは誤訳で、私たちが食べているアーモンドは巴旦杏という植物の種子なのだが、青酸の匂いは、アーモンドの周りの実の匂いなのだそうだ。これを初めに扱ったのは『MASTERキートン』*との説もあるが、マニア心をくすぐる描写であることはまちがいない。

本来は、長く説明するほどの作品ではないのだが、この作品が『ケータイ刑事』シリーズの萌芽となったことは確かである。

1-3 『ケータイ刑事』シリーズ（〇二年〜一一年?）BS－Hi

『ケータイ刑事』は、『ルーズソックス刑事』の発展形として、警視総監の孫娘に当たる銭形姓の女子高生が、刑事ドラマでおなじみの役者たち扮する『おじさん』たちとバディを組んで事件を解決する、三〇分ドラマの佳作だ。タイトルは、『ケータイ刑事　銭形×』となっている。全員が、警視総監の係累だ、

『MASTERキートン』――浦沢直樹による、保険調査員の活躍を描く漫画。

という設定である。シリーズ全体は、二〇一四年六月現在、以下の作品群となる。

銭形愛（〇二年一〇月〜〇三年三月）宮崎あおい、山下真司
銭形舞（〇三年一〇月〜一二月）堀北真希*、山下真司
銭形泪《るい》（〇四年一月〜三月、第二シーズン〇四年四月〜九月）黒川芽以、山下真司（第一シーズン）、草刈正雄（第二シーズン）
銭形零《れい》（〇四年一〇月〜一二月、〇五年一月〜三月）夏帆、草刈正雄（第一シーズン）、山下真司（第二シーズン）
銭形雷《らい》（〇六年一月〜六月、七月〜九月）早織（当時、小出早織）、国広富之（第一シーズン）、草刈正雄（第二シーズン）
銭形海《かい》（〇七年七月〜九月、第二シーズン一〇月〜一二月、第三シーズン〇八年一月〜三月）大政絢、草刈正雄（第一シーズン）、山下真司（第二シーズン）、松崎しげる（第三シーズン）
銭形命《めい》（〇九年七月〜九月）岡本あずさ、松崎しげる
銭形結《ゆい》（一〇年一二月〜一一年二月）岡本杏理、辰巳琢郎
映画『ケータイ刑事　ＴＨＥ　ＭＯＶＩＥ　バベルの塔の秘密〜銭形姉妹への挑戦状』（〇六年）黒川芽以、堀北真希、夏帆、草刈正雄　脚本・林誠人　監督・佐々木浩久

*堀北真希――『ケータイ刑事』シリーズの主演女優で、事務所などの公式なプロフィールに同作を載せているのは、堀北真希、夏帆、早織、大政絢、岡本あずさ、岡本杏理（二〇一四年九月現在）。中でも堀北真希は、その後の活躍から見て、潔いと言うしかない。頑張れ堀北真希。

映画『ケータイ刑事　THE　MOVIE2　石川五右衛門一族の陰謀～決闘！　ゴルゴダの森』（〇七年）小出早織、夏帆、国広富之、松崎しげる　脚本・林誠人　監督・田澤幸治

映画『ケータイ刑事　THE　MOVIE3　モーニング娘。救出大作戦！～パンドラの箱の秘密』（一一年）大政絢、岡本あずさ、岡本杏里、国広富之、松崎しげる　脚本・林誠人　監督・安藤尋

◉ケータイ刑事 文化祭 in ゴルゴダの森～銭形海＋THE MOVIE2.1（〇八年）

◉ケータイ刑事 銭形海 夏舞台完全版（〇八年）

漏れがあったら、申しわけない。

私は銭形海までは見ているが、*各シリーズのメインライターは、すべて林誠人が務めている。もうベテランの域に入りつつある、大人のラブコメからサスペンスドラマまで、芸域の幅広い人だが、密度が濃く、自由度の高い話を書いている。『TRICK』の中で毎シーズン、ゲスト脚本家として後味の悪い話を手がけているのも注目すべきだろう。

そしてこの林誠人を中心とするスタッフ陣が、『ルーズソックス刑事』で物足りなかった要素を磨き抜き、三〇分のワンアイディアミステリを完成させ

銭形海までは見ている――正確には、銭形海までDVDを買っていて、BSが見られないまま、いまに到っている。さすがにお許しを願いたい。

た、と思われる。

演出陣も、古厩智之*、安藤尋*、佐々木浩久*、小中和哉*などの若手監督を意欲的に起用し、TBS（当時）の平野俊一、田澤幸治なども活躍している。また、矢部美穂*や宝積有香*などのキャスティングも、特にシリーズを続けて見た人が堪能できるような仕上がりになっている。シリーズ後半に入ると、楽屋落ちやドラマのメタ化も増えてくるのだが、ファンには楽しい趣向に違いない。

1-4　『モーニング刑事。抱いてHOLD　ON　ME！』（九八年三月）

ここでは、『刑事』は「コップ」と呼ばれるらしい。

モーニング娘。と、主演の平家みちよの所属するハロープロジェクト（ハロプロ）のミニライヴと同時に上映された短篇映画。脚本・鷲見市子、監督・今関あきよし。

すでに忘れられかけている話だが、平家みちよ（現・みちよ。苗字はなし）はアイドル発掘番組『ASAYAN』で、九七年、つんくプロデュースでデビューしたものの、あっという間に、同番組の落選者で結成されたモーニング娘。に追い越され、現在は、ハロプロを離れて個人活動をしているということだ。この映画では、まだ平家みちよが主役を務めている。

古厩智之――ぴあフェスティバルで入賞し、16mm映画『この窓は君のもの』で瑞々しい青春を描いて大好評を博した監督。他に『さよならみどりちゃん』などがある。

安藤尋――市川実日子・小西真奈美主演の青春映画『blue』が忘れがたい監督。

佐々木浩久――『発狂する唇』『血を吸う宇宙』などホラーの監督としても知られる。

小中和哉――『星空のむこうの国』『四月怪談』などSF寄りの少女映画で知られる。

矢部美穂――『ケータイ刑事』の常連。『天然少女萬』にも出演する、ジャンル女優の華。

宝積有香――同じく常連。全シリーズに必ず登場する。矢部美穂と宝積有香を堪能できれば『ケータイ刑事』ファン。

読者モデルとして人気絶頂の平家の許に、怪しいプレゼントが届き、ストーカーも現われたため、平家はモデルを辞める、と言うのだが、同じくモデル仲間のモーニング娘。たちは彼女を救うため、トレーニングを開始して、その身辺を守る。結局、犯人はマネージャーの宝樹（?）*だと分かり、絶体絶命の娘たちの前に、「秋葉原の帝王」という謎の人物が現われて、助けてくれて話は終わり。

その間、アクションらしいアクション、ストーリーらしいストーリーは一切なく、娘たちは刑事らしいことを一切せず、ぎゃあぎゃあ言いながら走り回っているだけ。もう少し丁寧に語るべきかもしれないが、本書全体のバランスから見て、この程度の説明で充分かと思われる。

1-5　映画『スケバン刑事 コードネーム＝麻宮サキ』（〇六年）東映

ゼロ年代になって急に製作された、『スケバン刑事』の新作である。何故だろう、と思うが、『宇宙刑事ギャバン』も三〇年の時を越えていきなり映画化されたので、東映としては当たり前のことかもしれない。脚本は丸山昇一、監督は、故・深作欣二の息子、深作健太*。長門裕之の暗闇司令、サキ（松浦亜弥）の母には斉藤由貴、おまけに竹内力まで登場する。私は、監督に一抹の不安を

宝樹?——名前を書いた記録がなかったので、音（「タカラギ」）に合わせておいた。

深作健太——父親、深作欣二監督の後を引き継いで、『バトル・ロワイアルⅡ』を完成させ監督デビューしたが、これ自体、多くを語りたくない作品だ。

抱きながらも、公開を待った。

結果として、そこに現われたのは、単なる柄の悪い女の子がぎゃあぎゃあ叫びながら何もしない、愚作とさえ言えない映画のようなもの、だった。

アメリカから「輸送」されてきた今回のサキは拘束衣を着せられ、逮捕までに、暴れて一一人のお巡りをつぶした、というよく分からない過去がある。それが、「スケバン」という言葉を聴くと凶暴化し（えーと）、拘束衣を引きちぎり、脱走する。結果としては再度拉致され、暗闇指令（むしろ残念ながら、長門裕之）によって、吉良（むしろ残念ながら、竹内力）の配下でスケバン刑事に任命される。目的はエノラゲイなる謎のサイトを追及することなのだが、聖泉学園高校に転入したサキは、のっけから「お前ら全員、ヤキ入れっぞ」と、柄の悪さを発揮し、学園でいじめられている多英（岡田唯）をめぐって、学園をシメている秋山レイカ（石川梨華）と対立する。サキもレイカも、かつて『スケバン刑事』を成立させるために慎重に計算されたデフォルメをないものにした、リアル不良の人物像であり、そこがまず問題だ。

また、問題のひとつは、麻宮サキが戦闘する際、セーラー服風にデザインしたボディスーツを着る点にもある。このボディスーツが、『8マン　すべての寂しい夜のために』*に似ていることもさておき、セーラー服そのものが戦闘服だ、という元祖『スケバン刑事』から『少女コマンドーIZUMI』にかけて

*『8マン　すべての寂しい夜のために』――特撮映画史上、最も失敗した映画の一本としてかえって有名になった。私は、四〇分まで我慢したが、話が全く動かないので視聴を断念した。

築かれた少女ヒーローの基本を、まったく理解していない、としか言いようがない。

それはつまり、私がさんざん語ってきた、「だがな」の論理そのものを理解していない、ということでもある。ケレン味が成立させる、日常から飛躍した世界観を持っていない、ということなのだ。そういう人に、『スケバン刑事』の魂は描けない。ヨーヨーで悪を倒す少女、という非現実的な世界に、リアリティ（信念に裏打ちされた、いかにもありそうなこと）ではなくアクチュアリティ（現実にあるはずのこと）を持ち込んでしまった結果がこれだ。

パンフで深作監督は、「十代を取り巻く閉塞感は変わらない。きっと〈彼女〉の孤独で等身大の正義は普遍的に必要なはず」と語っている。一方、原作者・和田慎二は同じパンフで、麻宮サキと名乗れる少女の条件に、「孤高」を挙げている。作品の迷走は、この「高」認識の違いにある、と私は思う。

……っていうか、等身大の正義、って何？　説明して欲しいものだ。

そしてまた問題なのは、悪玉の窪塚俊介と石川梨華の間で、「今夜は抱いてくれないの？」といった台詞が取り交わされる、露骨な性関係にもある。殆ど意味がなく、若者たちが次々に時限爆弾で爆死させられる、徒な犯罪にもある。サキが、ヨーヨーを投げようとして、後ろから殴り倒される（！）といった、「リアリティ」にもある。

これほど、いい所のない少女ヒーロー作品は、見たことがない。『スケパン刑事 コードネーム＝諸見栄サキ』*でも、一シーンぐらいはいいシーンがある。

それほどに、酷い。

ちょっと感情的になってしまったが、私にも許せないものはあるのだ。

初稿及びブログでは、本章はここまでと『花のあすか組！　ＮＥＯ』（後述）を収録していたが、その後、主にゼロ年代を中心とする作品群が抜けている、というご指摘があったので、可能な限り載せていきたい。

その前にひとつ、ご紹介しておきたい一作がある。

1-6　『メイド刑事』（〇九年六月〜九月）東映、テレビ朝日

この作品に触れるかどうかためらったが、『スケバン刑事』の子ども、ということで、載せてみた。福田沙紀主演の、少女刑事のバリエイションのひとつだ。原作は、私（早見裕司）*。原作者が語らなければ、忘れそうな作品だ。

原作は、『スケバン刑事』（原作もテレビも）へのオマージュとして書いたものので、硬派でシリアスな話だが、ドラマではコミカル色が強く、登場人物によるラブシーンも随所にある。放映枠が金曜ナイトドラマで、お色気を加える必

『スケパン刑事 コードネーム＝諸見栄サキ』——オリジナルＤＶＤ。タイトルがパン屋の『パ』であることに注目されたい。その名の通り、エロ映画だが、最後は国会議事堂にサキが独りで特攻した（らしい）シーンで終わる。

早見裕司——二〇一四年、早見慎司に改名。

要があったから、と聴いている。

よって、ドラマは原作と大いにカラーが異なるのだが、これについては、私はまったく気にしてはいない。なぜなら、映像化したのが『スケバン刑事』の東映であり、『スケバン刑事Ⅱ』の蟹江敬三がナレーションを務め、よりにもよって南野陽子まで客演したからだ。しかもヨーヨーを持って（！）。

東映に原作を預ける、というのは、東映的アレンジを楽しめるかどうかだ、と私は思っている。また、聴く所では、映像化の難しい「メイドの一里塚*」についても、どうやって登場させるか真摯に話し合った、と言うので、結果的に出なかったことも納得している。

結果、私はこのドラマを楽しんで見た。ゲスト俳優も本田博太郎はじめ豪華だったし、特に天下の不幸役・星野真里と天下の斬られ役・福本清三*のからむ傑作回『呪われたウエディングドレスの謎を追え！』（脚本・波多野都、監督・藤岡浩二郎）などは、安心して他人様にお勧めできるものだ。

ある意味、私は少女ヒーローを、原作者として極めたのかもしれない。そうは思いたくないが……。少女映像については、生涯現役でいたいのだ。

さて、話は再び、異能少女の物語に戻る。

2-1 『魔夏少女』（八七年八月）ＴＢＳ

メイドの一里塚――メイド刑事・若槻葵が、最後の悪人を倒すときに、上に乗っている。『門松は冥途の旅の一里塚』から来ているもので、『この先冥途』と書かれた棒杭。

福本清三（氏）――「氏」をつけたかったが、バランスを考えて呼び捨てにした。実は二度ほど、電話でお話ししたことがある。朴訥な、口の重い方だが、温かいお人柄が分かった。『メイド刑事』では、壁を水平に走るなど、優れたアクションを見せている。

私はこの作品を、本放送とCSで見ているので、またどこかで放映されるかもしれないが、保証はできないので、かなり踏み込んで詳しく述べることにした。お許し願いたい。

ある小学校の、プールの時間。少女たちが泳いでいる。その中で、小川範子演じる木下綾にいたずら(性的な意味では一切ない)を仕掛けた男子の太股に、急に傷ができ、血が流れる。この血の色は、めったに見たことのないリアルな色だが、それはさておき、このドラマで特徴的なのは、「それがなぜ?」という説明を、一切排していることだ。

相手に血を流させる、という綾の能力が、なぜ発現したのか、治す方法があるのか……すべてを謎のままにして、物語は進む。綾の能力は本人の意志とは関係なく発動し、下の階のクレーマー、猫おばさん（菅井きん）の猫が出血で死に、憧れていた橋本先生の奥さん（Webで公開されている伴一彦のシナリオでは「橋本女先生」と書かれている）は流産し、綾の母・美都子（原田美枝子!）が事務で勤めている病院で、綾もなついているはずの佐藤（森本レオ）も、精神安定剤（らしい）の注射を打っただけで、惨殺されてしまう。ついにその『力』は、美都子にまで及び、綾は自分自身に「やめて、お願い」と懇願する。彼女の『力』は、制御できないのだ。彩、幼い妹・優、美都子、単身赴任中の父・耕平の一家は壊れていく。

このままなら凡百のホラー映像だが、この作品のユニークさは、そこから始まる後半にある。

一家は美都子の母・タツ子（風見章子）の家の傍へと引っ越し、綾は中学に進んで、何ごともなかったように明るい。しかし、中学生になった綾は、授業でカエルの解剖をしたとき、その心臓を『力』でつぶし、無気味に笑う。

そして、学校からの帰り道、「生意気な」（と言葉では言っていないが）綾をつかまえた、同級生の大久保は、腕から血を流して逃げる。偶然、その場に遭遇した美都子に、綾は明るく笑う。「全然平気になっちゃった。夜、眠れないこともないし、食欲だってあるし。（大久保を）ちょっとこらしめてやっただけ」

『力』は、消えてはいなかった。ただ、制御できるようになっただけなのである。

しかし、その『力』はエスカレートしていき、夜の家を襲った大久保を大出血させ（ここから学校は出てこなくなる）、止めようとした美都子も、血を流す。微笑む綾。

「離して、って言ったでしょう。分かった？　ママ。私にどなっちゃ、ダメよ」

そして綾が、馴れ馴れしい態度の隣人・鈴木（伊東四朗）を殺したことで、完全に主客は転倒し、今度は美都子が心を病み始める。学生時代、美都子と、夫・耕平（三宅裕司）を取り合った相手のしのぶ（黒田福美）も惨殺されたと新聞で報じられ、美都子は耕平に訴える。

「一年前は、（綾は）力をコントロールできなかったの」

しかし、仕事人間の耕平は、何が起きているのか、感じ取ることができない。

美都子の実家でもめる父母の苛立った会話を自宅の部屋で感知し、オウム返しに呟く綾。美都子の怒りがピークに達したとき、綾は叫ぶ。「ママ、やめて！」


（以下ネタバレ）美都子の耕平への怒りは、綾に乗り移り、自宅へ帰った耕平に、綾は叫ぶ。「パパなんか嫌い！」そして、耕平の首が吹き飛ぶ。

「あたし、殺そうなんて思わなかった……」

涙を流す綾を、帰ってきた美都子も涙ながらに抱きしめ、台所に放火する。

そして美都子の腕の中で、綾は無邪気さを取り戻し、ふたりは炎に包まれていく。

こうして事件は終わるが……。（ネタバレここまで）

ラストのラストに来るショックシーンは、推測できる方もいらっしゃると思うのだが、ホラーの完全なネタバレは禁じ手なので、伏せておこう。

先に書いたように、このドラマには、一切の説明がない。ひたすらに血を流し、「壊れて」行く綾は、しかし、美しい。ホラーならではの美しさだ。小川範子の演技も、当時の実年齢一四歳とは思えないほどしっかりしていて、身体的にも少女らしさを感じさせた。しかしその肢体を、ただ鑑賞するためのドラマではないことは、言っておかなければならない。

本放送で見た当時、私は、『キャリー』や『フューリー』といったホラー映画を想起し、「それに比べたらチョロいもんだ」、と思っていた。しかし、二〇一四年のいま見ると、テレビドラマでよくこれだけの描写ができたものだ、と感心せずにはいられない。森本レオら、被害者のリアクションのうまさも、ドラマを助けていると思う。演出（吉田秋生*）の力とも言えるだろう。

だが、何より怖いのは、綾が自分の意志で、『力』を使い始める所だ。放映された頃、女性の知人に、「女とはこういうものです」のようなことを言われた記憶があるが、娘と母が同化して迎えるラストは、ほんとうに怖ろしい。

……おや、かみさんが帰ってきたようだ……。

*吉田秋生——『乱歩——妖しき女たち』『かまいたちの夜』などで知られる、TBS生え抜きのディレクター。小川範子と、時を経て〇五年、結婚した。

2-2 『あずみ』（〇三年）『あずみ2』（〇五年）

女性が主人公で活躍する時代劇には、釈由美子主演の『修羅雪姫』などが先駆けとしてあるが、例えば『修羅雪姫』で釈が扮する雪は二〇歳、実年齢が二五歳なので、敢えて取り上げず、「少女」と推定される『あずみ』二部作について書くことにした。

第一作の『あずみ』は、『愛・旅立ち』の山本又一朗のペンネーム・水島力也と桐山勲の脚本、『ゴジラFINAL WARS』『ルパン三世』の北村龍平が監督した。当然というべきか、プロデューサーは山本又一朗である。

主人公のあずみ（上戸彩）たち一〇人の若者は、幼いときに親を亡くしていたのを、爺（原田芳雄）に素質を見出され、山の奥深くで刺客としての修行を積んでいる。一見、苛酷な運命だが、刺客とは何か、いや、人の死とは何かを知らない彼らは、無邪気そのものである。

いよいよ刺客の使命を果たすため、山を下りるその早朝に、しかし、爺は告げる。

「(前略) よく聴け。この先、お前たちに与える使命は、全て苛酷を極める。刺客というものは、殺す相手を選ぶことはできん。ある時は幼い者を、ある時は人望厚き者も、その使命において、殺さねばならん時が来る。鋼の心を持って鬼と化す、それが刺客の道である。ならば、お前たちに、最後の試練を与える。……斬り合え。いま組んだ者同士、殺し合え」

いま組んだ者とは、最も仲のいいふたり同士である。こうして彼らは、鋼の心を持った……というのだが、映像だけでは納得できない部分が、私にはある。* 現に彼らは、豊臣側の家臣・浅野長政（伊武雅刀）を斬り、更に策士・加藤清正（竹中直人）を斬るが、その夜、あずみは言うのだ。

映像だけでは――工藤栄一監督の『大殺陣』に、これに似たシーンがあるが、説得力は圧倒的に違う。

「こないだの長政も、きょう闘った相手も、ほんとに悪い奴なのかな。だって俺たち、斬った相手のこと、なんにも知らない。あいつらにも、俺たちみたいな仲間がいるんじゃないかな」

私も、そう思う。

しかし、物語はそこで泣きの芝居も入らず、スピーディーに進む。斬り合いのシーンも、そこから思い直すと、生理的にはついて行けないが、納得はできる。

さて、清正は影武者だった。その清正と、腹心の部下・井上勘兵衛（北村一輝）は、フリーキーな佐敷三兄弟を、また殺人狂・最上《もがみ》美女丸を繰り出してくる。旅の女芸人・やえ（岡本綾）に惹かれたひゅうが（小橋健児）は、美女丸によって惨殺される。

この映画で問題なのは、美女丸を演じたオダギリジョー、また、佐敷三兄弟の長男である遠藤憲一が、時代劇に、まったくはまっていないことだ。この時代、まだアイドルだった上戸彩が、刀を差して歩くときの腰の落とし方など、時代劇の訓練を一から受けているとおぼしいのに、美女丸はいいところ、ドロンジョ様のような演技で、特にヒステリックにわめくとそっくりだ。これにはげんなりした。

何も、新しい時代劇を作るのに、仰々しい台詞や芝居が必要だ、とは言わない。しかし、竹中直人の、腰のすわった演技はどうだろう。一カットで存在感を示しているのだ。竹中直人は例えばドラマで豊臣秀吉役を三度も演じた人だ。いまさっき流行った「自然体」とは明らかに一線を画する。

結果的にオダギリジョーは、周囲の演技とは溶け込めず、「自分だけが目立てばいい」（さすがにそうは思っていないだろうが）芝居に終始している。

閑話休題。闘いに疑問を抱いたあずみは、ひゅうがの代わりにやえを送って行く。途中、やえはあずみに晴れ着を着せ（それまでは、パンツルックに近い衣装である）、唇に紅を引いて、あずみの女としての部分を見せてくれるのだが、その夜、ふたりは野盗に襲われ、危機を迎える。あっという間に数人の賊を倒して、あずみはつぶやく。

「いくら逃れようとしても、（宿命からは）避けられぬ。斬りたくなくても、斬らされる」

そしてあずみは、晴れ着の代わりに、『木枯し紋次郎』風のマントをやえからもらい、再び闘いに赴く。やえは言う。

「あたし、待ってるね。あたしが、あずみの帰ってくる場所だから」

あずみは答えない。

この一連のシークエンスは、まさに少女ヒーローそのものだ。

清正のいる砦には、作戦に失敗した爺が、はりつけになっている。そこへあずみは、大砲で攻め込み、更にやぐらの柱を刀で切り落として、やぐらを崩す。興奮する美女丸。「すごいよ、あの子!」

更に、勘兵衛が雇ったならず者たち(まあ、ヤンキーと言いましょうか)と、清正の兵たちも、仲間割れを起こし、画面は殺戮で満ちる。ついに一対一の闘いになったあずみと美女丸。激闘の末、美女丸の首が飛ぶ。

瀕死の爺は、あずみに告げる。

「使命は終わった。(中略)生きろよ、ただただ生き抜け」

しかしあずみは、奇想天外な方法で、清正を倒した。海上にいる清正の船に海から跳び上がり、一刀両断、清正を殺して、再び海へ逃れるのだ。

幸運にも生きていた、ながら(石垣佑磨)が物語の最後、あずみに訊く。

「これからどうする」

「次は真田昌幸を討つ」

「今度は俺たちも死ぬな」

「俺たちは絶対に死なない。生き抜くんだ、みんなと一緒に」

あずみの心の中では、まだ、刺客としての仲間たちが生きているのだ。

とにかくアクション、またアクションで、女に惚れた人間は死ぬ、といういままで語ってきたハードさを、まだ若手の北村龍平監督は、映像美を崩すことなく描ききった、と言っていいだろう。そして、自分を「俺」と呼び（山では女がいなかったので）、次から次へと新しい殺陣を見せてくれる上戸彩に、私は賛辞を贈りたい。

『あずみ』のヒットで作られたのが、〇五年の『あずみ2　Death or Love』。監督は、少女にこだわっている金子修介が務め、脚本はまた水島力也こと山本又一朗と、なぜか、『妖獣都市』などのアニメ監督として知られる川尻善昭が担当した。

金子監督は、とにかく少女の描きたい人で、ここでもノリに乗って、あずみと、新たに加わる女忍者・こずえ（栗山千明）を、はつらつとして撮っている。

しかしながら、私個人は、この『2』には、不安を感じた。冒頭間もなく、あずみは自分が斬った、なち（小栗旬）の夢を見るのだ。夢の中では、なちは告げる（第一作にはない）。

「あずみ、言いたいことがあったんだ。……お前のことが大好きだ」

それ、ほんとうに、必要か？

しかし物語は、テンポよく進む。町の居酒屋を、一見、野盗とおぼしき連中が金集めに襲う。長男・金角は、前作で死んだはずの、遠藤憲一。そして弟・銀角が、小栗旬なのである。あずみは激しく動揺する。

真田側は妖しい美女・空如（高島礼子）を中心に、忍び・上野甲賀衆を、更に、野盗を集める。野盗と忍びたちは、廃墟と化した村で一同に襲われるが、斬りつけられたあずみの姿を見た銀角は、「気が変わった。これからは、こいつら（忍び）が敵だ」と言い放ち、忍びを斬り払う。

そのまま、よね（根岸季衣）の家へ行ったあずみたちは、金角たちがほんとうに、戦で親を亡くした子どもたちを育てているのを見る。子どもたちの世話をする千代（前田愛）は、あずみたちに拒絶反応を示すが、あずみはひとときの安らぎを得る。

……と書いたが、このシーンは、ちょっと見過ごせない「ミス」（私がそう思っているだけかもしれない）を持っている。あずみが、乳飲み子のあやし方を知っている、ということだ。いつ、どこで覚えたのだろう。

また旅に出たあずみたち。しかしこずえは、実は敵対する伊賀の忍者で、間者として甲賀衆にもぐり込んでいたのだ。そのこずえに、ながらは恋愛にも似た感情を抱き、当然ながら、こずえの矢を浴びて、死ぬ。男女の愛に目醒めた者は、舞台を降りるしかないのだ、少女ヒーローの世界では。

こうして、前作では生き残った真田昌幸（平幹二朗）と、あずみたちを生んだ天海僧正（神山繁）との間で、人物たちは死んでいき、最後の闘いが始まる。必要がないのでネタバレはやめておこう。闘いが終わった後、マントを着たあずみは、ひとり、去っていく。その遠景で、映画は終わる。

この映画のＤＶＤは、一覧に値する。キャストインタビューで、小栗旬は語っている。

「よくない返答で申しわけないんですが、どうしても、ほんと、僕は、自分が出ている作品を、客観的に捉えることがあまりできないタイプなので……ちょっと、こう映画としてすごくよかった、とかいうのが二の次になってしまうんです。だからあんまり、自分の芝居のアラばっかり探してしまうので、ちょっと、うまく言えないかもしれないですね（後略）」

また、前作ではアクションらしいアクションシーンがなかったので、『2』を楽しみにしていた、とのことばも頼もしい。近年の俳優では、飛び抜けた役者根性があって、ついに自宅に稽古場を作ってしまった小栗旬＊だからこその、「放言」である。

また、栗山千明については、上戸彩が語っている。

「逢ってみたらすごく女っぽくて、アクション怖いです、刀怖いです、っていう女の子」

実際、そうなのだろうが、映像にそういう苦労を見せないのが、栗山千明たる所以だ。ちなみに栗山千明は、『あずみ』の第一作が上映された〇三年に、『キル・ビル Vol.1』に、凶暴な女子高校生・ＧＯＧＯ夕張として出演している。

＊ついに自宅に稽古場を作ってしまった――仲代達矢がそれをやった旨、春日太一『仲代達矢が語る日本映画黄金時代』（ＰＨＰ研究所）に書かれている。

私が思うに、作品に自分を合わせる術に長けているのだろう。

少女ヒーローのことはさておいて、いま、小栗旬や栗山千明のような、役者らしい若手役者が生まれているのは、心強いことだ。それが育つ場が確保されるよう、祈る。

2-3
『花のあすか組！ NEO』（〇六年）GPミュージアムソフト

DVDが初見だが、冒頭オリジナルビデオの予告が延々と流れる。制作会社がオリジナルビデオの会社だ、ということらしいが、この作品は、単館上映とはいえ、劇場公開されている*。脚本・小谷暢亮、監督・編集・CG・釣田泰。で、映画の出来だが、簡単には勧め難い。少女同士の闘いという点では、次の章で触れる映画版や、小高恵美主役のテレビ版に比べると、かなり原作に近い設定になっているのだが、世界観がこぢんまりとしていて、あまりカタルシスが得られない。また、リアルな不良に近づけてしまったことも、作品に華がない一因となっている。全共闘の話が出てくることの違和感*や、あすかが第三者的な立場にいて、闘う理由が薄いような人物配置もどうかとは思う。

ただ、高山侑子のあすかには、捨てがたいクールな魅力が見受けられる。他の役者もいいショットがあり、キャラクターを見る分には悪くない。また、こ

単館上映——最近では、オリジナルビデオ作品でも、「箔をつけるため」こういう上映を行なうことがあるようだ。

全共闘の話——露天商の男（寺門ジモン）があすかに語るのだが、年齢上、無理がある。しかも、その話がなんの役にも立っていない。

れが大事なところだが、よけいなラブシーンや「心の和む」シーンなどはなく、ひたすら事件を追って（または巻きこまれて）闘う少女たちの群像劇の尖り具合は、充分に評価できる。

高山侑子は、その後、『仮面ライダーウィザード』で、刑事役を好演した。

2-4　実写『地獄少女』（〇六年一一月〜〇七年一月）日本テレビ、泉放送制作

「深夜〇時にアクセスできる地獄通信。ここに、晴らせぬ恨みを書き込むと、地獄少女が現われて、憎い相手を地獄に堕としてくれる。……子どもたちの間で広まった都市伝説のような噂は、実はほんとうだった」

オープニングのナレーションである。

怨みを持つ者が、インターネットのサイトで午前〇時にアクセスし、憎い相手の名前を入れると、「あなたの怨み、晴らします」の文字が表示されると共に、相手の名前を書く欄が現われる。入力すると、「受け取りました」と地獄少女からメールが届く（このメールは、ない回がある）。そして、この世ならぬ空間（黄昏の草原で、樹が一本生えている）で、地獄少女こと閻魔あい（岩田さゆり）が現われて（これも省略される場合がある）、赤い糸を結んだ、黒いわら人形を渡してくれる。

「受け取りなさい。……あなたがほんとうに怨みを晴らしたいと思うなら、その赤い糸を解けばいい。糸を解けば、私と正式に契約を交わしたことになる。怨みの相手は、速やかに地獄へ流されるわ。……ただし、怨みを晴らしたら、あなた自身にも代償を支払ってもらう。人を呪わば穴二つ、契約を交わしたら、あなたの魂も地獄へ堕ちる。極楽浄土へは行けず、あなたの魂は痛みと苦しみを味わいながら、永遠にさまようことになるわ。後は、あなたが決めることよ」

そして、被害者は、更に酷い目に遭って、ついに糸を解いてしまう。あいの部下・輪入道（小倉久寛）の声で、「怨み、聴き届けたり」と声がして、わら人形は飛んで行く。

そこから骨女（杉本彩）、一目連（加藤和樹）、輪入道の報復が始まる。それでも加害者は反省の様子がない。そこへ、地獄少女・あいが現われる。

「闇に惑いし哀れな影よ。人を傷つけ貶めて、罪に溺れし業《ごう》の魂。……いっぺん、死んでみる?」

そして加害者は、あいの漕ぐ舟で、三途の川を渡っていく。

実写版『地獄少女』の基本フォーマットである。そろそろ、私が何を言うかお分かりかもしれないが、……長い。サンプルを抽出して測ってみたが、六分四〇秒あった。

実写『地獄少女』の、第一の問題点はここにある、と私は思う。三〇分ドラマでは、各話のエピソードに時間を割くべきだ、と思うが、正味、一九分で語れることは、あまりに限られている。なので、各話が物足りない。

　第二の問題点は、悪役を「地獄に流す」に足るものとするため、ちょっと我慢できないぐらい、酷いものにしていることにある。第二話で青年の父を自殺に追い込んだ文社長（神保悟志）は、その青年にこんなことばを投げかける。

「ただ静かに（生きていたかった）ね。お前みたいな甘ったれがいるから、日本経済は駄目になったんだよ。生きるって言うのはな、競争なんだよ！　お前のおやじは弱いから間引きされたんだ。……あ、そうだ。いっそのこと、お前も首つって死んだらどうだ。使えないバカ親父と一緒の墓にでも入れよ。姉さん泣いて喜ぶぞ。やっと引きこもりの弟から解放されたってな。ハッ、ハハハ」

　勧善懲悪のドラマでは、悪人が悪ければ悪いほど、善が引き立つものだが、悪い、とひどい、は違う。悪には悪なりのロジックがあって、初めて善との闘いが成立する。が、ここではもう、加害者の台詞はロジックを超えた、嫌悪しか催さないものだ。

　そして、最終話では、こんなやりとりがある。

　輪入道「人はなぜ怨みを抱くのか」
　骨女「抱いた怨みを晴らしてみても、再び怨みは湧いてくる」

一目連「お嬢のつとめに、終わりはあるのかな」

骨女「因果だねえ」

輪入道「ま、それが人間てもんか」

人間てもん？　彼らはヒーローにでもなったつもりか？　地獄少女は正義の味方なのか？

そうです、と言われたら、とりあえずその点については引き下がらざるを得ない（嫌悪を感じながら）。しかし、更に大きな問題が待ち構えている。あいの決め台詞、「いっぺん、死んでみる？」である。

この台詞は、原作となったアニメ版*でも使われているが、いずれにせよ、あいが「いっぺん、死んでみる？」と言ったとき、加害者はもう三途の川を渡っていて、地獄へ流されることが決まっているのだ。死んでみる？　も何もないではないか。

こんな風に人を裁く資格が、あいには感じられない。というか、これは現実の異常犯罪者の台詞だ。

そして、加害者が三途の川を渡った後、怨みを晴らした被害者の胸には、地獄少女の印を形取った刻印が現われる。それがつまり、本人も地獄へ堕ちる印、ということなのだが、被害者たちは、みな晴れ晴れとしたようすなのだ。地獄

アニメ版――全三期あり、私が問題として挙げた部分には、時を追って改善が見られる。

の怖ろしさは、まるで忘れられたようである。というか、被害者も加害者も地獄に堕ちるのなら、そこにハッピーな要素はあり得ない。これは文字通りの復讐譚で、あいたちはその手先に陥ってしまっている。

あいが、すっと右腕を挙げる動作、三途の川にかかった鳥居、サブタイトルの字体など、この作品はＴＶ版『吸血姫美夕』に似ているので（特に「パクり」だ、などとは私はまったく思わない）、評が辛くなったかもしれないが、現代において、人間が間接的とはいえ、人間を殺すことをカタルシスとして語るとは*、ホラー作家の私も、思いもよらなかった。

2-5　『セクシーボイスアンドロボ』（〇七年四月〜六月）日本テレビ

伝説のドラマ『すいか』*で一躍注目された、木皿泉の脚本によるドラマである。木皿泉は、何気ない平凡な日々が、ちょっとだけずれていき、ドラマになる――そういうタイプの作風だ。また、雑誌『シナリオ』で、「基本として当て書きなので*」、役者が決まっていないと書きづらい旨を吐露している。

そんな人に、当時は若くてイメージのつかみにくい、大後寿々花（ニコ）と松山ケンイチ（ロボ）を主人公で、しかも一話完結の事件解決ものを書くのは、難しかったのかもしれない。……いや、いつかこの作品を、楽しく見られると

人間が人間を殺すことを〜――これが『必殺』シリーズならなんの問題もない。時代劇は、こうした「幻想」としての、共通理解の上に成り立っている。

『すいか』――小林聡美、市川実日子、ともさかりえ、浅丘ルリ子らが暮らす下宿屋『ハピネス三茶』で、小さな共同体としての生活を送っているが、次第に変動していく。河出文庫から、2冊本で出ている。

当て書き――役者が決まっていて、それに合わせて書くこと。

きが来るかもしれない。なので、ふたりの活躍には触れないことにした。

ただ、大変にユニークな結末で、納得もできるものであることは、書いておこう。後はTSUTAYAへどうぞ。『すいか』と、本書で最後に紹介する『Q10』の架け橋となる部分が、ほのかに見えてくるので。

2-6 『少林少女』(〇八年) フジテレビ、ギャガ、ROBOT

『踊る大捜査線　THE MOVIE』の本広克行監督、脚本は『交渉人　真下正義』の十川誠志と、十川梨香の共作、柴咲コウの主演した、……と、ここで詰まってしまった。「何映画」と呼んでいいのか分からないからだ。

日本に少林拳を広めるため、少林寺で三〇〇〇日の修行を終えた凜(柴咲コウ)は、郷里へ帰ってくるが、道場は閉ざされ、先生・岩井(江口洋介)は、中華料理屋の店主に収まっている。誰も凜の話を聴いてくれない。少女、珉珉(キティ・チャン)だけが「少林拳やってもいいよ。一緒にラクロスやってくれるなら」と、取り合ってくれて、凜は国際星館大のラクロス部に入るが、、ラクロスの腕前はさっぱりである。ここまでで三〇分近い。

この作品は、香港映画『少林サッカー』を想起させ、実際、同作の監督・脚本である名監督、シャウ・シンチー*をアソシエイトプロデューサーに招いてい

シャウ・シンチー――漢字では「周星馳」。『不夜城』などで有名な作家、馳星周は、この名前を逆にしたもの。

るのだが、もしシャウ・シンチーが撮ったなら、ここまでを五分で片づけるだろう。それほど、物語はもたもたしている。説明に終始していて、面白味がない。

それでも凜は試合に出るのだが、個人プレーに走り、試合に負けてラクロス部をオミットされる。しかし子どもたちとのサッカーに興じる凜を描いた後で――ここで私は驚愕したのだが、なぜかラクロス部の面々は、少林拳を始めるのだ。しかも凜は、なぜかみんなと仲よくなり、あまつさえなぜかラクロスが強くなっている。これこそフィジカルに描かねばならない所を、無視しているのである。

岩井は言う。「（少林拳は）型じゃない、心だ」。だが、武術は、特に格闘技は、型だ。そして、この手の映画も、型が大事なのだ。

公開当時、この映画は、柴咲コウが自分でアクションをこなし、危険なシーンにも挑戦したことを喧伝していた。だが、ほんとうにアクションが好きならば、その見せ場から逆算して、話を組み立てるべきだ、と私は（あくまで私は）思う。この映画で言うと、アクションシーンの組み立てがうまくいっていないため、せっかく柴咲コウが自分で格闘をしても、敵に蹴りが当たる所を撮っていない。無意味である。

しかも、最終的な、学長（仲村トオル）との対決は、ＣＧで処理されているのである。柴咲コウのアクションは？　やはり、無意味としか言えない。

この映画は、公開当時から叩かれていたので、細かく追及するのは、残酷かもしれない。しかし、なぜ叩かれるかは、明らかにするべきだ、と思った。次の項の『ハイキック・ガール!』と対比して、見ていただきたい。

2-7 『ハイキック・ガール!』(〇九年)
デジタルハリウッド・エンタテインメント、メーテレ

武術映画を撮っている西冬彦の監督・脚本(は木村好克との共作)による、本格アクション映画である。

この映画には面白い趣向がある。例えば主役の土屋圭(武田梨奈)が敵にハイキックを浴びせて倒すのが、一秒とかからない。と、いまの立ち合いをスローモーションでもう一度、見せてくれるのである。私はアクション映画の良い観客ではないが、この試みには、乗った。アクションをフィジカルに見せてくれるからだ。

映画は冒頭、人がビルから蹴落とされる所から始まり、一転して圭が国誠館大学空手部の黒帯を取るべく、「道場破り」(道場ではなく神社の境内だが)をするシーンへつながる。監督は、圭の強さを見せるにはどう撮ればいいか、よく分かっている。

圭の師匠、松村善明（中達也）は言う。

「相手と強さを比べるためではない。人に技を見せるためでもない。ひたすら、基本の技を繰り返し、体の使い方を変えていく。それが型の稽古だ」

「どんな状況、どんな相手でも、必ず守る、必ず生き残る。それがほんとうの強さ、ほんとうの空手だ」

　こうして、型稽古を執拗なまでに繰り返す師匠に、圭は反発する。

「実戦で型とか使えないでしょ。っていうか、ピストルとか刀と闘うなんて、ありえない。意味分かんない」

『少林少女』の、「型ではない、心だ」、が頭で考えた台詞であることが分かるだろう。型を極めることによって、心が生まれるのである。

　どうしても、師匠に自分の強さを証明したい圭は、金のために人を「壊す」壊し屋のテストを受け、合格するが、松村に恨みを持つ壊し屋のリーダー（誰がどれなのか分からないので、漠然と「リーダー」としておく）は、圭を拉致する。松村は、壊し屋のアジトへ向かう。ここからラストまでの三〇分、松村と壊し屋一味とのアクションが続くのだが、先に述べたような「解説」や、実際の格闘家が繰り広げるアクションの凄みは、私を飽きさせなかった。そして、迫り来る敵を倒す松村を見て、圭はハッとする。「全部、型の動き！」。松村はその型の動きで、ピストルを持った敵を倒し、またも圭のことばを覆す。

私がこの映画に好感を持つのは、松村が自らの信念、即ち、型の大事さを、そして人を守ること、生き残ることを、あくまで行動で見せた所にある。結局、圭は白帯からやり直し（当初は高校生で茶帯だったので、相当強かった）、師匠は「土屋、強くなったな」と声をかける。

この映画には、琉球武術の格闘家が参加しているらしく、劇場で、歓声を上げている一団がいた。しかし、武術をやっていなくても、そのカタルシスと「正論」は、観客に充分、届くものだった、と言える。

武田梨奈は、その後、普通の映画にも精力的に出ているが、二〇一四年、セゾンカードのＣＭで、頭突きで一五枚の瓦を割ったことで話題になり、*アクション映画以外にも出演している。。広く長く活躍して欲しい。

セゾンカードのＣＭ——二〇一五年一月現在、肘でも瓦を割っている。

2-8 『ゴーストフレンズ』（〇九年四月〜六月）ＮＨＫ

ドラマ8枠で最新の、少女ヒーロードラマである。

「どこにでもいる高校生」（わざわざそういうテロップが出る）*神谷明日香（福田沙紀）は、半年前、バスの事故に遭ってから、ゴースト（つまり幽霊）が見え、話もできるようになる。しかしそのため、ゴーストたちに頼み事をされたり（性格上、断われない）、ゴーストの悪さを止めたりする羽目になる。

どこにでもいる高校生——後に、『ゴーストが見える高校生』に変わる。

バス事故で死んだ友人の三島ユイ（愛衣）、青山ミク（水崎綾女）や、人間の体を持っているゴースト（ややこしいが、そういう説明）の速水カイト（西島隆弘）に相談しながら、明日香はゴーストに関わる事件を解決していく。しかしゴーストは総じてわがままで、中でもカイトの亡くなった彼女・本郷美空（入山法子）は、明日香とカイトを振り回す。

毎回、ゴーストの悩みを解決しつつ、美空の魂を助けようとしつつ、美大への道を目指す明日香は、相当、忙しい。また基本はラブコメなので、当初、あまり深く踏みこんだ話はない。

しかし、事件を通じて仲よくなる明日香とカイトを、美空は快く思わない。また、ゴーストの事件も深刻さを増し、カイトの人間としての体はしだいに傷んでいく。それでも明日香とカイトは、美空が無事に昇天できるように奮闘する。

ドラマは、一話ずつを楽しんでいくと、全体を貫くシリアスな話が浮かび上がる、テレビシリーズとしての王道を歩んでいる。

2-9　『大魔神カノン』（一〇年四月〜一〇月）角川書店、テレビ東京ほか

この作品については、どうにも語る気がしないのだが、その存在を無視できるほど小さいタイトルでもないので、気が進まないが書いておく。

冒頭、ナレーションが流れる。

「この物語は、都会で生き方を見失ったひとりの女性が、その歌声によって奇跡を起こすまでを綴った、二一世紀の寓話である」

なるほど、ではその奇跡を見せてもらおうか、あるいは『大魔神』をどうやって現代に？

期待をこめて待っていると、ヒロイン（ここでは敢えて『ヒロイン』とする）巫崎カノン（里久鳴祐果）が描かれる。ヴォーカリスト志望で軽音楽部に入部し、そこで知り合った後根幸太郎（標永久）らとロックバンド「０℃」を作っているが、うまくいかなくなって脱退し、陰鬱な日常を送っている。一方、そのカノンを捜して、山形の山間からオンバケ（付喪神のようなもの）のタイへイ――ただし人間のかっこうをしている――（眞島秀和）とブチンコ（土偶のようなもの）がやってくる。

カノンはとにかく人に利用されるタイプで、０℃の代表曲『Go to the Top』も、祖母に教わった歌を口ずさんでいたのが、幸太郎に取り上げられたものだ。親が帰ってこいとうるさいカノンは、まだ東京に未練を持ちながら、ラーメン屋『だいちゃん』に入ろうとして、タイへイたちと出逢う。このラーメン屋は、オンバケのオタキ（柴田理恵）が切り盛りしている、オンバケの東京支部のようなものだ。これで、第一話は終わる。大魔神は出ない。

気の短い人なら、第一話がこの内容では、次回は見ないかもしれないが、私も短気だが諦めは悪いので見続けていると、第二話の、オンバケの回想シーンで、おそらく江戸時代の頃に、巨大な悪霊・イパタダ（滝直希）と闘うブジンサマ（＝大魔神）が一カット、出る。

ブジンサマは、人間と共に暮らし、救ってきたのだが、人間は、救われていながら、ブジンサマがそれこそ命がけで悪霊を倒したにもかかわらず、「遅い！」などと罵声を浴びせられて、深く傷つき、岩の中に身を沈めたのだった。そのブジンサマを呼び出す、「いのりうた」を歌えるカノンは、オンバケたちにもなくてはならない者だった。

以降、オンバケはカノンを守るタイヘイたちと、成長を続けるイパタダを滅ぼす一党に、ほぼ分かれて闘う。0℃とのもつれなどもあって、それでも物語は、第一二話「化恩」に到るまで、イパタダについての説明を、カノンにはしない。二クールの物語の、実に半分近くまでだ。

やがて、オンバケたちとイパタダとの激闘が始まるのだが、そこまで我慢して見るべきだろうか。なぜならブジンサマが覚醒し、岩の中から現われるのは、ほぼ最終回だけなのだ。しかもその闘いぶりは、著しく地味だ。

この作品は一〇億を費やして作られた、というが、どこにそんな金がかかっているのかは、皆目見当がつかない。プロデューサーは、『仮面ライダークウガ』『仮面ライダー響鬼（前半）』の高寺成紀（本作では「重徳」）だが、どこに金を使ったのだろう。

それまで我慢しながら見ていると、二二話から二四話までが、実に総集編に近い形になっていて、カノンが事情を呑み込み、「皆さんの役に立つなら歌います」、というのが、二四話なのだが、ここまで見た人は、よほど我慢強いのではないか、と思う。しかもあと二話しかない。

物語は一応爽やかに終わるが、午前八時から見始めて夜九時に見終わるまでカタルシスの殆どない作品は、私には相性がよくない。

唯一、いいと思うのは、物語を貫いている「いのりうた」だ。ロック、わらべうた、ピアノ演奏とどういうヴァージョンでもメロディが際立ついい曲で、音楽の佐橋俊彦氏は、賞賛されてもいい気がする。それぐらいはなければ、報われない。

これが、私の知っている少女ヒーロー映像の最新作である。

現在（二〇一四年九月）、『仮面ライダー鎧武』などにも女性ライダーが登場し、また、深夜番組はワンクールアニメやバラエティが席捲して、少女ヒーロー番組の出番は少なくなっているかもしれない。

しかし、その中でも、ここでは諸般の事情で取り上げなかったが、少女ヒーローの志を受け継ぐ作品は、脈々と受け継がれている。いつか、それらについて、語る日もくるだろう（原則として、五年程度見直さないと、書かない主義なので）。

さて。

本書を終える前に、どうしてもご紹介したい、少女俳優がひとり、いる。もともとこの本は、彼女について語りたくて書き始めたのだ。

その名は、つみきみほ。最強のジャンル女優である。

第五章　最強のジャンル女優つみきみほ

「私は売れないよ。」つみきみほ（『カーニバルの迷路』より）

つみきみほ、と言う女優は知らない人も多いだろう。近年の活動は演劇中心だから無理もない。

しかし私にとって、つみきみほは人生の原動力である。つみきみほがいたから、今の私があったと言っても過言ではない。つみきみほこそ、私にとっては永遠の少女ヒーローなのだ。

1-1　つみきみほとの出逢い

一九八六年の春。私はまだ作家デビューする前で、書店でパートのレジ打ちをしていた。

書店員のいちばんの仕事は、本を売ることではない。本を返すことなのだ。いや、そうではない書店もあるとは思うが、あったらうらやましいことだ。

取次（問屋のようなもの）からは毎日、段ボールでいくつ、という新刊が送られてくる。書店員はそれを伝票と突き合わせ、店に並べるものは並べ、並べないものは返品伝票を書いてそのまま返品する。ところが新刊の配本内容は殆どが取次と出版社のコンピュータに任されているため、店に置けない本もたくさん送られてくる。

私が勤めていたのは人文・社会科学系の書店で、専門書で店は一杯なのだが、官能小説とかライトノベル*とか、置けない本も入ってきてしまう。そういう本は、返すしかない。こういう、個々の書店のニーズを考えない配本が、本の販売機会を多く損なっているのだ。

それはさておき、その日はなぜか写真集特集ということで、アイドルの写真集がひと箱、送られてきた。置く場所がないし、店の売れ筋とも違うので、私は本と伝票を突き合わせた後、返品作業に取りかかった。と、その中に一冊、私の目にまっすぐ飛び込んできた写真集の、表紙があった。

一見すると、少年と見まごうばかりの、やせてとがった顔。だが、その目も生硬な表情も、純粋な少女の輝きに満ちて、強い光を放っている。特に、視線。こちらの体を貫いて無限遠の彼方を見据えるような、鋭い目なのだ。

その力強さに何かを感じた私は、その写真集を買った。それが、つみきみほの第一写真集、『カーニバルの迷路』（ワニブックス）だったのである。

いま考えると、この、店には好ましくない配本のおかげで、私はその後の人

* ライトノベル——私が働いていた頃には、このことばはなかった。

生を変える女優と出逢えたのだから、個人的には幸運だったのだが。

さて、私は『カーニバルの迷路』を、何度も見返した。そういう経験は生まれて初めてだった。アイドルの写真集やビデオを買う習慣がなかったのだ。最近は写真集も少しは買うようになったが、当時はアイドルのマニアとかに、ちょっと偏見を抱いていた。申しわけない。

そして、見るほどにその少女に惹かれた私は、ある妄想を抱くようになった。それは、この少女が主演する「作品」を作ってみたい、ということだった。

それを実現するには、映画監督への道を志すべきだったのだろうが、なまじ映画に知識があったもので、それはとうてい無理だ、と思われた。能力の問題はもちろんのこと、ふつう、映画監督というのは助監督から始めて、撮影所で鍛えられて十何年、とかいうものだと思っていた。私は集団行動には向かないのである。

……思い返すと、かの『ハウス』で、大林宣彦監督が撮影所経験を経ずに映画監督になってから、森田芳光、大森一樹といった自主映画出身の監督が生まれてきてはいたが、それは特殊な例だ、と当時の私は思っていたのだった。*

そこで私は、何をしたか。

どうしても、この少女を表現したいと思った私は、自分のイメージしたつみきみほを「キャスティング」して、小説を書く、という暴挙に及んだ。それが

撮影所経験を経ずに――春日太一『あかんやつら』（文藝春秋）によれば、主に東映で活躍した五社英雄監督は、フジテレビのディレクターから直接映画界に入ったそうなので、大林監督が初めてではない。印象で誤解を招くいい証拠なので、残しておいた。

私の小説デビュー作『夏街道』（八八年）から続く、通称『水淵季里シリーズ』で、*つまり私は、『ハウス』で文筆業に目醒め、つみきみほに出逢うことで小説家になったのだ。思い込みに振り回された大バカ野郎なのだが、この思い込みが、いまに至るまで二七年の作家生活の原動力になり、今でもその続きを書いているのだから、思い込みとは怖ろしいものだ。

そうしている内に、生の動いているつみきみほが、テレビに現われた。『JAPOP'86』（八六年・フジテレビ）という深夜番組で、この当時大いに流行った邦楽のMV（当時で言うとMTV）を放映していたのだが、曲と曲の合い間につみきみほの、短いオリジナルのビデオクリップが流れた。例えば白い壁の室内プールで、村松健*のリリカルな音楽をバックに、白のノースリーブとショートパンツを身につけた素足のつみきみほが水に足を浸す、そこにテロップで自作自筆の詩がかぶる――といったもので、つみきみほの声は流れない。私は勝手に妄想をふくらませ、繊細な少女の、穏やかな声をイメージしていた。

そうした映像が何週か続いた後、ついにビデオクリップの中で、つみきみほ自身の声が流れた。テロップの詩を朗読する、ナレーションが入ったのである。

……私は、ひっくり返った。

ボーイッシュで硬い表情、スレンダーな容姿、そして、リリカルな風景の似合う少女は、まるでおとなしげではない、舌足らずで癖のある、きんきんした

水淵季里シリーズ――現在まで六冊の作品群。玉川上水を舞台に、人ならぬものと交信できる少女、水淵季里の物語。『精霊のささやき』に雰囲気は近いが、夏を描いている。

村松健――主に八〇年代に活躍、ピアノが主体の毒にも薬にもならない音楽を作った。

声だったのだ。私が自分で勝手に作り上げていたイメージは、完全に裏切られたのだった。

だが、そのときには、まだ出演した映画も観ていないにも関わらず、私の中でつみきみほは「理想の少女」として、確立されていたのだ。理想の少女であるからには、そこに性的な要素は一切ない。極度に純化された、非実在の理念そのものである。

で、私はどうしたか。理想のほうを動かした。つまり、自分にとって理想の少女とはこういうものなんだ、と思うことにしたのだった。

結果的に、それが私の人生を豊かにしたのだから、後悔はしていない。

2-1 『テイク・イット・イージー』(八六年)

『カーニバルの迷路』を買うまで、私は、つみきみほの存在を、全く知らなかった。読んでみて、この子が、吉川晃司の主演映画『テイク・イット・イージー』の相手役としてオーディションで決まった新人であることを知った。映画そのものを観たのはずっと後だった。

しかし、観ていなくてよかったのかもしれない。いや、この映画で早くも、つみきみほはその後のイメージを固めてはいる。それはいいのだが、映画全体は、はっきり、怪作と言っていいものだからだ。今まで本書でご紹介した映像作品も、おしなべて一歩譲るほどに。

この映画は、『すかんぴんウォーク』、『ユー・ガッタ・チャンス』に続く、大森一樹監督、吉川晃司主演作の第三弾だ。一作目では無名の青年だった民川裕司*(吉川晃司)が、大スターになっていく過程を描いていくシリーズなのである。

本作では、すでに裕司はライヴに三万人の観客を集め(ドーム球場*のない時代でもあり、大成功と言える)、日本では成功の頂点をほぼ上り詰めたスターとなっているのだが、その成功に虚しさを感じ始めている、という設定だ。

その前にひとつ。映画はライヴのシーンから始まるのだが、その前に、宇宙空間を地球に向かって飛んでくる青白い光体の映像が挿入されている。正体は、最後まで明かされない。

さて、そんなわけで、虚しい裕司は、ニューヨークへの進出に夢を賭けているのだが、アメリカのプロモーターには相手にされていない。しかも、ニューヨークには彼女もいるらしいのだが、あっさり振られてしまう。で、何もかもいやになって、旅に出る。

このとき登場するのが、彼のマンションの隣人・草野つみき(つみきみほ)である。この子は、暇さえあればマンションのシャッターや屋上、果ては、学校では教室全体をピンクに塗り替えてしまうような子で、しかも霊感がある。

民川裕司——私の旧筆名・早見裕司とかぶるが、気がついたのはいま(二〇一四年九月)で、当時は思ってもみなかった。気づいていたら、そのとき筆名を変えていただろう。

ドーム球場——東京ドームのイベント時の定員は、五万五〇〇〇人。

当時流行った「不思議少女」というやつで、私も写真集で一目惚れしていなければ、思いっきり引いたと思うのだが、とにかくそのつみきが裕司に、「北へ旅すると、サイドカーで事故って死ぬ」、と予言する。で、裕司が北海道に着くとサイドカーが用意されており、彼はそれに乗って走り出す。人の話をきかない奴だ。

平原を旅する裕司は、暴走族と、それを馬で追うテンガロンハットをかぶったカウボーイ（ほんとうです）・仲根（上杉祥三）に出会う。仲根は元ボクサーで、「KO牧場」（ほんとうです）という牧場をやりながら、まだボクサーとしての世界進出への夢を諦めていない。ふたりは意気投合するが、族のひとりに、サイドカーを盗まれる。

追いかけてみると、そこには、何と言ったらいいのか、アメリカの西部と北海道の小樽かどこかを足して二で割ったような街がある。そこで裕司は、氷室麻弓（名取裕子）に出会う。彼女は、ライヴハウスで熱狂的信者を集めるばりばりの前衛ジャズのピアニストで（ほんとうなんです）、しかも夜はホテルのラウンジで、スタンダードナンバーを歌っている。あまつさえ、昼間は、ガラス工芸職人をやっている。忙しい人だ。

彼女の才能に惚れ込んだ裕司は、麻弓を街から連れ出して世間に知らしめようとするのだが、例の族たちが妨害する。その中に、カーキ色の帽子にカーキ色のつなぎを着たボーイッシュな少女、かえで（つみきみほの二役）がいる。族たちの中でもかえでは特に麻弓に心酔しており、それを連れ去ろうとする裕司に激しい敵意を抱く。

族たちを後ろで操っているのは、街の有力者・青井（黒沢年男）だ。

「若い者は何かと言うと世界が自分を待っているというがそんなものは誰も待っちゃいない」

青井は、麻弓はこの街にいてこそ幸せになれるのだ、と考え、裕司を追い払おうとする。しかしあくまで麻弓に執着する裕司は、族に殴られたり、ヘリで山に捨てられたりしながら、彼女を追いかける。なぜ山へ捨てるのかは明らかにされないが、内陸だからなのだろう。

ところで、そんな麻弓にも家庭はある。数人の幼い兄弟と、父親の画伯（長門裕之）。この画伯は自衛隊にいた頃、UFOを何度か目撃しており、今は退官して、UFOを呼ぶためのモニュメントをひたすら作っている（ほんとうです）。やっぱり北海道には、UFOが現われているのだろうか（第一章の終わり頃参照）。

で、結局、青井に監禁された麻弓を、裕司は助け出し、KO牧場に立てこもる。そこへ族と青井が現われ、牧場をはさんでの銃撃戦となる。

この闘いは、街の警官で暇なときはバーのマスターをやっている（ほんとう……もういい）池谷（寺尾聰）が仲裁すると、あっけなく幕引きになる。めでたしめでたしなのだが、ここまでしておいて、麻弓は、自分を慕ってくれるかえでのために、街にとどまることにする。

にも関わらず、何となくすっきりした（としか言えない）裕司は、サイドカーに乗って、また旅に出る。しかし、彼を憎んでいたかえでがブレーキのボルトを抜いておいたため、サイドカーは暴走し、裕司は車もろとも平原に投げ出され、頭から血を流して死ぬ。と思った次の瞬間……。

白い光の洪水が降り注いでくる。冒頭の宇宙シーンは、このためにあったのだ。しかし、それが何であるかは、まったく説明されない。シナリオにも書いていない。

こうして、よく分からないまま、気がつくと、裕司はニューヨークにいることが示され、映画は終わる。

どこまで怪しさが伝わったか自信がないが、現代の北海道で西部劇をやり、しかもそこへフリー・ジャズだのＵＦＯだの、という映画を、どう位置づけていいのか、私には分からないのである。別にふざけているようにも見えない。

ちなみに、これを読んで実際に映画を観てみようと思った人は、ＤＶＤがないことと、ただひたすらに吉川晃司を撮った映画であることを（まあ、そのための映画ですけど）覚悟していただきたい。ヘリで山頂に捨てられた裕司が、崖を必死に下り、滝へ飛び込んで山を下りる様子や、麻弓の乗る路面電車を走って追いかけ、麻弓がバスに乗り換えるとまた走って追いかけ窓からバスに飛び込む——といったシーンが、いやというほど観られる。

そういう映画の中で、つみきみほは、自分の役どころをきっちりと演じている。「不思議少女」のほうも嫌味のない演じ方だし、不良の役のほうはボーイッシュな魅力を魅せている。神秘的な少女と、戦闘的な少女という、その後の役にもつながるキャラクターを、早くも提示しているのである。

そして、どちらのつみきみほも、集団の中での「異物」として機能していることを、忘れてはならない。それは、『JAPOP'86』で見せた、決して忘れられない感覚だからだ。彼女の風貌も声も、ふやけた世界を切り裂く、「異物」なのだ。

なお、この映画でのつみきみほは、前述の『カーニバルの迷路』にも多数スチルが収録されていて、映画よりいい感じ、と言えるぐらいによく写っている。よろしければ、写真集をご覧下さい。古本でいくらでも買えますので。

2-2　『精霊のささやき』（八七年）エグゼ

つみきみほは、映画第二作にして、初主演を果たした。植岡喜晴監督のファンタジイ、『精霊のささやき』である。

「癒やし」という言葉が、私は嫌いなのだが、この映画は本来の精神分析用語で言う「癒やし」、つまり、心を病む人たちがいかに治っていくか、を静かに、抽象的に描いた映画なのである。現代人の気分的な問題ではない。

冒頭、静かな雪の平原を、花屋（ひさうちみちお）* の運転するオート三輪が静かにゆっくりと走っていく。その荷台に、すとんとしたグレーのワンピースを着たみほ（つみきみほ）が乗っていて、いきなり、叫ぶ。

「あっ、爆発した！」「光！」

つみきみほのきんきんした声は、雪原とオート三輪、川井憲次のピアノを中心としたシンプルな音楽――という静けさの中で、違和感を放っている。ここでもう、彼女の役割が分かる仕組みになっている。「異物」としての登場である。

そしてまた、この台詞は、彼女が、他人には見えないものが見える、ということも表わしている。現に、花屋にも、我々にも見えていないのだ。何かの映画評で、ここは光を映像で表現すべきだ、という趣旨の文章を読んだが、私は、それは違う、と思う。物理的な光ではなく、これは幻視的な光だからだ。

さて、みほが着いたのは、山奥の療養所・ミモザ館である。彼女が門を入ると、風が吹き抜ける。この風をご記憶いただきたい。

このミモザ館だが、白と黒のいわゆるハーフチンバー様式である。この映画

* ひさうちみちお――植岡喜晴監督の自主映画時代に『夢で逢いましょう』に出演している。漫画家。

は色彩設計が凝っており、衣装も道具も、ほとんどがモノクロームに近い色調で統一されている。

　館の人びとは、それぞれに心の病を持つ人たちであり、館長・新田（范文雀）の管理の元、規則正しい生活を送ってはいるが、治るきっかけを持ってはいない。彼らが食事をとるシーンでは、会話というものが全くない。ただ、静かに時を過ごしているだけだ。

　そんな中、部屋を与えられたみほが、夜、熱を計っていると、壁に羊の影が現われ、やがて羊は実体として彼女のベッドにもぐりこんでいる。実はそれは、眠れなくて羊を数えている下丸子（苗字・斎藤洋介*）の夢が、現われたものらしい。みほは、呟く。

「また始まったんだ……」

　これがつまり、みほの幻視能力なのだ。夢に入りこむ能力、と言うべきかもしれない。

　そうしている内に、ベッドの下からは、背広と帽子を身につけた谷（谷啓*）が現われ、「失礼」、と部屋を出ていく。いつの間にかみほは、真っ白で四角い、何もない部屋にいる。それは、摂食障害の紀子（かの香織*）の夢で、彼女は部屋の壁を完成させるために、壁にジグソーパズルを埋め込んでいる。

　このように、この映画は、人びとの夢と現実が交錯し、ときに夢が現実に現

斎藤洋介——山田太一の『男たちの旅路／車輪の一歩』（七九年）が出世作の、名脇役。

谷啓——コミックバンド『クレージーキャッツ』のメンバー。俳優としてもよく知られる。

かの香織——バンド・ショコラータのヴォーカル、作曲家としても知られる。

われてくることもある。最後まで、どこまでが夢だったのか分からない、まさに幻想映画だ。

　夢を通じて、人びとの心を知ったみほは、ごく普通の行為に出る。即ち、現実の世界で人びとに話しかける。だが答は帰ってこない。この映画では、会話というものがほとんどないのだ。終始、静かな映画の中で、みほだけが明るい大きな声で話す。

　だが夢の中では、現実には口をきかない尾身（加藤賢崇*）も、普通に話してくれる。彼は、大きな赤い風船を転がし続けている。一緒になって転がしている内に、夢はまた互いに交錯し、ふたりは紀子の、自分を閉じこめようとする白い部屋に、壁を崩して入り込んでしまう。必死に壁のパズルを直そうとする紀子。だが、つみきみほが、ジグソーのピースを外してみると、外には、春の野が明るく広がっている。

　そして翌朝、紀子はみほに、初めて「おはよう」、と言うのだ。

　みほは、人びとの夢に入り込み、その殻を壊す。それによって、人びとの心は、変わってくる。それは、規律正しい生活を維持することに腐心し、人びとに心から接しない新田にとっては、快いことではなかった。だが、結果的に、彼女も人びとの、そしてみほの夢に接することで、かえって自分が治癒されることに気づく。

加藤賢崇——竹中直人・いとうせいこうらのギャグ集団『ラジカル・ガジベリビンバ・システム』に参加するなど、多才な活躍を見せる。

最後の三〇分に繰り広げられる、夢と現実が完全に一体となったシークエンスの美しさは、何物にも代え難い。

この映画を成り立たせているのは、つみきみほの持って生まれたキャラクターと、個性的な声だ。それがなければこの物語は、浮世離れした、ただのひとりよがりな幻想ごっこで終わったかもしれない（私は植岡喜晴監督に敬意を払っているので、そうは思わないが）。だが、つみきみほの、静寂を打ち破る声、無邪気さを感じさせる演技や表情が、映画の中だけではなく、観客である私たちの日常を、映画という夢と結びつけてくれる。

小さく、ひそやかなこのファンタジイは、つみきみほの代表作と言っていいだろう。

何しろ、冬が大嫌いな私が、全くそれを意識しないで観られたのだから。

植岡監督は、その後『帝都大戦』の脚本を合作したぐらいで（しかもかなり、実際の映画では変わっているらしい）、後はＭＶなどを製作しているらしいのだが、こうしたデリケートな映画を撮れる監督には、もっと活躍して欲しい、と乞い願う。

3-1　『花のあすか組！』（八八年）角川映画

八八年、つみきみほは不思議少女から一転して、いきなり少女ヒーローに上り詰めた。崔洋一脚本・監督の角川映画『花のあすか組！』である。

この映画の凄さの一端は、その評価に表われている。何しろこの映画、キネ旬ではたったの四点（四位ではない）、読者投票〇点、雑誌『ぴあ』*の読者投票によるぴあテンでも、一点さえ入っていないのだ。評論家からも、観客からも、見放されているのである。

しかし、敢えて言おう。この映画こそが、少女ヒーロー映画のベストであり、つみきみほを最高のジャンル女優にのし上げた作品なのである。

「199X年　NEW　KABUKI　TOWN
街はドラッグと暴力にあふれ
ストリートギャング〈レッドノーズゴッド〉
少女秘密結社〈GROUP―HIBARI〉
新宿第4分署〈PB―4〉の悪徳K官
の三者に支配されていた」

ぴあ――首都圏の映画、音楽、イベントなどを紹介した情報誌。一一年休刊。

このテロップの後、ローリング・ストーンズの『サティスファクション』に乗って、近未来の、夜の歌舞伎町が紹介される。そこは正に、無法そのものの街である。何しろ、車の前を横切ろうとした、ショッピングカートを押して車の前を横切った老女にドライバーが怒声を上げると、老女は怒鳴り返しながら、車のフロントグリルに蹴りを入れてくるのだ。ハンパではない。商売女、アジア系とおぼしき屋台、夜の街は混沌に満ちている。

その夜の混沌に、不良達がさながらミュージカルの一シーンのように、小躍りしながらあふれ出て来る。そこへレッドノーズゴッドが現われ、公然と、ドラッグ「赤玉」を売り始める。そこへK官が現われ、馴れあいで逮捕をちらつかせ、赤玉をかすめ取る。札を手に赤玉にむしゃぶりつく不良や市民達。これが日常の出来事らしい。

そのさなかに、いきなり爆発が起こる。火炎瓶を投げながら取り引きの現場に襲いかかる、少年のようなショートカットの少女は、赤いジャンパーに黒のスリムパンツという『AKIRA』を思わせる衣装で、短い鉄パイプを武器に手当たり次第、辺りの人間に殴りかかり、闘いながら、赤玉を奪う。つみきみほ演じる、主役・あすかである。

この巻頭で、早くも私はしびれたのだった。この本では、少女ヒーロー映画を多数紹介してきたが、その中には、主演女優にアクションを叩き込んではいないものも含まれている。しかし、つみきみほは、『精霊のささやき』をぶち壊すように、アクションに全力を注いでいる。何しろ崔洋一の映画は、他の作品を見ても、主役が立つような殺陣ではない。人びとがもつれ合い、からみ合う、文字通りのケンカだ。そしてこの映画、全編にわたってアクションシーンの連続である。覚悟なくして演じられるものではない。

この後に彼女は、『ボクの乙女ちっく殺人事件』（八八年・TBS）というスペシャルドラマで、軽いラブシーンを演じるのだが、「ラブシーンよりアクションのほうがやりやすかった」という頼もしい言葉を残している。

赤玉を奪ったあすかは、次に、K官（加藤善博*）の弟が経営する高級クラブから、金を強奪する。店には、仲間のミコ（菊地陽子*）が潜入していた。この少女がまた、機関銃をぶっ放す不良少女である。いや、そんな「不良」、『セーラー服と機関銃』以外、あんまり知らないが。とにかくふたりは、アジア人の集まる一角に潜み、「風が吹く」のを待つ。

そう、この映画は、「風」の映画という点で、『精霊のささやき』につながっているのだ。K官は権力をちらつかせるが、本来、反権力であるべきストリートギャングや不良少女達も、ニュー歌舞伎町の中で、権力抗争の末、バランスを保っている。それは本末転倒とも言える腐敗だ。つみきみほは、その腐った安定を崩そうとしている「異物」なのだ。

加藤善博——森田芳光監督作品で活躍した、いかにも柄の悪そうな役が持ち役の俳優。

菊地陽子——やや地味な顔立ちだが、アクションは本物の女優。

この一連の「風」を吹かせようとしたそもそもの張本人は、ミコの姉・ヨーコ（武田久美子*）だった。彼女も、そしてあすかも、かつては〈GROUP―HIBARI〉の一員だった。いや、ヨーコは現在もその一員であり、赤玉の製造を任されている。よって、彼女は表向きグループの女王、ひばり（美加理*）に従いつつ、「風」を起こそうとしたのだ。彼女の強さに心酔し、その「風」という夢に共鳴して、あすかは反乱を起こしたのだった。

ひばりは赤玉を握っているが故に、レッドノーズゴッドのリーダー・トキ正宗（石橋保*）も、K官も逆らえない力を持っている。このひばり、声を普通に出すことができず、話し合いや指令は、腹心の春日（松田洋治*）に耳打ちして話させる。ぬめっとした顔に白服の春日が、紫のメイクをしたひばりの喉に手を当てながら、耳打ちを聴いて話す。異形ぶりがよく表われている。この街では、誰もが異物だ。ただ、そこに安住するかどうかの違いが、それぞれのグループを巻きこんでの争いとなる。

そのひばりの配下が、けじめのためにあすかを追う。あるいは異様なメイクをし、あるいは野球帽をかぶった長身の不良少女達が（この映画では身長一五八センチのつみきみほが「チビ」という設定なので、周りの人間はみな背が高い）、逆光を背に夜の街を行く。道の脇からは、工業地帯を思わせる蒸気が間欠的に噴き出し、その噴出音がやがてリズムとなり、そのリズムに乗って

武田久美子――現在、アメリカ在住。本書に書いた俳優は、故人も多いので、健在でほっとした。

美加理――寺山修司の舞台で世に出た、常人離れした美貌の女優。現在も主に演劇で活躍。

石橋保――八六年の映画『君は裸足の神を見たか』でデビュー、不良から優等生まで、幅広く活躍する。大映テレビでは、『アリエスの乙女たち』の主役（のひとり）。

松田洋治――子役としてデビュー。『もののけ姫』のアシタカ役で知られる。

サンプリングされた『サティスファクション』のイントロが流れるシークエンスは、この上なくスタイリッシュである。

しかし、やがてこの戦いは、ヨーコの裏切りによって挫折する。そのきっかけは、ヨーコが男と女の関係にあるトキに振られたことにあった。しつこいが、狭義の少女ヒーロー作品において、戦いに男女関係を持ち込む者は、夢の実現からリタイアせざるを得ない。

対するあすかは、「汚いよ、男とか女とか」と言い切る、まさに少女ヒーローである。余談ながら、崔洋一監督は、原作者の高口里純に会ったとき、まず、「あすかは処女ですか」と尋ねたらしい（高口里純は、「もちろんです」と答えた由）。

かくてヨーコは、あすかをも含む全ての勢力を壊滅させるために陰謀を巡らせ、自らは売人がやってはいけない赤玉を吸い、自壊していく。あすかはひばりに捕らえられる。ひばりはあすかを女として愛しているらしいが、あすかは「死んでもてめえのイロ（情婦）にはならねえよ」と言い切る。あすかの年齢は一六歳と設定されているが、あくまで、女を持ち込まない、少女そのものの姿が、そこにはある（原作を踏まえて一四歳とも言われている）。

こうして物語は、血で血を洗う抗争に発展し、権力を握ろうとする者達は、互いに殺し合っていく。その闘いは、最終的にはヨーコとあすかの対決へと昇華される。

物語の終わりでは、街にアジア人があふれ、アジアの混沌が日本人達の権力闘争を無にする。その中であすかはロングコートを着て、ひとり佇むラストショット。そして映画のクレジットでは、キャストの最後に、こう記される。

「199X年のASIANたち」

この映画は、アジアの混沌をなりふり構わず描こうとした作品だ、と私は考える。

先にも書いたが、つみきみほはとにかくよく動く。パンフレットを見ると、アイドル的な役の多い武田久美子は「動くのがしんどい」というようなことを現場で言っていたそうで、つみきみほは心配したらしいが、全ての人物が叫び戦う映画の熱気に呑まれたか、存分に動いている。ケガをした足をあすかに蹴られるシーンなど、何の手加減もない凄惨さである。

この映画が評価されなかった理由の一つに、K官を含めたほとんどの人物が、不良言葉でわめき散らす（言葉を聴き取るのも大変なほど）、その異様さがあるようだ。しかしこれは、監督の狙いだった。アジアの混沌を表わす表現手段だったのだ。それを私は、充分に堪能したのだが、一般的な評価は先に述べた通りだ。

また、ウォルター・ヒルの『ストリート・オブ・ファイヤー』に似ている、という指摘もある。だが、あの映画自体が、日活アクションにインスパイアされたとおぼしいものであり、堂々の逆輸入と言えるのではないだろうか。

そして、映画のほとんどが夜景で、光と影との美しさを充分に表現し、終始、『サティスファクション』のサンプリング（佐久間正英*による）が流れる。このスタイルは、魅力的である。

……と書いたところで、この映画の迫力をどれだけ伝えられたか、きわめて自信がない。

だが、すでにつみきみほの信者となっていた私は、ここで初めて、「少女ヒーロー」という概念に目覚めた。『精霊のささやき』でリリカルさを魅せたつみきみほは、この映画では一転、りりしさを見せつけた。少女とはそういうものなのだ、と私は思うようになったのである。

そして何より大事なことは、少女には、性の匂いがあってはいけない、ということである。『精霊のささやき』も、『花のあすか組！』も、つみきみほには「女」を感じさせる気配はまるでない。

これこそが、少女ヒーローのあるべき姿なのだ。

しかし歴史は、このままでは終わらない。つみきみほは、どんどん変化を遂げていく。若い頃から「いい女になる」と言っていた通り、どんどん「女」と

＊佐久間正英——ロックバンド・四人囃子のメンバーを経て、BOØWY、GLAYなど多数のアーティストのプロデュースを手がけた。崔洋一監督とは『黒いドレスの女』『月はどっちに出ている』で組んでいる。

して成長していった。

それに私がついて行けたのは、つみきみほが一貫して演じる、「異人」性によるものだ。

『精霊のささやき』も、『花のあすか組！』も、ある停滞した人びとと、人びとが作り出す空間の中に、つみきみほが訪れ、働きかけることによって、空間自体が変化してしまう。そして、つみきみほは、決して空間には溶けこまない。天性の資質である声と、役柄から来る行動力で、あくまでも異質な存在であり続けるのだ。

これがヒーローである、とは言えないだろうか。

「少女」を脱してもなお、「異物」であり続けられることを、つみきみほは、私に教えてくれたのだ。

3-2　『べっぴんの町』『オクトパスアーミー』『櫻の園』

八九年の映画『べっぴんの町』は、柴田恭兵を本格的な二枚目として立てようとしたハードボイルドだ。舞台は神戸・三宮、柴田恭兵扮する「私」は元少年院の教師、今は私立探偵として登場する。脚本・柏原實司、監督・原隆仁。

会社社長・中嶋達夫（峰岸徹）の娘・町子（和久井映見）を探す内に、さまざまな事件が起こるのだが、映画全体は、ハードボイルドとして成功……と言いたかったが私には不満が残った。アメリカ風のハードボイルドを意識した台詞回しがかなりキザなのに対して、映像があまりスタイリッシュではないことと、柴田恭兵が、やっぱり『あぶない刑事』を思い出させて、どことなくコミカルであるため、浮いている印象がある。

ただ、女子高生・富沢令子役のつみきみほは、いい。彼女は町子の同級生である一六歳の女子高生だが、秘密クラブで行なわれていた強姦ショー（素人の女の子を捕まえてきて、強姦する様子を見せる、というもの）の餌食になり、世をすねて、今は家出してパトロンをつかまえ、シティホテルの一室に寝泊まりしている、というかなりハードな役だ。

令子と「私」が夜の海辺で話すシーンは、印象的である。

「今までいろいろ経験してきた感想はどうだ」

「世間を知りすぎた、って感じ」

「知りすぎた世間についてはどうだ」

「知らなくていいことばっかりよ」

「捨てられるさ、そんなもの」

「難しいけどね」

こういう会話を、一六歳という設定で（当時の実年齢一八歳）、微妙な表情と説得力を持って演じられる（られた）若い女優は、他にあまり知らない。その演技力で、つみきみほは、二シーンしか登場しないにも関わらず、クレジットでは四番目の扱いとなる、重い役になった。

『オクトパスアーミー　シブヤで会いたい』（九〇年）は、「今若者たちから熱い注目を浴びているトレンディ・ゾーン・シブヤを舞台に、そこに集まるティーンエイジャーたちの恋とケンカと友情をオール・ロケで描いた青春映画」

ビデオのパッケージをそのまま書き写してみた。失礼。

まあ、たしかにその通りの映画だが、私は、繰り返しこの作品を見たけれど、茫然とするしかなかった。ドラマというものが、はなから存在しないのだ。

例えば、主人公の一人である雄太（東幹久）は、渋谷の「ショップ」と言うのだろうか、そこの店員なのだが、サーティワンでバイトをしているマリ（大寶智子）に一目惚れして、でもマリは今日でバイトが終わりでもう店におらず（一晩の話なんです）、がっかりしていると、店の前でバッタリ会って、早速夜の公園でデートをするのだが、話と言えば避雷針がどうとか、体に子どもの頃の傷があるとか無意味な会話で、その内に、彼の子分格のガキどもが、今でいうチーム同士のケンカを、ローラーボードに水鉄砲でやるというので、彼女を置いて止めに行き、そこに警官（竹中直人）が現われたためにケンカは収まるが、雷雨になってマリは帰ってしまって会えず、残念だなあと思っているのだが、ラストで彼が翌日外国へ行くことが分かる……うちのかみさんに話を説明していたら、ここでキレられた。私も、自分なりの使命感が（自縄自縛とも言う）なければ、ソフトごと葬ってしまいたいぐらいだ。

で、つみきみほ演じる洋子は、このふたりとはまったく関係がない。単に並行して描かれているだけだ。洋子は移動中の車の中から抜け出したアイドル歌手で、雄太の友だち・至（小川隆宏）がスクータで走りながら女の子をナンパしようとしているのを逆に捕まえて、彼のバイト代の入った給料袋をかっぱらって、それでやたらと買い物して、夜の公園で演奏しているバンドに混じって『見上げてごらん夜の星を』を歌って、一度やってみたかったという、ガソリンスタンドの洗車機で水浴びして、至とキスして、事務所へ帰るだけだ。私がつみきみほの信者でなければ、「勝手にしろ」で終わる映画だ。

この映画は九〇年、渋谷のスペイン坂にドームを作って、そこで公開されたというのだが、そこでそのとき見れば、同時代的感覚があったのかもしれない。しかし、私がそのころ渋谷に行っていないせいもあってか、何らかのリアリティや説得力を持っていたのか、分からないのである。今見ると、単にお話のない、バブルの頃の若モンが夜遊びしているのを、だらっと撮った映画にしか見えなかったのだった。

私は物語主義の人間なので、これ以上は何も言えない。

ただまあ、つみきみほは、やはり、渋谷という空間の中に飛び込み、かき回す「異物」としての存在であるとは、言えるだろう。

この作品の脚本、監督は、これがデビュー作の及川中。その後、『富江』*を三本撮るなど、ホラー畑に進む。

さて、問題なのが、『櫻の園』（九〇年）である。

この映画は『キネ旬』でも一位の作品であり、つみきみほの代表作ともされており、毎日映画コンクールで助演女優賞も取っているのだから、軽く取り上げるわけにもいかないのだが、実は私、この映画、あまり好きではないのだ。

一つには、個人的な問題で申し訳ないのだが、私は撮影・藤沢順一のルック*が好みに合わないのだ。藤沢さん、ごめんなさい。

また、この映画の舞台が女子高というのも、どうでもいいのである。少女好きなら少女がたくさん出たら喜ぶと思われそうだが、「リアル」な女子高というのは、女子高生の方なら分かる通り違うのだ。私の言う「少女」「リアル」は、あくまで幻想だから。例えば繁華街で女子高生がわやわやいるのを見ても、少なくとも私は楽しくはない。それと同じことだ。

しかし、佳作であることはまちがいがないので、ここは一つ、分析してみよう。

『富江』――富士見の少女・富江が日常を壊していく、伊藤潤二のホラー漫画。

ルック――画面の色彩や照明の「画調」を表わす用語。ハリウッドでは、ルックが非常に重視される。アメリカの撮影監督インタビュー集『マスターズ・オブ・ライト』による。

この映画がテレビで放映されたとき、水野晴郎と日本テレビの女性アナウンサーが解説をしていたが、そこで言われていたのは、脚本・じんのひろあきの取材力と「リアルさ」、だった。現実の女子高生を、よくもこう正確にとらえたものだ、というような感じだ。

しかし、私はそれについては、あるいは関係者がお気を悪くするかもしれないが、どっちでもいいのである。

なぜなら、この映画の公開から年が経って、すでに、ここに描かれている女子高生はリアリティ（いかにもそうだろう）、というよりアクチュアリティ（現実にそうである）を失っているからだ。私も女子高に入学しようと思ったことがないため、その内実は知らないが、もっと猥雑に、もっとおやぢになっているのが、女子高生ではないだろうか。

よって、そのアクチュアルな部分は排して、改めてこの映画を見直してみた。するとと浮かび上がってきたのは、構成の演劇的な緊密さだった。

女子高で、毎年、創立記念式典に演劇部がチェーホフの『櫻の園』を上演する。このことと、『櫻の園』がどういう芝居か、がものの五分で語られる。その部室へ、演劇部員たちが朝集まってきて、がやがやと会話をしながら、準備を始める。そこから上演までのごく短い時間の中で、ドラマが起きるのだが、舞台はほとんどが部室で、外にはあまり出ない。まずそのことが、演劇的、と言えるだろう。ほとんど、一幕一場の芝居のようだ。

その部室の中で、部員たちがいくつかのグループに分かれて、思い思いの会話をしている。カメラはその間をあちこちへ移動しながら、それぞれの会話を拾っていく。その拾い方が、気ままなように見えながら緊密につながり合い、一つの話を構成している。これも舞台劇で用いられる手法に似ている。各々の会話は日常的なようで、無駄がない。

その緊密さを崩さず、なおかつ「リアル」を感じさせるのは、佳作と言っていいだろう。

さて、つみきみほ扮する杉山紀子は、まず、その会話の中に現われる。彼女が昨日、制服のままタバコを吸ってつかまったことから、劇の上演は中止になるかもしれない、という知らせがもたらされる。騒然とする部員たち。事件の発生である。

それがひとしきり話された後、当の紀子が現われる。「すみません」、と頭を軽く下げるが、どこもすまないと思っていない態度である。

その紀子に、部長の志水由布子（中島ひろ子）は「謝らなくてもよかったのに」、と言う。彼女は、優等生の自分を壊したい、という欲望を持っている。そしてもう一つ、隠れた思いを持っているのだが、それはあっさりと、紀子に看破されてしまう。

つまり、またしてもある空間の中に、「異人」としての紀子が入り込むことで、空間はゆらぎ、由布子は「壊れる」。まさにつみきみほならでの役どころだ。

この映画は新人を多く起用し、入念なリハーサルとディスカッションによって、「リアル」さを追求したらしい。しかし、多くの女子高生役の新人たちは、日常を意識しながら、その会話の調子は、むしろ演劇的にデフォルメされている。まあ当然のことで、だらだらしゃべっていてもしょうがない。……というのは本稿を最初に書いた頃の話で、今では、ろくな演出もせずだらだらしゃべらせているだけ、の映画をもてはやす風潮が見受けられるのが、私にとっては疎ましいのだが、深い知見がないのでとりあえず深追いはしないでおく。

さて、新人揃いの映画の中で、ひとり、役者の経験を積んでいる杉山＝つみきみほは、いかにナチュラルに見えるか、をよく計算している。言ってしまえば、演劇的空間の中で彼女が飛び抜けて、「ふつう」に見える。声も、いつもの張りを抑えた自然なものだ。

そして最後に、杉山もまた、隠していたある思いを見せる。このシーンでのつみきみほは、確かに絶品である。

ということで、『櫻の園』は、よくできた作品だし、つみきみほの映画の流れの中にも、ぴったり収まる。

それでも私は、これは、中原俊監督にとっても、つみきみほにとっても、特別な一本だ、とは思わない。中原監督なら『ボクの女に手を出すな』、つみきみほなら『花のあすか組！』で評価して欲しい、と思うのだ。

たぶんそれは、私の、ジャンル映画へのこだわりという、わがままなのだろう。

3-3　九一年のつみきみほ

九一年は、つみきみほの出演作が四本揃ったが、主演は太田達也監督の『TVO』一本のみである。

『TVO』は、ストーリーだけを追っていくと、単純な映画だ。姉・雪村聖美（早瀬優香子*）を殺された五月（つみきみほ）が、犯人・木原孝（奥野敦士）の元へ行き、しかし彼を愛してしまい、一緒に逃避行に出る。分かりやすい話のはずだ。

しかし、非常に癖のある映像が、話を分かりにくくしている。そもそも五月が、なぜ姉を殺した張本人の家に転がり込むかが私には分からない。また五月は一種の超能力者で、孝に接触することで彼の過去の記憶を見ることができ、その映像が現在と交錯する。孝はアバンギャルドなクラブの歌手なのだが（実際に、奥野敦士はバンド・ROGUEに所属していた歌手だ）、しょっちゅう

＊早瀬優香子——子役出身の、アンニュイで知的な雰囲気で有名な歌手・俳優。

吐いたり泣いたり震えたりしていて、何かの中毒のようだ。「天使の羽根」というモチーフがちりばめられ、常に点いているテレビのノイズが異様だ。それらのつながりが、私にはよく分からないのである。

というわけで、ちょっと見るのがしんどかった映画なのだが、あと四、五回見れば、分かるかもしれない。見なければいけない、と思う。何回か繰り返したことだが、淀川長治が、こう言っている。

「芸術というものは、そうすぐに、簡単に分かるもんじゃありませんね。ときには、格闘がいります。その格闘が、あなたをみがきます」

たぶん、この映画は芸術なのであろう。

そういう点を除いて、とりあえず言っておくと、つみきみほは最初、赤毛のかつらをつけて、何とも言えない抽象画を描いている絵描きだが、逃避行の最中にかつらを脱いだ瞬間が、非常に美しい。ファンでよかったなあ、と思う瞬間である。

なお、この映画について調べていたところ、奥野敦士は現在（二〇一五年一月）、事故で半身不随からのリハビリを終えて、ＲＯＧＵＥを再結成したらしい。真におめでたいことだ。

同じく九一年の『ふざけろ！』は、映画が始まる前に、こんなタイトルが出る。

「本作品をごらんになりまして、全然笑わなかった方、どうぞ劇場受付に「笑わなかった」と言って下さい。すぐに最寄りの病院をご紹介申し上げます」

　こういうことが言える神経の持ち主に、一度、なってみたいものだ。

で、この映画、すでにお察しの通り、「ふざけるな！」のひとことで終えたい出来だ。

　主演は当時の人気コントグループ、B21スペシャル*である。ミスターちんが銀行強盗に入るが、うまく行かずに立てこもることになる。その内、人質たちと意気投合してしまって、駆けつけた警察に寿司を要求して、みんなで仲良く食べたりする。まあ、そういう話です。

　つみきみほは、女子行員として出演している。実に楽しそうなのが、唯一の救いだ。脚本・香川まさひと、監督・玉川長太。

『新・同棲時代』（九一年）は、『空に星のある限り』（富田靖子・沢向要士・間寛平）、『いつか見たあなた』（相楽晴子・大鶴義丹・つみきみほ）、『もう一度ウエディングベル』（松下由樹・別所哲也・和田加奈子）の三話オムニバスの作品である。当然ながら、私的には第二話がいちばん面白い。

　この映画は九九年にテレビでノーカット放映されたが、その時に、解説として第一話の沢向要士（現・澤向要進*）が出演し、共演していないつみきみほに

B21スペシャル——松本伊代の夫・ヒロミ、俳優として活躍するデビッド伊東、リポーターに転じたミスターちんの三人によるコント集団。

澤向要進——本書に関係するところでは、『あまえないでヨ！』、大映テレビ『プロゴルファー祈子《れいこ》』に出演している。

ついて、わざわざこう語っている。

「高原（秀和）監督がおっしゃってましたけども、彼女（つみきみほ）のお芝居っていうのは、カメラが回っていない、いちばん最初のテストの段階から、もうすでに芝居は確立されていた、とおっしゃってました。というのはやっぱり、その前の段階で、彼女はもうすでに芝居を計算し尽くしていたわけですね。そういう芝居こそがきっと、無軌道さというか、レールが見えない、すごく自由なもので表現できる、そういう芝居なんだと思います。ある種、天才なんだと僕は思います」

この上ないほめ言葉で、私はますます沢向要士のファンになってしまったのだが（前から好きなんです）、実際、この映画でのつみきみほは、無軌道ぶりを自然に表現している。

堅い性格の森野美夜子（相楽晴子）と浅田祐介（大鶴義丹）が暮らしているところへ、美夜子の妹・まひる（つみきみほ）が、仕事を辞めて転がり込んでくる。彼女は職を転々としているらしい。美夜子が駅へ迎えに行くと、まひるは、いきなり駅前の広場で寝っ転がって空を見ている。『精霊のささやき』を思い出させるが、うって変わって野放図な印象だ。その後、祐介に会ったまひるは、いきなり「お姉ちゃん、こういう男と毎晩セックスしてんだ」と言う。傍若無人そのものである。「セ……」という単語には抵抗があるが、当時の私は、我慢した。いまも、避けようがないので我慢している。

ビー玉のお京とあすかが出会ったわけだから、当然、戦いになる。転がり込んだまひるは祐介と意気投合してしまい、美夜子はやきもきするが、その内、とんでもないことが明らかになり、三人の関係はただならぬことになる。取り返しのつかない三角関係が明らかになり、美夜子と祐介の仲は壊れかける。

この映画でも、つみきみほはよく走る。そして、もうお分かりのように、安穏とした環境をかき回す、「異物」として機能するのである。

原作が柴門ふみ*ということもあってか、話自体は軽く、ハッピーに終わるのだが、つみきみほがよく堪能できる映画だった。

『MISTY』というタイトルの日本映画は他にもあるが、九一年の『MISTY』は、『人魚伝説』や角川映画『湯殿山麓呪い村』で知られる池田敏春監督の、本格的なハードボイルドである。つみきみほには、ハードボイルドがよく似合う。脚本は香川まさひとと池田監督の合作、制作は東宝、国際放映、ディレクターズ・カンパニー。

横浜でやくざをやっている藤川幹雄（永島敏行）は、姉・瑞枝（市毛良枝）が投身自殺したというので、故郷の街へ帰ってくる。離婚してひとりで暮らしている姉が妊娠していたことや、きれい好きなのに食器やゴミを片づけていな

柴門ふみ——トレンディドラマの先駆けとなった『東京ラブストーリー』の原作者。漫画家。

かったことから疑惑が生まれ、幹雄は姉の死の真相を探ろうとするが、謎の大男・王（杉崎浩一）に命を狙われ、そこへ地元のやくざも絡んで、事態は厄介にもつれていく。この王たるや、ナイフやピストルはもちろん、ショットガンから火炎放射器、ロケット弾に到るまで、次々に派手な武器を繰り出してくる怪物だ。

そこに絡んでくるのが、大森綾子（つみきみほ）だ。彼女は瑞枝が来ていたというスナックで働いている、元暴走族の少女なのだが、自分とは無関係な事件に首をつっこみ、幹雄を助けて真相究明に協力する。ついでに、というか、その……幹雄とできてしまう。

この、できてしまう所は、直接描写はないけれど、初のベッドシーンであり、ファンとしては大いに動揺したのだが、ハードボイルドだからしかたがない。それよりも、元暴走族とはいえ、かなり年上のはずの幹雄にタメ口をきき、「あんたを慰めてやりたい」などと言う、その積極性に惹かれる。考えてみればつみきみほは、相手が柴田恭兵だろうが吉川晃司だろうが、ずっとタメ口をきいていたのだ。

そしてこの映画でも、つみきみほは突っ走る。思わず爽快に感じる突っ走り方だ。

幹雄の幼なじみで、県会議員の秘書になっているのが征（山田辰夫）。微妙にやくざとのかかわりを見せながら、堅い政治家を演じているのが、山田辰夫のファンにはうれしい。

こうして並べてみると、映画におけるつみきみほの、役柄の一貫性がよく見えてくる。

落ちついた状況の中に「異物」として飛び込み、かき回す少女。どんな相手にも、へつらいもせず、臆せずに立ち向かい、走り続ける少女。その勇ましさ、りりしさは、たとえ恋愛映画であっても発揮される。最強の少女ヒーロー女優と呼びたくなるのは、そのせいだ。

……小学生の頃、私はアパートの塀によじ登って、その向こうへと走っていた。子どもというのは、どうしてああも、塀を乗り越えたがるのだろう。

私は鈍くさい子どもで、足も遅かったし、ついでに奥手でもあった。中学生になるまで、異性には一切、興味がなかった。

それでも塀の上によじ登り、飛び降りるとき、もしケッコンするのだったら、一緒に塀を乗り越え、一緒に走ってくれるような女の子がいいな、と思うことが、しばしばあった。

その後、色気づいてからは、そんなこともすっかり忘れていたし、そんな女の子に出会うこともなかった。それどころか、塀にも登れずにいた（この歳で登ったら犯罪だが)。

だが、つみきみほとは、そういう女の子なのだ。私は、そう思う。

つまり、子どもの頃の夢に、私は二〇代にしてようやく出会ったのだ。好きにならずにいられれようか。

4-1 テレビのつみきみほ(一)

つみきみほは武藤起一のインタビュー集『映画愛 俳優編』(大栄出版)の中で、「九一年、九二年はテレビを見ていて面白いドラマがたくさんあったんですよ」「テレビは(映画に比べて)もうちょっと細かい感情の動きとか、そういうものをやれるんです」などと語っている。一般に、映画のほうが演技の細かさを要求されるように思われる場合もままあるが、映画は存外、細かい演技を要求しないものだ、ということは大林宣彦監督も言っている。

実は、私はテレビでのつみきみほを、そう丹念には追っていない。特に連続ドラマは全くと言っていいほど見ていない。

そんな中でも、いくつかの単発の作品は見ている。それをさらってみよう。

東芝日曜劇場が、まだ単発ドラマをやっていた八八年、TBS系列の毎日放送、北海道放送、中部日本放送、RKB毎日のローカル四局が、「日本列島縦断スペシャル」として、四話連続（一局ごとに一本）で制作したのが、『伝言』である。脚本は市川森一が務めた。

戦後の混乱期、三人の大学生が、行きつけの喫茶店のママが亡くなり、八歳になる娘・奥村千草の後見人になった。ところがどさくさに紛れて、三人は娘が相続した喫茶店のある五〇坪の土地を、わずか三万円で買い取り、娘を養護施設に入れてしまう。しかしその後ろめたさはしこりとして残り、結局、土地のことはそれきりになってしまった。

それが「今」、バブルの絶頂期になって、その土地を、三億で買いたい、という人が現われた。権利書を持っている三人は、散り散りになっている。そこで仲介に当たる不動産屋・林田（岩城滉一）は、三通の権利書を買い取るために、まず北海道へと向かった。

権利者のひとり、北見（いかりや長介）はその話を断わり、それをきっかけに、今もどこかで生きているはずの千草に権利書を返そうとするが、心臓の発作で倒れてしまう。そこで彼は、自分自身の娘・北見千草（つみきみほ）に権利書を託し、他の二人の元学生にも、権利書を返して欲しい、と伝言を託す。北見は娘に、かつての奥村千草と同じ名前を付けたのだった。

千草は、学校が肌に合わず、家を出て、北海道のバードサンクチュアリで鳥たちと暮らしている、という、やや風変わりな少女である。しかしまっすぐに育った彼女は、何にも臆することなく、北海道から東京、名古屋、佐賀と、伝言を伝える旅に出る。

そんな彼女に会った、かつての学生・白浜（二谷英明）は、千草を「天使」と呼び、四〇年間しこりとして残っていた罪を告白する。千草のまっすぐな性格と、鋭い瞳の前では、そうせずにはいられないのだ。彼にとっては、千草はあの千草の生まれ変わりにも思えたのだろう。「神様に懺悔をしたような気持ちだよ」、と白浜は語る。

つみきみほ扮する千草は、周りの人間を変えていく、数々の映画と同じ力を発揮している。そういう意味での、「天使」なのである。

物語は、脚本が市川森一であることから、終盤いささか幽霊譚めいた話になるが、結局、三枚の権利書は奥村千草（八千草薫）に返される。奥村千草は、もうひとりの千草に、一緒に暮らさないか、と誘うが、北見千草は「私には帰るところがあるんです」、と言い、バードサンクチュアリへと戻っていく。欲と因縁がからむ、バブル期の社会の中で、つみきみほは、あくまですがすがしく、未来へと生きていくのである。

東芝日曜劇場には、この物語に限らず、秀作がたくさん残されており、再放送も、CSでも滞りがちだが、ぜひ、再び見たいものだ。私の録画した『伝言』

では、一話が欠けているのだ。

八九年のテレビ朝日制作『マイ・アンフェア・レディ⁉』は、サスペンスではない二時間ドラマである。二時間ドラマは、当時、こういう自由な作品も、作っていたのだった。

冒頭、ジーンズのショートパンツ、半袖のTシャツにベスト、野球帽をかぶったつみきみほが、歌舞伎町を歩いている。『テイク・イット・イージー』から『花のあすか組！』へ続く、ボーイッシュな魅力にあふれている。すんなりした手足が、ふっくらとしておらず、少年のようなのだ。この身体性がたまらない。

話そのものは単純だ。元少年課の刑事だった田中邦衛（役名不詳）は、弁護士から人捜しを頼まれる。世田谷の名家の当主である老女が、昔、娘を勘当したが、その子どもが唯一の遺産相続人であるため、何とか会いたいと願っているのだ。それが、つみきみほ（役名不詳）である。田中邦衛は彼女を、三年前に補導していた。

早速彼はつみきみほを探し出すが、養護施設を出て今は浮浪者として暮らしているつみきみほは、手の付けられないような粗暴な不良に育っている。何とか屋敷へ連れて行くが、屋敷の「上品な人びと」とはそりが合わず（それはそうだろう）、ボーイッシュな髪型のことまで笑い物にされたため、すぐに飛び出してしまう。しかし、実の祖母の幸せのため、と田中邦衛に説得されたつみきみほは、弁護士の助手・浅田美代子（役名不詳）の元でマナーを修行し、屋敷へと戻る……といった筋書きだ。

話が単純な分、つみきみほの魅力、特に田中邦衛との絡みでの魅力が、充分にあふれている。反抗的な、あの鋭い目をしたつみきみほを、田中邦衛が柔道でガンガン投げ飛ばし、意気投合していくくだりなどは、他の少女映像には演じられないものだ、と個人的には思う。脚本・鴨井達比古、演出・杉村六郎。

九二年、よみうりテレビ制作の『教祖裕子の憂うつ』では、つみきみほは霊感を持つ占い師・裕子に扮している。その人の持ち物に触れると未来が見える、という能力だ。神秘的な衣装とメイクで、薄いカーテンの向こうからお告げをする、という演出がある。

その能力故に、政財界にも信者は多く、たいへん流行っているのだが、本人は、外界に触れると能力が薄れる、といった理由で、外出もおつきの高見恭子（役名不詳）なしではさせてもらえない。喫茶店にも入ったことがない、という状況で、占いの予約が入っていないときには、レンタルビデオ店（へ行くのもおつき同行）で借りた映画を見ては、ひそかに雑誌に映画評を投稿することだけが、唯一の楽しみなのである。

憂鬱の原因はもう一つある。彼女が最初に霊感を発揮したのは、幼い頃、父親の死を予知したときなのである。そういうわけで彼女は、自分の能力に嫌悪感をも持っている。

ある日、ついに屋敷を抜け出したつみきみほは、渋谷をうろうろしていて、若い男たちにからまれたところを、古尾谷雅人*（役名不詳）に助けられる。「映画みたい……」とつぶやく裕子。翌日また彼女は屋敷を抜け出して古尾谷に会う。初めて乗るタクシー、初めて飲む酒。彼女にとっては楽しいことばかりなのだが、古尾谷のライター（火を点けるほうの）に触ったとき、初めて、何のヴィジョンも見えないことに気づく。彼女の能力は、恋をすると、消えてしまうのである。

この古尾谷雅人が大手銀行の狂言強盗事件に絡んでおり、その事件の関係者が裕子の屋敷に逃げ込んでいることから、話はサスペンス仕立てに進むのだが、私的には、霊能者のつみきみほが普通の女の子になっていく過程しか見えない。許して欲しい。

結局、古尾谷は去り、裕子は占い師を辞め、雑誌社で働くことになる。生き生きとした表情で街を歩く裕子の姿で、ドラマは終わる。脚本・金子成人、演出・福田真治。

古尾谷雅人――『丑三つの村』での狂気に充ちた演技から、『教祖裕子の憂うつ』に見られる温かい役柄まで、できない役はないのではないか、と思ったほどの名優。

4-2 テレビのつみきみほ（二）

八九年の『わたしは武蔵』は、中部日本放送が制作したスペシャルドラマで、東京では日曜の昼に放送された。剣道の強い粗暴な少女（まさか、とお思いでしょうか）が、根っからの風来坊である父・伊東四朗の生き方を理解していき、剣道も強くなっていく過程で、剣道の歴史などのノンフィクションがからむ、という構成はいいのだが、「犯す」（レイプの意味での）という言葉が頻繁に出てくるのにはは辟易した。脚本・佐々木守。

九〇年の『小春日和 インディアンサマー』は、ややコミカルな二時間ドラマで、つみきみほは、上京してきた女子大生として、母の妹で作家の大原麗子の元に転がり込む。つみきみほの役柄はいいのだが、セクハラやゲイといった当時としてはまだ世に周知されていない問題を扱う、その描き方が非常に不快、早い話がもの珍しさを強調して、半ばからかうかのように取り上げられているのである。少なくとも現在に通じるドラマではない。なんでこんな話を、と思っていたら、金井美恵子という純文学者の小説が原作だった。ブンガクならご自由に。

九一年の『昭和の説教強盗』は、実話を元にした昭和初年の話だ。片岡鶴太郎が、世間を騒がせた説教強盗に扮するが、つみきみほは、彼が刑務所で出会う、思想犯（昔は、社会主義思想を持っているだけでつかまったのです）の女性として登場する。後の『新・唐獅子株式会社』の前田陽一が脚本・監督を務めている。かなり長い時間をとって、つみきみほの役が丹念に描かれている。

同年の『離婚仕掛け人が走る』は、市原悦子が離婚調停専門の弁護士を務める話で、つみきみほは市原悦子の娘として登場する。素っ頓狂な声の親子だ。普通の役なのだが、この二人は相性がいいのか、その後『女引っ越し屋』シリーズでも親子として共演している。脚本・岩間芳樹、監督・出目昌伸。

また、同年の『市川準の東京日常劇場／放浪癖の妹』は、数分のミニドラマである。眼鏡を掛けた、いかにも堅そうな姉・田中裕子の元に、家出をした妹のつみきみほが転がり込んでくる。二人の、ぼそぼそとした東北訛りの会話が、独特の雰囲気を出している。

九四年の『廻る殺人』は、佐野史郎が、ふだんは和服を着て観葉植物をかわいがっている、変わり者の刑事として主演する二時間サスペンスだ。つみきみほは、少年課から配属になったばかりの新人刑事を務める。役としては比較的普通だが、事件そのものが凝っているので面白い。佐野史郎に協力的なつみきみほと、すぐつっかかる西村和彦の刑事トリオの取り合わせも面白いので、シリーズ化する気があったのかもしれない。脚本・長野洋、監督・吉田啓一郎。

ドラマ以外でも、つみきみほは九〇年代に、バラエティ番組にいくつも出演している。九〇年には深夜番組『でたらめ天使』のレギュラーとして、高嶋政宏・みのすけらとコントを演じた。内容を紹介したいが、ビデオテープがかびて見ることができないのは残念だ。

また、正確な年代が分からないが、タモリのバラエティ番組『今夜は最高!』にも出演し、あの『ソバヤ』*を「歌って」いる。やはり異能の人である。

面白かったのが、八八年に、フジテレビの日曜八時から放映された『ニュースバスターズ』である。露木茂、猪瀬直樹といった出演者による硬派のニュースショーで、つみきみほは、こういう番組にありがちなマスコットとしてキャスティングされたと思うのだが、あまりに発言が鋭いので、ついには彼女もコメンテーターの役割になってしまい、本来コメンテーターである四方義朗*のほうがマスコットみたいになってしまった。

九五年の連続ドラマ『輝け隣太郎』*の後、つみきみほは休養に入る。翌九六年に結婚し、すぐに産休になったのだ。彼女に心酔する私は、動揺……しないわけはない。これでもう自分のものにはならないのだなあ、と淋しさに暮れたのだった。落ちついて考えなくとも、ファンの勝手でしかないが、当時は大真面目だった。

『ソバヤ』——タモリの初期の持ちネタ。「アフリカ民俗音楽」と称する、架空の言語・ハナモゲラ語による即興音楽。

四方義朗——ファッションプロデューサー。今ひとつ職業がつかみづらい。『野性の証明』では テクニカルアドバイザー、『蘇える金狼』ではスーパーアドバイザー、『悪魔が来りて笛を吹く』では音楽プロデューサー、ってだからいったい何の職業なんだ!(半ギレ)

『輝け隣太郎』——唐沢寿明主演のドラマ。唐沢寿明の同僚で仕事もばりばりできる彼女・つみきみほが途中で事故死し、家庭的な江角マキコと新たな恋愛が始まる、という、つみきファンの神経を逆撫でする物語だった。

この産休は、長く続いた。というのは、子どもが二人産まれていたからだ。その間、二時間ドラマなどにちょっと出演するぐらいで、私はつみきみほをほとんど見ることができなかった。

4-3　その後のつみきみほ

西暦一九九九年、つみきみほは、映画『新・唐獅子株式会社』で本格的に女優復帰する。

この映画を私は、中野武蔵野ホールという小さな映画館で、観客三人という状態で見た。『昭和の説教強盗』の前田陽一監督の遺作となった喜劇だが、残念ながら、一箇所も笑うことができなかった。撮影中からすでに前田監督は体調がひどく悪く、撮影半ばで亡くなったのを、助監督・長濱英孝と、長く前田監督の助監督を務めた南部英夫監督がどうにかまとめたものだからだ。喜劇という微妙なセンスが要求される分野で、このような作り方は残念ながら成功しなかった。誰もが佳作を遺して世を去ることはできない、という残酷な事実の前に、頭を垂れるのみである。

その中で、つみきみほは、変わってはいなかった。はつらつと振る舞い、主人公の赤井秀和を襲う（性的に）、といったシーンもある。あくまで能動的な役柄を貫いているのだ。

そして二〇〇〇年、つみきみほは東陽一監督の『ボクの、おじさん』に出演した。

この映画は、それこそ格闘して自分を磨かなければ、把握できない映画だ、と私は思った。

九州の小さな街で、一四歳の、自分を持て余した少年・川口拓也（細山田隆人）が、郵便局に仮面をつけて押し入り、強盗未遂で保護監査処分になる。だが、彼の内心のもやもやは、何ら解消されない。そこへ、祖父の葬儀で、叔父の浩二（筒井道隆）が帰ってくる。二九歳の彼は、仕事のトラブル、都会暮らしへのいらだちなどを抱えている。その二人が交流することによって、新しい人生のステージへ乗り出す、かもしれない、といった話……だろう、と思う。

そこへ、仮面を付けたサトリの妖怪が現われたり、現実と幻想が同じ質で描かれたりして、不思議さをかもし出している。また、さまざまな象徴が現われ、深い意味を持っているように思う。しかし、そうした不思議や象徴、そしてストーリーをも、この映画は一切説明しない。全体が、緑の色調で統一された美しい画面の中で、観客に、考えることを要求する映画である。

つみきみほは、筒井道隆の彼女・牧原凛として登場し、最後には海外青年派遣隊の一員として旅立つが、この役も、何を考えているのか明瞭ではない。一つ一つの細かい演技や表情を解読するのには、やはり何度か見返し、考えねばならないように思う。

この二本の映画に共通するのは、男のふがいなさと、それに対するつみきみほの潔さである。主人公を含めた男性たちは、自分の心の問題でうじうじ悩んでいたり、世間のしがらみなどにからめとられて、身動きが取れなくなっている。その間につみきみほは、はつらつと振る舞い、さっさと自分の行く先を決めて、走り出していく。

それは、ある意味で、三〇代を迎え、そうした役を演じるようになったつみきみほの、歳相応のりりしさであるのかもしれない。「少女」から「女」に変貌しようと、つみきみほは、あくまで「りりしい」役を貫き通している、と言える。

つみきみほを原理と考えるならば、それもまた、少女ヒーローの延長と捉えるべきなのではないか、と今の私は思っている。

かつて、つみきみほのような女の子と一緒に走ることを夢見た少年は、五〇を過ぎ、もはや日常生活では走ることはおろか、階段の上り下りでも息が切れるほど、くたびれたおじさんになってしまった。それでも、自分が信じてきたつみきみほが走り続ける限り、せめて観客としてでも、追いかけていきたいのである。

つみきみほはやはり、私にとって、永遠の少女ヒーローなのだ。

4-4　そして、二〇一四年……

ここまでの原稿を書いたのは、二〇〇四年のことだ。

一〇年前後から、つみきみほはまた、映画やドラマに多く出演するようになった。私は、可能な限り、それを追った。『仮面ライダーオーズ』や『アナザー』、『相棒』での出演を見た人もいるだろう。

認めたくないことだが、ブラッドベリ風*に言うと、そこには見知らぬ女性がいた。私が三〇年近く追いかけていた少女像は、正直に言って、彼女の姿からは消えていた。

しかし、そんなのは、私の身勝手なのである。

勝手に思い入れて、勝手に追いかけたのだから、そのイメージと変わったから*、という理由で、つみきみほを悪しく言う人に災いあれ。私の中には、三〇年間のつみきみほが、映像として生きている。

ここでようやく、正しい意味での「原動力」が始まる。私は、ビデオテープに録った『JAPOP'86』から、私にとってのつみきみほを再発見していく。

……というか、私も、もう五〇代半ばなのだから、世知辛い現実を、映像鑑

ブラッドベリ風——レイ・ブラッドベリの短篇『みずうみ』（『黒いカーニバル』早川文庫）。

イメージと変わったから——いますよね、「あんなのボクの××じゃない」って言う人。

賞や創作の上では忘れ、没頭すべきものに没頭してもいいんじゃないだろうか。

現実のつみきみほは、ブログで、絵付けの仕事で生計が立てられるほどだ、と言っており、これからは「みほ」としても「つみきみほ」としても生きて行きたい、というような、意味深長な発言をしている（「アナログな人間なので」ブログは閉鎖するとのことだ）。

私も、ノスタルジイの波に、身を任せるべきなのかもしれない。

ただ、私が自作でよく書くことだが（原点となるのは、大林宣彦監督の映画にもなった、福永武彦『廃市』）、「その夏」を、また初めからやり直すことはできない。この事実をどう認識するかは、私の、次なる方向を示しているのだろう。

二〇一五年現在、私はあの夏のつみきみほをイメージした小説を、いまも書いている。そして『ハウス』は、アメリカ・クライテリオン社のブルーレイソフトによって、遙か彼方に観たあの夏の空を、見事に再現した。大林宣彦監督は、ＡＫＢ48のミュージックビデオで六〇分を超す大作を、「ＣＤのおまけ」に付けてみせ、ペースメーカーを埋めながらも、エネルギッシュに働いている。

――私の夏は、終わらない。夏が私の中にある限り。

そして、己が認めようが認めまいが、私のつみきみほは、私の中で生き続ける。私が走り続ける限り。

終章『Q10』

「今は見えなくても、自分を信じろ。いつか目の前にお前が信じたものが、カタチをもって現われるその日まで」『Q10』より

『すいか』『セクシーボイスアンドロボ』の脚本家・木皿泉の日本テレビ土九枠作品として、一〇年一〇月～一二月に放映されたのが、『Q10』（キュート）である。

このドラマは、最後のひとことが、たまらない。

最終話のクレジットが終わった後、エンドロールで、以下のような文章が表わされる。

『このドラマはフィクションですが、あなたがいると信じる限り、登場人物達は、誰が何と言おうと、どこかで生き続けています』

正直、やられた、と思った。これは、私が日々、物語を書きながら、いつかはやりたい、と思っていたことなのだから。

なぜやりたいか、というと、韜晦でも妄想でもなく（雑誌『シナリオ』によれば、木皿泉は妄想と考えているようだが）、同じ『Q10』のシナリオブック（双

葉社）のあとがきに書かれていることの実現だ、と思うからだ。即ち……。

私たちが死んでしまった後に、この本を開いている人もいるかもしれない。そんな人たちのために言っておきたい。

こんなささやかなドラマを見て、慰められた人もいたということ。このドラマを作るために多くの人が、泣いたり笑ったり怒ったり怒られたり、一生懸命だったり、死ぬほど考えたり、でも最後にやって良かったと思ったりしたこと。

二〇一〇年、私たちは、まだ物語の力を大真面目に信じていたということを。


少なくとも、私は、慰められた。

木皿泉は同じあとがきで、この物語のテーマは『愛』だ、と言っている。私が一番嫌いな言葉である。それでも『Q10』を見続けられたのは、愛の描き方と、その丹念な繰り返しのせいだった。

物語に登場する、ほとんどの愛は、実らない。両親が蒸発して幼い弟を育てるため、バイトをすることになり、学業を続けられなくなった藤丘誠（柄本時生*）に、「オレたちってさ、何もできねーんだよなぁ」、と「現実」の言葉を吐

柄本時生――父親は柄本明、母親は角替和枝、兄が柄本佑。

くしかない同級生たち。そこに、ロボットのQ10（前田敦子）が言う。

「歌が伝える言えない気持ち。さあ、今日も、フジオカのために歌いましょう」*

主人公の深井平太（佐藤健）がきく。

「藤丘のためって――」

Q10は答える。

「みんなのココロを届ける、ダヨ？」（表記はシナリオブックに従う）

この言葉によって、平太たちクラスメイトは、夜、藤丘のアパートの前で、一緒に歌うはずだった『さらば恋人』を合唱する。当然だが、近隣住民の怒りを買う。また、歌で心が伝わったとはいえ、藤丘が学校へ戻れるわけもない。切ない現実がたちはだかる。岸本校長（小野武彦）は警官にぺこぺこ頭を下げるだけだ。

それでも、その「事実」は少しだけ、みんなを変えてくれる。きのうより、ちょっとだけましな明日を信じることができる。

七〇年代のドラマなら、例えば生徒たちの心情が、校長の言葉によって住民たちに通じ、温かいものが流れる――といった展開が、あっただろうと思う。しかし、ここでは「現実」は動いてくれない。それに、時代遅れのひとことで片づけられてしまうだろう。私だって家の前でやられたら、いやだ。


*「歌が伝える〜」――Q10がテレビの歌番組を見て、覚えた文句。

しかし、この回の最後で、平太はつぶやく。

「ぽっかりあいた空洞は、いつまでたっても満たされない。だけど、それは大切な人がいた証拠だ。大切な人のために生きた証拠だ。全てが満たされていた、と思っていた子供時代には、もう戻れないのかもしれないけど、オレは、それでいい」

それは、藤丘に対してではなく、未来から平太に逢いに来たQ10について語っているのだが、この群像劇では、すべてがほとんど、「めでたしめでたし」では終わってくれない。藤丘は学校へ戻れない。河合恵美子（高畑充希）と影山聡（賀来賢人）は、一生に一度というぐらいの大恋愛をするが、いざつきあってみると、なんとなくうまく行かず、影山がカナダへ行くことになって、河合は身を退く。バンドをやっている山本民子（蓮佛美沙子）は担任の小川訪（爆笑問題の田中裕二）に音楽プロデューサーを紹介されるが、どうやらうまく行かないらしい（描かれていないので、憶測だが）。それでも、ドラマ全体を見渡す位置にいる柳栗子教授（薬師丸ひろ子！）は言う。

「世界中の人が、何とか食べてゆけて、最悪の事態を避けることができますように」

それこそが「世界平和」だ、と柳は言うのだが、これは二〇一〇年代の今、最も切実な願いだ、と思うのだ。突如現われたロボット・Q10に振り回されながら、次第に価値観を変えていく平太は、はっきりとした恋愛感情を、Q10に抱くようになる。それでも、ドラマはQ10と平太との恋愛を成就させない。その代わり、ハッピーな結末が、最後には待っている。それは、八八歳になった平太自身からの手紙によってもたらされる。八八歳の平太は言う。

「一八歳のオレに言いたい。キュート（Q10）を愛したように、世界を愛せよ。今は見えなくても、自分を信じろ。いつか目の前にお前が信じたものが、カタチをもって現われるその日まで」

平太とQ10との出逢いは、他人にとってはささやかなものだが、ふたりが別れないと、「五六〇万人の人間が死ぬ」、と未来から来た富士野月子（福田麻由子）は言う。それを信じられるかどうかは、想像力の問題だ。

しかし、平太は敢えて、Q10を未来へ返す。自分に信じられる、未来のために。代わりに平太は、人類全体の歴史から見ればささやかだが、平太にとっては、また、このドラマを見た人にとっては、幸せな結末を、手に入れることができるのだ。

いいことばかりではない。『Q10』における前田敦子の演技は、信じられないほど、ひどいものだ。ただの大根かどうかを確かめるために、『もしドラ』*を見てみたが、まあまあ普通のタレント並みには演じられている。

『もしドラ』——正式タイトルは、『もし高校野球の女子マネージャーがドラッカーの「マネジメント」を読んだら』。タイトル通りの内容（『マネジメント』は経営学の本）だが、コメンタリーを聴いてみると、監督（田中誠）が原作・脚本（監督との合作）の岩崎夏海に「このシーンの意味は？」ときいたりする、驚天動地の話が聴ける。

何がいけないかと言うと、ロボットとしての「棒読み」の台詞が、シーンによってトーンが違うのだ。意図的なものではなく、連続したシーンで、高くなったり低くなったりするので、それだけで忌避する人もいるだろうし、そのせいでボーイ・ミーツ・ガールのストーリーが群像劇になった……というのは、邪推かもしれない。棒読みというものは、意識的にやろうとすると、困難なものなのだなあ、と感心？　もした。

けれど私は、それでもこのドラマの力を信じたい。ささやかでも、昨日より少しはましな明日を思い描くために。

あとがき

最後まで読んで下さった方、お疲れ様でした。
少女ヒーローに属する、と思われる映像作品は、まだまだあります。本書に取り上げるか検討して、何らかの事情で割愛した作品を、ざっと挙げておきます（順不同）。

実写版『美少女戦士セーラームーン』（沢井美優、北川景子ほか主演）、
『闇のパープル・アイ』（雛形あきこ主演）、
映画『ブギーポップは笑わない』（吉野紗香主演）、
映画『犬神の悪霊』（長谷川真砂美出演）、
『天使のアッパーカット』（大映テレビ）、
『アリエスの乙女たち』（大映テレビ）、
オリジナルビデオ『座頭女子高生ナミ』、
映画『片腕マシンガール』、
『時をかける少女』（内田有紀版、中本奈奈版、安倍なつみ版、仲里依紗版）、

『バトル・ロワイアル』など

　しかし、例えば『時をかける少女』については、『時をかける少女たち』といった研究書（彩流社）がすでにありますし、ＳＦ的な視点から語るべき作品も多いでしょう。

　では、私が私的に何を語るべきか、と言えば、やはり『乳姉妹』であったり、つみきみほの『花のあすか組！』だったりするのではないか、いろいろな意味で、歴史のはざまに消えていきそうな作品こそ、それ故に語り継がれなければならない。そんなことを思いました。

　同時に、例えば大林宣彦監督の「偉業」を、時代の空気と共に語る必要も感じたのです。

　しかし――。

　書き終えて感じるのは、少女ヒーローとは、やはり私的な尺度なのだろう、ということです。私自身、「そこまで語るか？」と思う部分があることは、否定しません。

　それをさらけ出しても、個人的映像小史を書いたのには、ふたつの理由があります。ひとつには、これは私でなければ書けない本だ、と思ったこと。『メイド刑事』を九巻も書き、タイトルだけで『ごくつま刑事』のＤＶＤを買わずにはいられない性格のなせる業でしょう（ちなみに『ごくつま刑事』は、松本莉緒の明るさが活かされた、気持ちのいい映像です）。

もうひとつは、すでに本書の内容が、ことばは悪いのですが、「時代の遺物」になっていることです。最初から読んで下さった方にはお分かりの通り、七〇年代前半などというのは、私もガキで、あやふやな記憶を、数少ない資料を基に書かざるを得ませんでした。一刻も早く本にしないと、本書で取り上げた映像作品が、内容の吟味もせず「古い」、と一笑に付されてしまうおそれを感じたのでした。

どこかで、この作品群を、まとめておきたかったのです。

今はただ、これだけの量を書くことができた、その機会に感謝するばかりです。

そして、私自身もまた、この執筆によって、性の未文化にある少女について、考えなおす機会を得ました。それにもまた、感謝です。

少女ヒーローは、萌えの対象ではありません。燃えることこそ、ヒーローなのです。

そして少女ヒーローは、あくまでヒロインではありません。ヒーローなのです。

その骨格と、情念を創り出す芽は、まだ滅びてはいない、と思います。闘って闘って、なおも闘い抜く少女たちは、限りなくヒーローへと近づいて行きます。そこに、意義を見出す人がいる限り。

少女ヒーローと、その時代における意味は、現在もなお古びてはいません。そう思われるとしたら、それは人びとが、私の思う「真実」から目をそむけているからです。

「強きをくじき、弱きを憎む」ことの大切さ。友情や理念に生きることの重要さ。そこには、人間の生きる意味が、堂々と提示されています。人間は、生きるべきものなのであり、だからこそ死ぬべきではなく、ましてや殺されるべきではないのです。

ヒーローとは、生きることなのです。


本文にある以外、主に次のような資料を参照しました。

『日本特撮・幻想映画全集』勁文社／『よい子の歌謡曲』よい子の歌謡曲編集部・編、冬樹社／『シネアルバム　A MOVIE』大林宣彦　石原良太・野村正昭／『野性の証明』（原作）森村誠一、ハルキ文庫／『時の魔法使い　原田知世』

角川文庫／『シナリオ　家族ゲーム（付・の・ようなもの）』角川文庫／『イメージフォーラム』八一・八月号　メディアの源流、ダゲレオ出版／『バラエティ』八六・八月増刊号　角川映画大全集／『戦後キネマ旬報ベスト・テン全史』キネマ旬報社／『昭和の劇』笠原和夫　太田出版／『大映テレビの研究』竹内義和　大阪書籍／『シナリオ　天国にいちばん近い島』角川文庫／『テレビドラマ全史』東京ニュース通信社／『続々私の映画の部屋』淀川長治　文春文庫／『FiVE』日本テレビ出版／『映画版スケバン刑事』講談社ヒットブックス／『続・映画版スケバン刑事　風間三姉妹の逆襲』講談社ヒットブックス／雑誌『キネマ旬報』キネマ旬報社／雑誌『バラエティ』角川書店／雑誌『シナリオ』映人社／『雑誌映画秘宝』洋泉社／『テレビアニメ25年史』徳間書店／『V・マドンナ大戦争』野沢尚　集英社コバルト文庫／『花のあすか組！』パンフレット／『超少女REIKO』（ノヴェライズ）吉田恵子　コバルト文庫／ほか多数

本書の執筆に当たっては、映像研究の泰斗・池田憲章氏、少女映像の研究家・TANK氏、黒猫亭氏、ライターとしてもご活躍の町田暁雄氏に貴重なご示唆をいただきました。また、小説家・津原泰水氏のご助力がなければ、世に出すことはできませんでした。深く感謝する次第です。なお、これらの方々が、本書のすべてに賛同しているわけではないことを、失礼のないよう、お断わりし

ておきます。

そして、ページ数も多く、煩雑な作業を必要とする本書を世に出して下さった、原書房の石毛力哉氏にも。

本書のかなりの部分は、いったん二〇〇三年に電子書籍としてｅ－ＮＯＶＥＬＳから出したものを、ブログ「少女ヒーロー読本」で形を整え、紙の本になるに当たって更に加筆したものです。それらの読者の皆さんにも、ありがとうございました、と言いたいと思います。

もちろん、本書を買って下さった方々にも。皆さんのひとりひとりが、私を生かして下さっているのです。

それでは、昨日より、少しはましな明日を信じて。

二〇一五年一月

早見慎司

早見慎司（はやみ・しんじ）
1961年、青森県生まれ、沖縄に在住。自称：奇談小説家。少女を主人公とした小説、及びホラー短篇、ライトミステリを書く。代表作『水路の夢』『Mr.サイレント』『メイド刑事』など。テレビアニメ『吸血姫美夕』のシリーズ構成も務める。2014年、「早見裕司」から現在の名前に改名。

少女《しょうじょ》ヒーロー読本《どくほん》

2015年2月25日　第1刷

著者…………早見慎司《はやみしんじ》

装幀…………スタジオギブ（川島進）
装画…………てらばいと

発行者…………成瀬雅人
発行所…………株式会社原書房
〒160-0022 東京都新宿区新宿 1-25-13
電話・代表 03（3354）0685
http://www.harashobo.co.jp
振替・00150-6-151594

印刷・製本…………新灯印刷株式会社

ISBN978-4-562-05133-5, Printed in Japan